中国法学会 2019 年度部级法学研究课题

广东省哲学社会科学"十三五"规划项目

广东省教育厅青年创新项目资助出版

新兴法益的基石

生态法益的理论证成与治理路径研究

任 颖◎著

人民出版社

序　言

　　生态法益是新兴法益论域的基石,是拓展新兴风险法律治理效能的积极成果。生态法益保护是有效应对新技术变革挑战的基本前提,生态法益的理论证成是思考如何充分发挥法律对生态文明建设的引导、促进、保障作用的论说。生态法益的实践路径是探析新兴法益国家保障与社会实现的重要途径。2016年5月,联合国环境规划署发布《绿水青山就是金山银山:中国生态文明战略与行动》报告,中国绿色发展与环境保护的成果受到国际社会的高度赞扬,彰显了维护生态安全与可持续发展的大国担当。这一引领性与示范性效应对于《联合国气候变化框架公约》及其补充议定书的推进具有重要的历史意义,对于人类生存及人类社会的可持续发展具有关键性作用,也为新兴法益的发展开拓了新的境界。

　　从更为根本的层面来看,新兴法益与传统法益的逻辑基础并不相同,生态法治建设所立基的生态法益并不是一种自为存在的逻辑,而是经历了从工业社会到后工业社会研究范式的转型和进阶,在当代生态文明布局中逐步得到了确认和巩固。作者对法学研究范式的历史沿革及生态法学研究范式的特殊属性等进行了论证;运用马克思主义生态理论分析生态法益确立和发展的基本逻辑,通过深入分析私法法益、公法法益、社会法法益、生态法法益的内生演进,以及价值法学、分析法学、法社会学、生态法学的进路转型,论证生态法范式的特殊属性;以对法律逻辑、演进过程中的类型转换的把握为基础,找到生态法益保护的科学路径;在从中心主义到共同体视角、从二元论到整体论的演进基础上,把握生态法益基本理论;在本体论、认识论、方法论的研究成果基础上,找准人与自然生命共同体的法理定位与理论基础;在对生态独立价值的法律确认进行分析的基础上,探寻环境治理的中国路径。

但新兴法益与传统法益也不是非此即彼、水火不容的绝对对立关系,而是在理论与实践层面存在衍生与延伸关系。从法益价值论、法益规范论、法益功能论到马克思主义生态理论,生态法益的论证具备了理论基础;从国际法治层面的《里约环境与发展宣言》《联合国气候变化框架公约》《联合国生物多样性公约》《哥本哈根协议》到国内法治层面的《环境保护法》《国家环境政策法》等的发展,生态法益的实现具备了现实基础。从总体上来看,书稿为学界提供了生态法益基础理论研究成果,立足马克思主义生态观,系统分析生态法范式在治理理念、内在价值、方法选择层面的转型;而随着生态法范式的运用日益广泛,生态法益的理论与实践需要从更深层次上解决人民日益增长的美好生态需求与发展不平衡不充分之间的矛盾。书稿循序渐进、层层剖析生态利益法律确认的基本原理、不同向度、学理来源、逻辑证成,分析生态法益的基础内容、概念辨析、关联论证、特殊属性、目的论及功能论说,以国家生态治理现代化思想为指导,落脚于生态法益的国家保护与社会实现;于表层体现,书稿是在进行生态法益论证;于深层定位,却是在探寻深藏在我们心中、亦久蛰于我们的研究领域的最为本质、亦是最为珍贵的价值的追求,为我们展现了生态论域法理分析的基本逻辑进路。生态法益论书稿从生态法益的学说演进、逻辑证成、法理基础及现实保障出发逐项进行分析,对生态文明及生态法律制度建设与完善,以及新兴法益生成、确认的探析具有重要意义。

李 龙

2020 年 1 月 10 日

目　　录

导　言　法律与生态文明:新兴法益论域的基石 ……………………… 1

第一章　生态利益及其识别、确认与保护:新兴法益生成的基本前提 …… 19

　　第一节　生态哲学维度 ……………………………………………… 20

　　第二节　生态经济学维度 …………………………………………… 26

　　第三节　生态伦理学维度 …………………………………………… 34

　　第四节　生态法学维度 ……………………………………………… 45

第二章　生态利益法律确认的学说演进:新兴法益与传统法益内生
　　　　联系的基本体现 ……………………………………………… 56

　　第一节　价值法学视角:法益价值论视角的生态法益 …………… 57

　　第二节　分析法学:法益规范论视角的生态法益 ………………… 64

　　第三节　利益法学:利益论视角的生态法益 ……………………… 71

第三章　生态利益法律确认的逻辑起点与逻辑结构:新兴法益确认的
　　　　基本路径 ………………………………………………………… 80

　　第一节　生态利益法律确认的逻辑起点:"生态人"假设 ………… 80

　　第二节　生态利益法律确认的逻辑结构:三层次论说 …………… 88

　　第三节　生态利益法律确认的逻辑进路:生态法范式转换 ……… 95

第四章　生态法益的法理分析:新兴法益对传统法益的内容拓展与
　　　　功能延伸 ………………………………………………………… 103

　　第一节　生态法益的基础内容 …………………………………… 104

第二节　生态法益与传统法益 ···················· 109

第三节　生态法益的概念辨析与关联论证 ·········· 117

第四节　生态法益的特殊属性 ···················· 125

第五节　生态法益目的论与功能论 ················ 133

第五章　生态法益保护的理论基础与指导思想········ 139

第一节　文化渊源:古代自然观念 ················ 139

第二节　理论基础:马克思主义的生态观 ·········· 145

第三节　指导思想:习近平生态文明思想 ·········· 153

第六章　生态法益的国家保障:生态文明战略与预防责任 ····· 164

第一节　生态法益国家保护的多维分析:新兴法益保护的国家义务 ··· 165

第二节　生态经济价值与供求关系:从福利国家到生态文明战略 ····· 176

第三节　生态共同体规则:从环境立法到生态立法 ·········· 184

第四节　环境责任:从生态法益损害救济到预防性保护 ·········· 196

第七章　生态法益的社会实现:绿色社会与五型社会 ······· 206

第一节　生态法益社会实现的基本理论 ·········· 207

第二节　法治社会:生态法益社会实现的结构支撑 ·········· 213

第三节　五型社会:新兴法益社会实现的机制保障 ·········· 222

参考文献 ···················· 236

后　记 ···················· 249

导言　法律与生态文明:新兴法益论域的基石

　　新兴法益是新利益诉求的法律表现。新兴法益研究体量庞杂,因此极易导致碎片化、分散化。这就要求在研究过程中,要抓住其中最为基础的范畴,以新兴法益论域的基石为切入点,凝聚新兴论域的合力;并以之为基础,提升国家治理效能,有效应对新技术变革所带来的挑战。在这一背景下,对于新兴法益论域基石的分析和把握,需要抓住生态化的主线,以对法律与生态文明关系的思考为路径,积极回应生态保护时代需求,高度重视生态系统对人类文明发展的基础性作用。而在基础性意义层面,生态利益的识别与确认是新兴法益生成的前提,生态法益学说演进是新兴法益与传统法益内生联系的基本体现;生态法益的逻辑证成反映新兴法益确认的基本进路,生态法益的法理分析反映新兴法益对传统法益的超越与拓展。进而,在国家治理制度体系向治理效能转化的过程中,生态法益的国家保障反映新兴法益国家保护义务的确立和发展,生态法益的社会实现奠定新兴法益社会实现机制建设探索的重要基础。

　　新兴法益研究的碎片化、分散化,不仅不利于凝聚起有效应对新兴风险的合力,更会导致新兴法益体系内部的不同范畴之间的冲突,其至会消解生态价值保护的基础性地位。因此,笔者认为新兴法益研究应当以特定新兴范畴(如生态法益)的准确定位为前提和必要内容;这一主张亦可以拓展至新兴权利保障领域,以有效防止新兴论域的体系内耗与价值消解。从更为根本的层面看,新兴法益是在新兴风险治理背景下反思法律在文明发展中的引导、促进、保障作用的成果;作为应对新兴风险的新兴范畴,新兴法益论域别有洞天、

护为核心,以法益受到侵害为前提启动法益弥补与事后救济程序;而生态法益则将传统法益的内容扩展到了自然生态与自然资源保护方面,即使没有造成人身财产损害,只要造成了生态破坏,即须承担相应的责任。与此同时,生态法益损害形态具有特殊性,与传统法益侵害方式相比较而言,生态法益领域的人身、财产损害是经由环境介质的污染问题所导致的,具有潜伏性、间接性、隐蔽性及不可逆转性特征;以"风险预防原则"为指引,生态法益保护不再局限于事后救济层面,而是更为强调事前的预防性保护,由此也引发了关于法益保护新路径(如风险行政)的诸多争议。事实上,法益构成了法律制度建设的正当性基础。在人类法治文明发展的过程中,形成了不同的法律部门,分别运用不同的调整方法调整不同的社会关系,从而达到对于人类生产生活秩序及利益进行维护的目的。不同的法律部门所对应的法益内容并不完全一致,这种差异也构成了部门法特殊性与独特性的重要前提。从法律部门形成和发展的历史来看,从罗马法的私法与公法划分到 20 世纪六七十年代社会法部门的形成与发展,三法域说以差异化、错位化的法益保护路径受到了广泛的接纳和认可,并在法律理论与法律实践领域得到了较为充分的发展。但生态法律部门却一直面临着是否有必要划分为独立的法律部门的争议。对于生态法益逻辑起点、逻辑结构、逻辑进路、理论基础、内容与属性、功能与历史的系统论证即成为从新兴法益价值与地位出发回应上述疑问的探索。

在现实当中,作为生态利益的直接反映,生态法益保护价值目标在法律制度建设中并未得到全面贯彻,甚至出现了将生态法益纳入"作为维护社会稳定的秩序法益之下"的现象;与此同时,在现实的社会生命系统中,虽然"生存资源"向"生存资本"的转化处于全球发展的核心地位[①],但生态法益的现实保障却往往"借助于其他法益"来实现[②],这一做法与生态法益本身的独立地位和作用存在较大差异,更无法完成将代际生态正义纳入新兴法益保护范围之内的重要任务。由此,产生了以法律生态化为基础夯实生态法益保护的逻

---

① [英]唐尼:《笛卡尔:当理性遭遇信仰》,赵廷等译,大连理工大学出版社 2008 年版,第2—5 页。

② 申纯等:《论生态法益的刑法保护》,《长沙理工大学学报(社会科学版)》2018 年第5 期。

辑与现实基础的要求。学者指出,生态化的实质是实现"与生态环境系统协调一致",其要求"人类的物质生活方式和精神生活方式要符合生态环境内在规律",这在客观上将人类社会的发展规律与自然运行规律有机联系起来,避免片面追求经济增长而加剧人与自然之间的冲突现象的出现,并将人与自然和谐共生的理念贯彻到政治、经济、文化、社会、生态发展的各个方面,推动绿色国家与绿色社会的协调发展。而这一过程中起着至关重要的作用即法律的制定和完善;法律通过对于社会关系的调整,对于人的行为的规制,引导、促进、保障生态化进程的实现,并且,也完成了自身的生态化升级与新兴法益重构;沿着这一路径,人们得以将绿色发展理念融入法律的制定、修改、清理等各个环节,以生态化的规则助力生产生活全过程的生态化的实现。正因为如此,学者强调法律生态化的根本即在于通过法律规范及相应的制度设计来保障生态民主和生态公平的实现,"在尊重生态规律内在要求的基础上","促使人类充分认识生态规律及其复杂性和多样性","按照生态规律循序渐进地开发利用自然资源",实现人与自然的和谐发展;而"建立符合生态规律的资源循环和再生产方式",实现法律生态化视角下的新兴法益保障的关键即正确处理生态利益保护过程中存在的矛盾和冲突,防范因客观条件差异而导致的生态利益享有与生态损害负担的不平衡。[1]

　　更进一步分析,生态法益论是对于传统法益概念的时代性拓展,是解决美好生态需求与经济增长之间的新兴利益冲突的重要成果;生态法益是以生态价值维护为目标的最基本、最具有概括性的法律概念的发展,是"在逻辑秩序中我们用自然的必然性思考自身的存在"的成果。从法所指涉的生活关系层面看[2],生态法益保护是推动"物质环境与生命心境""生活条件与生存质量"协调的重要力量[3]。学者指出,"法的概念首先是生产和交换关系的总和",而"在众多的法律概念之中我们必须区分纯粹的和限定的法律概念,前者涉及法的基本原则的一般构建",而后者只能够适用于特定的可能产生法律问题的领域;作为法律领域的新兴法益概念,生态法益在"从法律思想的发展中产

---

[1]　丁玉娟等:《法律生态化》,中国环境出版社 2016 年版,第 15、24、35、59、65 页。
[2]　[德]卡尔·拉伦茨:《法学方法论》,陈爱娥译,商务印书馆 2003 年版,第 14—16 页。
[3]　文白川编:《美学、人学研究与探索》,安徽大学出版社 2008 年版,第 83 页。

生的基本的法律抽象"概念的过程中①,深刻反映了人与人及人与自然之间的社会生态关系,将绿色法治原则与绿色发展实践密切结合起来,广泛调动一切有益于可持续发展的积极因素,推进法益生态化及相应法益保护实践进程的深化;与此同时,也支撑着生态法原则、规则、政策及具体个案法律实施与法治保障整体进程的推进,并由此形成生态法益在不同法律部门当中适用和推广的独特路径,如刑法生态法益保护、民事领域的生态法益救济等。

二、研究基础

目前,学界关于新兴法益的研究成果较少,以之为关键词检索到著作 0 部,论文 1 篇②,另有 3 篇论文从新兴权利的角度展开论述,如对于新兴权利的司法确认③、被遗忘权的司法识别等④。但是,一方面,权利与法益两个概念并不相同,不能混淆;另一方面,关于新兴法益体系当中的不同概念和范畴的地位和作用分析欠缺,如哪些属于共性的、基础性的范畴,哪些属于特定领域的特殊范畴,这一界定会直接影响到新兴法益的总体发展方向。从更为广阔的视角来看,生态法益研究建立在既有的法益理论基础上。但法益论由刑事领域发端,并主要被用于刑事领域的理论与实践论证,如张明楷教授的《法益初论》在对第二次世界大战前后德国刑法学者的法益观进行论述的基础上,概括了当代法益理论的基本特征;伊东研祐的《法益概念史研究》系统梳理了法益及相关概念的演进历史,论证了从法益概念的原初形态到法益概念自由主义学说、规范论说,以及向共同体内涵不断扩展的历史进程,并得出不同学派之间法益理论的整合性发展结论,而在"高度发展且不断复杂化的现代社会"当中,这一整合对于整个法益学说史的演进与发展具有重要意义。但从研究的整体情况来看,关于生态法益范畴的特殊性论证及在具体法律部

---

① [苏]帕舒卡尼斯:《法的一般理论与马克思主义》,杨昂等译,中国法制出版社 2008 年版,第 2—3、5、8、11 页。

② 孙山:《从新兴权利到新兴法益——新兴权利研究的理论原点变换》,《学习与探索》2019 年第 6 期。

③ 张昌辉:《新兴权利确认:司法路径的正当性阐释》,《宁夏社会科学》2017 年第 2 期。

④ 杨杰:《被遗忘权的司法识别与保护——从个案救济切入》,《政法学刊》2019 年第 2 期。

门的应用性研究成果相对较少。以"法益"为关键词进行检索的中文论文主要从三个方面展开:一是刑法法益研究,从侵犯公民个人法益的刑事犯罪行为的规制①、法益解释论下犯罪预备行为对重大法益的特定危险分析②,到通过基于法益的违法性评价机制建设推动刑事立法的完善③,再到从法益概念人格化出发对刑事立法正当性进行审查④,刑法法益研究形成了从整体法秩序层面推动法益实现的基本思路;二是民事领域的法益保护研究,在商品化法益保护的背景下利益范畴及其相关制度框架应被纳入私权体系⑤,强调从立法和司法层面将公序良俗纳入违法性要件内容,推动人格法益判断功能的发挥⑥,并对《民法总则》具体条款展开法益分析⑦,也有学者进一步深入具体领域的法律制度研究,主张与民法典的权利立足点不同,知识产权制度应当采取法益与权利相互补充的利益调整机制⑧;三是国际法层面的法益权衡,如中国在是否加入《新加坡公约》分析过程中的法益考量等⑨。

具体到生态法益论说层面,已有研究成果仍然沿着刑事保护路径展开,突出生态法益刑事法律保护的重要作用,强调在风险社会下,法益的基点逐渐体现出向非人类中心主义逻辑思维发展的总体趋势,但一方面,对于生态法益在新兴法益体系中的地位和作用的研究欠缺,从而导致新兴法益研究的碎片化;另一方面,在重刑法法益的背景下,造成了对于其他法律部门在保护生态法益过程中的综合作用的忽视。其中,以"生态法益"为主题的著作为《刑法生态

---

① 冀洋:《法益自决权与侵犯公民个人信息罪的司法边界》,《中国法学》2019年第4期。

② 姜金良:《法益解释论下非法利用信息网络罪的司法适用——基于〈刑法修正案(九)〉以来裁判文书样本的分析》,《法律适用》2019年第15期。

③ 黄罕敏:《组织、领导传销活动罪:法益的嬗变与行为特质》,《厦门大学法律评论》2019年第1期。

④ 储陈城:《刑法立法向法益保护原则的体系性回归》,《刑法论丛》2018年第2期。

⑤ 廖继博:《中国语境下的商品化法益及其正当性》,《法律适用》2018年第1期。

⑥ 徐涤宇等:《我国人格法益保护模式之不足及其改进——以"公序良俗"引入为中心》,《湖南科技大学学报(社会科学版)》2019年第3期。

⑦ 杨立新:《个人信息:法益抑或民事权利——对〈民法总则〉第111条规定的"个人信息"之解读》,《法学论坛》2018年第1期。

⑧ 郑日晟等:《知识产权中的"法益"探析——兼论知识产权法不宜整体纳入民法典》,《黑龙江工业学院学报(综合版)》2018年第7期。

⑨ 万美娟:《中国加入〈新加坡公约〉的法益研究》,《现代商贸工业》2019年第27期。

法益论》，其分析了生态法益保护的刑法规范基础，以及在主体、客体认定方面的特殊性，从当代社会新兴法益保护需求出发推动刑法的发展和完善①，并从刑法与环境法所保护的法益相协调出发贯彻落实保护环境这一国家的基本国策，从强调环境的"工具价值"转变为重视环境的"内在价值"②。以"生态法益"为主题的中文论文主要从两个方面展开：一是以环境刑事立法及政策研究为核心内容的生态法益研究，如生态法益纳入刑法保护的合理性论证与实践路径研究③、环境污染罪的构成要件与归责原则分析④、生态法益刑事法律保护制度的优化等⑤，并对生态法益确认与制度转型进行深入分析，从而"达到人类与生态并重的法益"保护的目的⑥；二是民事权利体系对环境法益保护的积极回应，推动符合生态规律的民事法律制度的发展和完善⑦，这也引申出了生态法益与环境法益的区别，前者以生态系统为出发点，后者则强调人身财产权益范围之外的环境利益的识别与保护，从而促使环境损害赔偿制度从立足私益保护向涵盖环境法益的整体性保护的转向⑧。正因为如此，学者明确提出不能混淆生态法益与环境法益两个范畴，前者强调的是生态系统最本源的状态保护，后者则从个体或集体的法益辨析出发推动法益保护从人本身扩展到人之外的环境利益领域。从客观上来看，一些刑事领域的著述虽然并未以生态法益为主题，但在论述过程中对于现代法治框架内的生态法益给予了关注，并从生态犯罪立法理念出发，比较传统法益保护理念和生态法益保护理念在处理发展经济与保护生态的关系上的不同进路，将生态法益视为生

---

① 焦艳鹏：《刑法生态法益论》，中国政法大学出版社 2012 年版，第 2—6 页。
② 赵秉志等主编：《中国刑法改革与适用研究》，中国人民公安大学出版社 2016 年版，第 1—5 页。
③ 申纯等：《论生态法益的刑法保护》，《长沙理工大学学报（社会科学版）》2018 年第 5 期。
④ 张弟：《生态法益理念下污染环境罪的罪过与归责研究》，《中国环境管理干部学院学报》2018 年第 2 期。
⑤ 焦艳鹏：《生态文明视野下生态法益的刑事法律保护》，《法学评论》2013 年第 3 期。
⑥ 陈伟等：《刑法中的生态法益：多维转型、边缘展开与范畴匡正》，《西南政法大学学报》2018 年第 1 期。
⑦ 王紫零：《民法场域中环境权的法益表达》，《海大法律评论》2017 年。
⑧ 唐瑭：《环境损害救济的逻辑重构——从"权利救济"到"法益救济"的嬗变》，《法学评论》2018 年第 5 期。

态犯罪的客体与生态犯罪法律关系的内容,保护生态安全,促进经济发展和环境保护相协调,具有进步意义。但其认为在生态刑法的立法价值取向上,传统法益保护观念采用人类中心主义的立法价值观,生态法益保护观念采取生态中心主义的立法价值观的主张并不准确。① 这种主张仍然没有跳出传统价值评判标准的中心主义框架,只是从一极走到了另外一极;与此同时,作为生态法律关系内容的生态权利与生态法益并不能完全等同起来,而是有着不同的范畴界定与类型划分。具体到部门法领域,传统法益与新兴法益保护呈现出相互支撑、相辅相成的良性运行状态,而"以生态中心主义发展而来的生态法益说"或是"以人类中心主义发展而来的个人法益说"均不足以独立满足当前对于环境违法犯罪行为进行规制的需要。② 事实上,生态犯罪的刑事规制过程同样也是公众的环境生态法律意识塑造的过程;在法律适用的过程中,更须正确处理环境犯罪与危害公共安全罪等其他罪名之间的关系,根据环境危害防治与环境正义实现的要求,提升生态法益保护的针对性和实效性。③

与此同时,有观点认为在环境刑法法益保护领域,生活环境本身"即为刑法所应加以保护的法益",对于达到严重破坏或污染环境程度的行为人,应当作出环境刑事责任认定而非环境行政责任的认定。这一主张将刑法法益的范围从传统的生命或财产法益扩展到生态法益领域,从弥补环境刑法法益结构性缺失出发,"将严重破坏生物多样性""破坏生态平衡的行为",认定为犯罪行为,从新兴法益的确认和完善角度推动环境刑法保护范围的合理扩展,具有积极意义和价值。④ 也有学者以世界各国高度工业化背景下的环境犯罪惩治为切入点,分析国外生态法益保护状况,对生态法益保护范围相对较广的英国环境刑事立法、环境行政法及环境保护单行法规的地位和作用进行分析,对遵循法典化趋势的德国环境刑事立法展开探讨,梳理从立足人体健康保护(免受环境危害)到立足生态法益保护的制度演变过程,并细化到"法国刑法典关

---

① 张霞:《生态犯罪研究》,山东人民出版社 2013 年版,第 2—4 页。

② 赵秉志等主编:《刑法与宪法之协调发展》,中国人民公安大学出版社 2012 年版,第 492—494 页。

③ 叶良芳:《海洋环境污染刑法规制研究》,浙江大学出版社 2015 年版,第 1—3 页。

④ 中国环境科学学会编:《中国环境科学学会学术年会优秀论文集》,中国环境科学出版社 2008 年版,第 1601—1604 页。

于抛弃车辆残体"或其他物品的严格规定分析方面，在客观上亦对生态法益保护起到积极的推动作用。① 在上述论证过程中，环境并非利益的归属主体，生态法律关系仍以调整人与人之间的关系为内容，这是具有积极意义的，但其关于环境保护的根本目的在于人类利益的主张则又落入了人类中心主义的悖谬。事实上，生态环境本身的独立价值的存在并不以其对于人类的有用性为前提条件。因此，不能将生态法益的外延局限在人类生活环境领域，而需要高度重视自然生态与自然环境本身的价值；可以说，从中心主义到共同体视域的思维方式转变是生态法益全面实现的重要前提。② 以之为基础，生态法益在中国特色社会主义法治体系各个法律部门当中的贯彻落实突破传统的人身和财产利益限制，在自然生态与自然资源的独立价值层面对于生态共同体整体利益进行维护。而在生态法益的独立性价值辨析基础上，"刑法分则中以章的形式规定破坏环境资源保护罪以提升生态法益的地位"的主张具有合理性；确认与社会法相独立的一个法律部门，确立生态法益的独立地位，在此基础上推动现行刑法的修改和完善，并"在破坏环境资源保护罪一章下依据犯罪的行为客体和行为方式设节"，分别设置破坏大气、水资源、动物资源、森林资源、土地资源、植物资源的相应罪名，以利于对于生态法益的犯罪行为进行细化的分类和规制；并且，在对于侵犯生态法益的环境刑事法律规定进行完善的基础上，增加规定"破坏内水罪""破坏海洋罪""核污染罪"等罪名，从而全面提升环境刑法的社会生态保障效果。③

进一步分析，生态法益论建立在"生态人"假设的基础上，以生态法的人性分析理论为重要支持，形成了一系列重要成果。学者从政治与法律领域的理性与德性关注出发，强调理论研究要关注"真正的人的问题"，指出"'人性—理性'史观主导下的近代史学"的发展是广大劳动者的力量推动的结果④，理论研究必然地关涉着"人性和德性的观照"，对法的探析亦包含理性与

① 蒋兰香：《环境犯罪基本理论研究》，知识产权出版社2008年版，第275页。
② 张恩宏：《思维与思维方式》，黑龙江科学技术出版社1987年版，第137页。
③ 屈学武主编：《刑法改革的进路》，中国政法大学出版社2012年版，第181—182页。
④ 庞卓恒等：《史学概论》，高等教育出版社2005年版，第1页。

德性的考量①，从而在法治理论和法治实践相统一层面维护人性尊严②，在人与法的互动当中发挥法与道德的积极作用③；在法律与理性的关系论证方面，从有限理性的本体论、认识论和方法论含义出发论证理性范畴对法律适用的重要影响④，从社会演进过程出发探讨人类理性在社会生活中作用的演化及表征⑤，从对权利范畴的理性反思与正当性论证出发揭示实践理性权利观念的总体趋势⑥，从形式与内容相统一出发展开程序理性与诉讼法思考⑦，从经济学、法学、伦理学、认知心理学的情境理性出发论证建构理性及其演化进程⑧，从刑事政策理性的概念与渊源出发论述刑事政策理性化的发展过程⑨，从自然演进及理性建构模式出发分析英美经验主义传统和法德理性主义传统⑩，从人类学理论研究出发探讨行为理性⑪；从人的纯粹理性所具有的实践能力出发，并以之作为标准评价理性在实践活动中的意义与表现⑫；从理性及协商性共识出发阐述公共理性观念的内涵及其正当性⑬，从政治经济行为主体分析出发比较"政治人理性"和"经济人理性"的内涵⑭，从生态智慧到生态

---

① 张永忠：《质疑〈论税法的道德性〉》，《学术界》2009年第2期。

② 庄世同：《法治与人性尊严——从实践到理论的反思》，《法制与社会发展》2009年第1期。

③ 严存生：《道德性：法律的人性之维——兼论法与道德的关系》，《法律科学》2007年第1期。

④ 李容华：《有限理性及其法律适用》，知识产权出版社2008年版，第1—5页。

⑤ [美]乔治·桑塔亚纳：《社会中的理性》，张源译，北京大学出版社2008年版，第3—4页。

⑥ 尹奎杰：《权利正当性观念的实践理性批判》，科学出版社2008年版，第2页。

⑦ 张卫平：《推开程序理性之门》，法律出版社2008年版，第1—3页。

⑧ 姚中秋主编：《自发秩序与理性》，浙江大学出版社2008年版，第1—4页。

⑨ 卫磊：《刑事政策的理性与实践》，吉林人民出版社2008年版，第1页。

⑩ 宋清华：《经验理性与制度演进》，中国社会科学出版社2007年版，第1—2页。

⑪ [法]布尔迪厄：《实践理性：关于行为理论》，谭立德译，生活·读书·新知三联书店2007年版，第2—5页。

⑫ [德]康德：《实践理性批判》，张永奇译，九州出版社2007年版，第1—6页。

⑬ [美]詹姆斯·博曼等主编：《协商民主：论理性与政治》，陈家刚译，中央编译出版社2006年版，第2—6页。

⑭ 刘志伟：《论政治人理性从"经济人理性"比较分析的角度》，中国社会科学出版社2006年版，第1—4页。

理性的梳理出发论证其间所关涉的人与他者的关系范畴①;从德性的内涵、结构和特点出发阐述德性在社会经济和法治文明中所具有的重要作用,深化德性及法律分析②;从法律的道德性及自然法分析出发阐述法学的德性渊源、人性基础及理论旨归③;从历史分析出发梳理苏格拉底、柏拉图、奥古斯丁等的德性思想④,阐述"德性行政人"概念⑤;从历史演进过程梳理出发分析中国传统德性智慧的渊源⑥,深挖制度发展趋势背后"从人性到德性"分析方法转型⑦。具体到司法领域,学者对于"司法制度的体制理性"及在这一背景下"司法机关与立法机关、行政机关以及各级司法机关之间的权力与职能的配置"进行了分析,指出"司法制度的管理理性"下法院系统内的审判事务管理和行政事务管理直接关系到审判职能的充分发挥,"司法制度的诉讼理性"下司法权运行过程中的诉讼机制保障对于人格论基础上法的本体理论与关联理论发展具有积极作用。⑧ 事实上,对于蕴含于法律制度背后的理性与德性的深度分析奠定了现代依法治国与以德治国相结合路径选择的重要基础;在这一基础上,生态法律实践亦应当高度重视生态德性及相应的伦理价值规范⑨,以承载生态法律理论及其实践的不断发展和完善。

除此之外,生态法益的研究方法在遵循法学方法论及研究范式的基础上,还须体现生态法范式的特殊性,为推动法律生态化发展奠定理论框架。已有关于生态法范式的研究成果集中在文化立法领域,强调从生态法益保护视角推动非物质文化遗产保护立法基本原则的确立及立法体系的健全和完善。⑩

---

① 胡筝:《生态文化 生态实践与生态理性交汇处的文化批判》,中国社会科学出版社 2006 年版,第 1 页。

② 陈根法:《德性论》,上海人民出版社 2004 年版,第 3 页。

③ [美]富勒:《法律的道德性》,郑戈译,商务印书馆 2005 年版,第 10 页。

④ 金生鈜:《德性与教化》,湖南大学出版社 2003 年版,第 1—12 页。

⑤ 李春成:《行政人的德性与实践》,复旦大学出版社 2003 年版,第 1 页。

⑥ 李承贵:《德性源流 中国传统道德转型研究》,江西教育出版社 2004 年版,第 14 页。

⑦ [美]余纪元:《德性之镜 孔子与亚里士多德的伦理学》,林航译,中国人民大学出版社 2009 年版,第 3—8 页。

⑧ 孙万胜:《司法制度的理性之径》,人民法院出版社 2004 年版,第 281、306、324 页。

⑨ 彭漪涟:《化理论为方法 化理论为德性》,上海人民出版社 2008 年版,第 1 页。

⑩ 朱祥贵:《非物质文化遗产保护立法的基本原则——生态法范式的视角》,《中南民族大学学报(人文社会科学版)》2006 年第 2 期。

已有关于法学方法论的研究成果以 21 世纪环境时代法学方法论在应对生态
危机方面的理论发展为重要内容,并以法学方法论生态化所涉及的各个问题
作为探讨的对象,对法学方法论的概念、研究对象和范围、在法理学体系中的
地位,以及现代法学方法论的困境与发展趋势、法学方法论的意义与功能(在
法治实践中的功能和作用与知识的贡献)展开分析①;对科学发展观与法律的
生态化、科学发展观与法学方法论的创新、法学方法论生态化之界定、后现代
主义对法学方法论生态化之影响、法学方法论生态化对传统法学方法论的突
破、法学方法论生态化的生态法哲学论证、法学方法论生态化与"生态人"模
式的关系、法学方法论生态化的价值导向等方面进行阐述②;对于现代法学方
法论研究领域如何形成"确定法效果的三段论"等内容进行了描述与评论③,
对法学的语义研究、历史研究、体系研究、文献研究等方法进行描述④;并对法
学认识论(法学的任务、法学认知的特殊性、逻辑分析与经验事实相结合视角
的法学认知属性和特征)、法学发展论(从十九世纪初期法国与德国法学者对
法学的认识、自由法运动、概念法学论说、裁判的准立法机能分析到法学理论
认识与法律实践的结合)、法学实践论(社会学解释、法律行为解释、法律漏洞
补充、类推适用、利益衡量)、法学构成论(习惯法、规则、判例、学说)进行了系
统的阐述⑤,并细化到类推适用的原理与法律原则分析、成文法解释与司法实
践的统一性分析等方面⑥,论述法学方法论的基本问题、法学方法论的发展向
度、法学方法论上的基本假定之构造、法学方法论的逻辑基准,并在对传统法
学方法论进行分析的基础上推进法学方法论的改革创新与系统构建⑦,对人
是法学研究的逻辑起点等问题进行了深入探讨⑧;与此同时,运用经济学方

---

① 舒国滢等:《法学方法论问题研究》,中国政法大学出版社 2007 年版,第1—5页。
② 陈泉生等:《科学发展观与法律发展　法学方法论的生态化》,法律出版社 2008 年版,第2—16页。
③ [德]卡尔·拉伦茨:《法学方法论》,陈爱娥译,商务印书馆 2003 年版,第4—10页。
④ [德]萨维尼、格林:《萨维尼法学方法论讲义与格林笔记》,杨代雄译,法律出版社 2008 年版,第2—14页。
⑤ 杨仁寿:《法学方法论》,中国政法大学出版社 1999 年版,第1—19页。
⑥ 林立:《法学方法论与德沃金》,中国政法大学出版社 2002 年版,第1—3页。
⑦ 李可等:《法学方法论》,贵州人民出版社 2002 年版,第1页。
⑧ 胡玉鸿:《法学方法论导论》,山东人民出版社 2002 年版,第2—6页。

法、概念研究方法研究法律系统、法律制度及犯罪和刑罚等专项问题，并把微观经济学的方法运用在分析习惯法的研究当中①。上述多维度研究的展开为生态经济学、生态伦理学、生态哲学、生态法学角度的法益分析奠定了重要的研究基础。

三、研究结构

生态法益是新兴法益论域的基石，也是生态文明与生态法治建设的基础范畴；在思考如何充分发挥法律在生态文明建设中的引导、促进、保障作用的过程中，首先要理顺的关键问题即生态法益理论及其法律实践问题。与传统法益理论不同，生态法益理论以"风险预防原则"为指导，一方面，其不以法益受到侵害为法律介入的前提条件；另一方面，法益的内容也不再局限于人身与财产范围，而是扩充到了生态独立价值保障领域。而对于生态独立价值的强调并不是要否定人的价值，相反，"法学作为科学"的"积极的内核"即在于对于人的尊严的尊重和对人的价值的充分肯定②，法学的价值即主要体现在对人的需要和利益的保护与促进方面③。从这一基础理论出发，生态法益的理论证成与实践路径研究即沿着对于生态独立价值的论证与解释展开。事实上，"我们对于世界的理解是建立在对世界的某种解释之上的"，生态法领域的建构性解释在描述性、规范性及评价性法益论证，以及这一论证内容与主体间性的良性互动中促进生态保护目的在实践领域的贯彻落实。④ 由此，在研究结构方面，书稿的七个章节分别从生态利益及其识别、确认与保护，生态利益法律保护的学说演变，生态法益的逻辑证成（逻辑起点与逻辑结构），生态法益的法理分析（内容、属性、功能），生态法益保护的理论基础与指导思想，生态法益的国家保障及社会实现方面展开论述。通过生态法益与传统法益学说、法益衡量与利益衡量、目的论与共同体理论的逻辑证成，阐述价值法学、利

---

① ［美］罗伯特·考特等：《法和经济学》，张军等译，生活·读书·新知三联书店1991年版，第50、369页。

② 石文龙：《法伦理学》，中国法制出版社2006年版，第48页。

③ 竺效等主编：《观点 法学2004》，福建人民出版社2005年版，第5页。

④ ［美］帕特森：《法律与真理》，陈锐译，中国法制出版社2007年版，第19页。

益法学、分析法学视域生态利益的法律确认,推动法律生态化与生态法益的预防性保护。

（一）　生态利益的识别与确认是新兴法益生成的前提

并非所有的新生利益均属于新兴利益,新兴利益的生成必须经过利益正当性识别,符合社会总体的发展趋势,其中最为基础的即生态价值判断与功能认可;而亦非所有的生态利益均属于生态法益,生态法益得到确立的外在表现即是法律对其进行的识别和确认,生态法益确立的内生路径首先需要具有法律保护与调整的可能性,其次需要具备对人与自然共同体的有益性,并且这一确立过程是针对具有确定性特征的利益内容所进行的确认。这也就意味着对于由自然运行规律所决定的状态而言,因其不具有受到其他主体侵害的可能性而不能够被纳入现有的法律保护机制当中。相应地,传统利益论说将有效的利益表达作为法益确认的前提条件,这一主张即需要在生态利益保护层面实现更新与发展;动物及其他自然要素因无法对生态利益作出表达,所以不能够作为生态权利的主体。而在生态利益法律确认的过程中,生态哲学、生态经济学、生态伦理学、生态法学形成了不同的法益保护学科论域,价值法学、分析法学、利益法学秉持不同的法益分析学理视角;在此基础上,生态世界观从生存主义到生态主义的转变,生态价值观从工具理性到价值理性的转型,推动生态法益在本体论、认识论、方法论层面的逻辑证成,促进生态整体利益的法律确认、生态安全与生态平衡的法律保护及新兴法益论域人与自然和谐关系的巩固和发展。

（二）　生态法益学说演进是新兴法益与传统法益内生联系的基本体现

生态法益的价值论、规范论、利益论学说演进在基础性意义层面反映新兴法益与传统法益的内生联系。生态法益论说的发展有其深厚的文化渊源,并在价值法学、分析法学、利益法学的学派争论当中不断完善。《联合国人类环境宣言》指出,通过采取恰当的措施,人类能够解决困扰资源环境保护的诸多问题;其中,法治建设即解决新兴风险问题,推动文明发展的关键因素。从历史发展的角度来看,"法律是伴随人类社会发展过程逐步形成的",在"从习惯法到成文法""从自然法到实在法"的发展过程中,形成了不同的法益论说观点。其中,自然法学以价值为视域认识和分析生态法益,在人的理性层面探讨法益保护的原理,分析法学在依据法定程序进行的利益识别、确认和保护层面为生态法益规范论说奠定重要基础。与此同时,在生态法益保护过程中,正确处理生态制定法与生态习惯法之间的关系具有重要意义,其中后者"是独立于国家制定法之外"的行为规范,基于人们的内心认同发挥作用;在这一方面,社会法学从社会实际效果出发,形成了一系列实证论说,为生态法益的现实转化提供了有力支持。① 综上所述,在马克思主义理论的指导下,新兴法益范畴的演进"需要生长并且从各方面发展起来"②,从生态法益及生态价值保护的内生力量出发,逐步实现生态法益理论学说及现实保障的健全和完善。

(三) 生态法益的逻辑证成反映新兴法益确认的基本路径

生态法益的逻辑证成过程即确认新兴法益的重要逻辑进路;在这一法益确认的过程中,同时会形成以生态独立价值为基础的价值判定与事实认定体系,从而奠定新兴法益体系化、协同化发展的重要基石。生态法益的形成与证成不是同一个概念,生态法益的形成强调其从哪里来,而生态法益的证成则侧重其发展的路径探析,证成其发展的逻辑起点、逻辑结构。生态法益逻辑证成的关键问题在于生态法益的法律表达路径的形成,并与传统法益相区分,确立体现生态独立价值的法益论域。在传统法益保护观念下,对于自然生态的关注以人类为中心;在这一法律价值观下,人类中心主义是人们"形成关于生态的认识""确定生态的范围"的重要前提。整个法律体系的设计"始终将人自身利益的保护置于首位";相应地,只有当对于生态系统的功能造成干扰、侵犯、破坏的行为对于人身或者财产等利益造成侵害的时候,法律才予以介入,而对于仅对生态环境具有威胁,却未造成人身权益或财产权益实际损害的行为人则不予制裁。这一条件设定在客观上造成了生态利益与生态独立价值保护的弱化。与之相区别,生态中心主义的立法价值主张则走向了另外一极;其认为法律保护的法益概指生态学的独立生态法益,即"将整个自然界的利益作为最高价值",将"生态要素视为应予保护的法益",强调法律的制定、修改、

① 丁玉娟等:《法律生态化》,中国环境出版社 2016 年版,第 13—14 页。
② [英]约翰·密尔:《论自由》,程崇华译,商务印书馆 1959 年版,第 63 页。

完善应当把生态系统功能及价值实现作为追求的目标，不能够以对生态法益的严重破坏为代价去追求人类生活利益的扩张。但事实上，人类社会是生态系统的组成部分，对于生态法益的严重破坏事实上会对人类生活利益造成侵害。因此，书稿从"个人法益、社会法益和国家法益三者之间的牵连重叠关系"出发，论述了生态中心主义与人类中心主义的悖谬，得出中心主义的逻辑路径并不符合自然规律与社会运行规律的结论，一方面，"生态中心主义强调人与自然的平等地位，把自然也看成行为的主体，从自然主义的观点来考察人与人之间的关系"，忽视了人的能动性；另一方面，人类中心主义则忽视了自然的独立机制。"生态保护不能从一个极端走向另一个极端"，只有将"人与自然相和谐可持续发展观"贯彻到法益保护的全程才是从根本上解决既有问题的科学路径。①

（四）生态法益的法理分析反映新兴法益对传统法益的超越与拓展

对于生态法益的深度法理分析反映了新兴法益对传统法益的内容拓展与功能延伸；生态法益本身即超越了传统"法益三分法"论域，成为与公法法益、私法法益、社会法法益相并列的新兴法益形态。与此同时，仅有生态法益的法理分析是不够的，还需在法律实践中促进这一法益的现实转化，实现对法律所确认的生态利益的切实保障。这就要求将生态法益领域具化的经验研究与理论问题意识的探讨相结合，为全人类的生存与发展利益维护建立起不同于西方现代主义传统的学术范式，转向对于生态风险的精准防控。② 以之为基础，在国家生态治理现代化思想的指引下，推进生态法益的国家保障与社会实现，推进新兴法益保护国家义务与社会实现机制建设的积极探索。

从更为根本的层面来看，生态法益之所以成为新兴法益论域无法绕过的基础性范畴，是由生态价值的基础性作用和生态保护的时代要求所决定的；离开了生态系统的存续和维系，一切的制度建构和发展目标都将沦为空谈。在经济发展新常态背景下，"绿色发展是从根本上实现有质量、有效益、可持续增长的必由之路""绿色化是全社会生产方式、生活方式、思维方式和价值观

---

① 张霞：《生态犯罪研究》，山东人民出版社 2013 年版，第 58—60 页。
② 黄宗智：《经验与理论》，中国人民大学出版社 2007 年版，第 521 页。

念的深刻调整"①,其与五型社会及法治一体化建设相结合,为生态法益的全面实现奠定了坚实的基础。可见,生态法益的实现不仅是法治建设的重要目标,更贯穿于经济、文化、社会发展的全过程;生态法益保护不仅是环境法律部门的重要任务,更须凝聚刑事、民事、行政等法律部门的力量,将生态价值理念贯彻到生产生活的各个方面当中。

---

① 袁周主编:《绿色化与立法保障:生态文明贵阳国际论坛》,社会科学文献出版社2016年版,第1页。

第一章　生态利益及其识别、确认与保护：
新兴法益生成的基本前提

生态利益的识别与确认是新兴法益生成的前提。新兴法益的生成路径从世界观、价值观层面起始，跨越哲学、伦理学、经济学、法学论域，形成应对新兴风险的独特路径。作为新兴法益的基石，生态世界观从生存主义到生态主义的转变，生态价值观从工具理性到价值理性的转型具有重要的时代意义；可以说，在当代社会，新兴法益的生成首先即须通过生态利益识别的关卡，一切违背法律生态化总体趋势的利益类型，是不可能被纳入新兴法益的合理范围的。从这一前提出发，推动"经济人"理性与"生态人"理性、经济效益与生态效益、生态经济与资源节约的法律均衡，以及从生态理性到生态德性、从"公地悲剧"到共用物治理的进阶，理清生态法益衡量与调适的生态法律关系基础，实现法律的生态化，成为新兴风险制度应对的重要基础。

在此基础上，通过综合性、系统化的新兴法益体系建构，将原本呈现碎片化特征的新兴论域科学整合起来，形成有效应对新兴风险的合力。这一从分散化到聚合化的趋势亦体现在作为新兴法益基石的生态法益论说之中。生态利益的识别、确认和保护在不同的维度与分析框架下呈现出不同的特征。海克尔在《普通形态学》中首次提出生态学概念时，即凸显了这一学科知识架构的综合性与复杂性，其"要求研究者具备生态法学、生态哲学、生态伦理学、生态社会学、生态经济学等学科的基础理论知识"[1]。追溯到生态法益形成和发展的根源，对于生态利益的确认和保护实际上是对现实的环境污染问题进行

---

[1]　陈文：《21世纪生态保护立法趋向研究》，黑龙江大学出版社2015年版，第57页。

反思与审视的结果,其遵循"从实践到认识,再从认识到实践"的发展规律,以生态世界观、生态价值观及生态利益的理性实现为导向,在生态哲学、生态法学、生态伦理学、生态经济学等多维知识框架的整合基础上加以推进,重新调适人本身、人与人、人与自然、人与国家、人与社会之间的关系,以生态共同体之更为规范有序的合力作用,在自然及社会有机体运行中全面推动生态法益的实现。

第一节 生态哲学维度

新兴法益对传统法益的拓新并不是形式化的转变,而是源起于哲学世界观、价值观层面的深层次转型。生态哲学是观察和理解现实世界的科学理论,以生态世界观与生态价值观为核心内容,将自然生态的独立价值纳入哲学思考的范围。[①] 正是从这一角度出发,新兴法益在"历史性科学与哲学性科学的统一"基础上,体现了法律的实践性与法哲学的相互融通。[②] 作为新兴法益的基石,在整体主义生态价值观、生态世界观引导下,以生态属性为基础的研究能够有效克服个人主义逻辑所导致的公共物治理困境,从整个社会历史和全人类发展的高度,推动新兴法益保护过程中的理性协商的实现。

一、生态世界观:从生存主义到生态主义

生态文明时代的世界观为新兴法益的生成奠定了哲学基础。生态世界观的产生以马克思主义生态观为基础,形成对人类与自然生态之间关系的科学认识,并以对于生态领域的正确认知,指引人类开发自然资源,合理改造自然的实践过程,形成生态文明与社会文明协调发展的良好态势。学者指出,在马克思主义产生之前的科学和哲学"一个只知道自然界,另一个只知道思想",实际上是将法益保护的哲学基础与自然基础割裂开来,从而导致了传统论域

---

① [美]霍尔姆斯·罗尔斯顿:《哲学走向荒野》,刘耳等译,吉林人民出版社2001年版,第1—2页。

② [德]萨维尼、格林:《萨维尼法学方法论讲义与格林笔记》,杨代雄译,法律出版社2008年版,第6页。

的悖谬与困境;至马克思主义唯物辩证法的创立,"把人与自然作为一个系统的统一整体来研究",这在奠定生态世界观坚实基础的同时,也为新兴法益的生成提供了世界观支持。与"工业文明时代的机械主义世界观范式相比较",生态世界观不再片面地追求任何一个领域的法益保护,而是"从人类与自然相互关系的网络这个整体的进化过程中来把握人类的价值","从整个宇宙间的各种关系中来把握世界,把世界看作由各种关系的网络构成的有机整体"。① 从生态世界观的角度来看,万事万物均处于相互联系的整体生态系统之中,系统内部要素的相互作用具有永恒性和复杂性特征;在这一相互作用的过程中,不论是生命体之间还是非生命体之间的关系均具有不可分性,从而使整个系统呈现出整体性特征。这一整体系统处于动态的、秩序化的演化进程中;正是永恒变动的特性在人、环境和社会之间形成动态的平衡。从总体上来看,生态世界观在一定程度上构成了对现代法的逻辑挑战,对笛卡尔二元论和认识论进行了批判,并将其重点从支离破碎的个体分析转向整体性、系统性的观察。在这一哲学逻辑下,以克服多重生态危机为任务的规则制定和原则确立,为新兴法益保护提供了明确的价值指引。在这一框架下进行更为细化的区分,环境法在结构和概念上所立足的法律传统与支配他者密切相关,而生态法则立足于生态整体主义视域;二者之间的区分实际上反映了生存主义与生态主义哲学的巨大差异。② 事实上,从生存主义(容忍限度理论)到生态主义的演进,是人类认识世界和改造世界过程中的重大转变。这一转向为生态整体利益的实现奠定了重要基础,生态主义与生态哲学成为环境危机背景下人类文明进步的希望。

从理论层面来看,生存主义以生存利益为核心,主张人类是处于生存共同体中的生命形态,"是在对象性的关系中生存着",其发展演化的过程以社会实践为脉络。这一论断凸显了自然生态环境的基础性作用,具有合理性,但同时也存在两个方面的问题:其一,人的生存应当是生态系统的组成部分,并且,

---

①　叶峻等:《社会生态学与生态文明论》,生活·读书·新知三联书店 2016 年版,第 188—191 页。

②　De Lucia,"Towards an Ecological Philosophy of Law:Comparative Discussion",*Journal of Human Rights and the Environment*,2013,2,p.167.

对于自然界而言,除了对象性的存在状态之外,自然生态与自然资源有其独立的存在价值;其二,"人类的生存与发展不仅仅表现为人与自然的关系",还同时包括"也必须表现为人与人的关系",并在人与人之间、人与自然之间的关系层面凸显"生态系统的平衡性特征"。① 事实上,人类与非人类存在物的相同点即在于自然属性,离开了自然生态系统的承载,生命体的存在和发展即无从谈起。这也是生态法益成为新兴法益基石的重要原因。

从实践层面来看,人类以征服自然为方式的增长在维持其生存与发展的同时,也蕴藏着深刻的危机,引发新兴风险的产生;并且,这一增长本身并不是无极限的,以资源消耗与利用为核心支撑的经济增长延续到一定阶段,即会受到生态破坏与环境污染所带来的损害及成本增加的反向作用,从而导致经济增长的停滞甚至下滑。这种在经济的持续增长之后出现的经济滑坡现象即库兹涅茨曲线的外在表现。在生态论域解决上述问题,需要充分考虑生态系统的交互性特征,以人类、环境及人类社会的文化、经济、政治等方面的交互作用为基础,推动人与自然、人与人之间矛盾的解决②;以社会生态实践为基础,推动人类生存与生态发展之间关系的转变,助推对于新兴风险的制度化回应的改革与升级。

从发展进程层面来看,生态主义理论本身亦在新兴法益的框架内不断地健全和完善,也出现了诸多理论分支;运用唯物辩证法认识这些理论分支的进步性与局限性,为新兴法益的良性发展奠定了重要基础。在理论发展过程中,生态主义存在多种理论倾向,涵盖生态原教旨主义、生态无政府主义、主流绿党理论、生态社会主义、生态马克思主义,其共同的特征在于追求生态正义,致力于解决生态危机,推进环境保护,反思自然控制观与环境循环理论,但其中对于"退回大自然""生态乌托邦"的倡导,以及对于人类解放与人的本质的真正复归的否定并不符合自然及历史发展的规律,需要对其保持清醒的认识。

从观念变革层面来看,从笛卡尔二元论世界观向生态世界观的转变,不仅

① 吴苑华:《生存生态学:马克思学说的新解读》,天津人民出版社 2014 年版,第 7、9、28、30 页。

② [瑞士]克里斯托弗·司徒博:《环境与发展:一种社会伦理学的考量》,邓安庆译,人民出版社 2008 年版,第 63—66 页。

在实体层面关注主客二分法之外的万事万物的独立价值,而且在程序层面确立整体的、系统的实践逻辑进路,从而为全面推进生态文明建设,形成新兴法益完整体系奠定了坚实基础。而生态世界观关于世界的根本看法和观点以生态系统的运动和发展为脉络,致力于推动可持续发展与生态法益的实现,把人类、非人类存在物、自然界的独立价值有机统一起来;生态世界观的核心即在于"强调生态系统作为一个整体,具有相互依赖和统一的特性"①。这就要求在新兴法益确立和发展的过程中,不仅要考虑自然条件对人类历史发展的决定作用,还要认识到人类活动对于自然生态与自然资源的反作用;从客观结果的层面来看,人类活动与自然运行均存在积极与消极两个方面的效应,如何最大限度地发挥积极效应,降低和避免消极效应的发生概率,成为生态法益现实保护的关键所在。

因此,生态法益的哲学基础以生存主义向生态主义的转变为前提。生态主义克服人类中心主义的局限性,肯定自然界的独立价值,推动新兴法益体系对于生态保护基本价值的有效回应。② 与此同时,生态世界观与价值观又强调生态利益损害的不易恢复性,从生态整体利益出发推动生态法益的宪法确认,以自然属性为逻辑出发点维系人类与非人类存在物的存续和发展,并在"现实的人"的实践层面实现自然属性与社会属性的联系和沟通。事实上,在生态主义下,生态危机指生态系统失序所导致的对于自然生态与自然资源及其中的存在物的危害,而不仅仅是人类的生存危机;克服这一危机也成为新兴法益理论与实践的核心任务所在。

二、生态价值观:从工具理性到价值理性

生态价值观是对于生态系统的作用、地位和意义的最为基本的认识;其以人与自然生态环境的和谐共生关系为根本价值目标,构成了社会主义核心价值观的重要体现,也是新兴法益体系形成、确立、巩固的基础性价值追求。从内容上来看,"自然生态系统价值具有多样性",正如罗尔斯顿所指出的,"自

---

① 杨通进等编:《现代文明的生态转向》,重庆出版社 2007 年版,第 84—87 页。
② [英]布赖恩·巴克斯特:《生态主义导论》,曾建平译,重庆出版社 2007 年版,第 10 页。

然界至少存在着相互交叉的 14 种价值",其中既包括较为常见的科学价值、经济价值、历史价值、文化象征价值、审美价值、消遣价值,也包括深层次的哲学和宗教价值、生命支撑价值、遗传和生物多样性价值、稳定性和自发性的价值、统一性和多样性的价值、塑造性格的价值、生命的价值等;而从产生的根源上来看,人类社会实际上是以自然界为基础逐步进化发展的结果,人类的生存和发展的价值根源于"自然界目标定向、自我维持和自我创造"的过程,从这一意义上来讲,新兴法益的出现与生态文明的发展在根本上首先是价值理念的转变,是通过整合多样态的交互性价值,来避免对于经济价值的至上性追求造成对于其他价值目标的消解,从而在根本上防止新兴风险及生态危机的发生。因此,"自然界整体的进化是一切价值之源","人类的价值应该建立在维护自然整体的价值、促进自然进化的基础之上",人类社会的制度建设与新兴法益文明形态发展需要建立在有利于自然生态系统的存续与良性发展的前提和基础上,实现生态法益保护价值目标,推进自身的发展和完善。可以说,生态法益保护是新兴法益价值追求的重要根源所在。①

生态价值观作为新兴法益体系的价值来源的定位并不是自始确立的。尽管从客观上来看,生态系统由物种、生态过程等组成,具有其自身的独立价值(非工具性价值)②,但在工业革命的背景下,自然资源与自然生态多被视为可加以开发和利用从而服务于工业生产大发展的工具客体。在很长的一段时间内,人们陶醉于工业文明给人类生活带来的质的提升,甚至无视一些新生化学物质的危害性,忽视自然运行规律及其对社会发展的反作用,由此导致了环境危机的出现。而随着环境问题与新兴风险对社会发展制约作用表现的日益明显,生态价值观的重要地位才逐渐得到应有的重视,生态整体利益及其独立价值保护也才逐渐确立下来,实现了从工具性的生态价值观向自然生态与自然资源自身价值的回归。

生态价值观作为新兴法益体系的价值来源的定位有其深刻的学理渊源。

---

① 叶峻等:《社会生态学与生态文明论》,生活·读书·新知三联书店 2016 年版,第 187—188、190—191 页。
② 于友先等主编:《中国大百科全书》第 19 卷,中国大百科全书出版社 2009 年版,第 572—574 页。

生态价值观的理论建构和实践发展与对人类社会发展方式的反思紧密相连;对于自然生态系统作为人类社会存在和发展的根源的强调,构成了生态价值观的基础。由此,形成了整体存在论,并确立了生态价值观的基本立场与根本要求;从整体存在论的基本立场出发,人与国家、人与社会、人与人之间关系的基础在于人与自然的关系平衡;从科学地推进生态价值观的贯彻落实出发,"全面审视人与自然、人与社会的关系","把人类社会的发展置于自然生态系统的演化发展之中"。① 这不仅是新兴法益价值目标确立的哲学前提,而且对于人类的生存与可持续发展的维系至关重要。

从内容上来看,生态价值观以自然生态、自然资源独立价值维护为内容,但这与生态价值观以人类所享有的生态利益为基础并不矛盾,而是实现人类利益与生态价值相平衡的、科学的生态保护观念。由此,在生态价值观的指导下,新兴法益保护需要尊重生态价值的独立性,"将这种生态学的保护利益也作为法益来加以认识",作为人类的自然生存基础,生态环境的价值具有根本性的,"生态利益在整个利益格局中具有基础性的地位",且具有可耗竭性、易害性、不可逆性、核心性与根本性特征。② 究其根本,生态价值观强调自然生态环境是承载人类生存与发展的重要前提,一旦生态环境受到破坏,人类文明的发展即无从谈起;对于自然生态环境的干扰和破坏不仅构成对于生态利益的侵犯,也直接侵害到对于社会利益的保障和全面实现。而对于侵害生态法益行为的认定并不以对人类的生命健康权益或财产权益造成的侵害为标准,即便尚未达到侵犯人身或财产利益的程度,只要侵害生态系统的功能状态,即能够作出法益侵害的认定。由此,根据生态价值观,法律视域的人与自然的关系具有了崭新的含义;其以生态价值本身作为法律介入环境保护的出发点和落脚点,进而对新兴法益的健全和完善提出了新的更高的要求。

从更深层次上来看,生态价值观的确立有其坚实的基础,呈现出主观与客观相统一的特征。在客观方面,作为大自然的组成部分,人类社会与其他自然存在物具有共同的基础和本质。因此,学者从自然法则的基础性作用出发,在

---

① 杨权利等:《马克思主义哲学专题研究》,厦门大学出版社 2016 年版,第 124—126、136 页。

② 叶良芳:《海洋环境污染刑法规制研究》,浙江大学出版社 2015 年版,第 91—93 页。

对于意志法、道德法、自然法的比较基础上,强调"法本乎自然";人类活动既要遵循社会发展的客观规律,也要遵守客观自然界的运行规律,由此形成了以保障新兴领域良好运行状态为核心的规则制定路径,新兴法益保护应当遵循新兴风险应对规律,将生态价值维护作为基本的准则和要求。在主观方面,第二次世界大战后的自然法理论转型过程中,拉德布鲁赫明确提出国家法应当符合正义的价值追求,防止"非法的法"的施行。这一主张在良法的确立和推进层面,确保新兴法益对于自然生态基础价值的维护。① 生态法益保护即建立在这一生态价值观基础上的,强调以对于自然生态运行规律的尊重为基础,"尊重公认的社会(生态)伦理思想",从根本上解决人与自然之间的矛盾和冲突②,从而为新兴法益论域的人与人、人与国家、人与社会之间矛盾的解决奠定了坚实基础。与此同时,一方面,需要避免生态法益的法律保护局限于应然层面而缺失实然分析的弊病,考夫曼于 1965 年发表的《类推与"事物本质"——兼论类型理论》即揭示了"法是当为与存在的对应"的特征③;另一方面,并不能将对于生态价值观的尊重局限于生态论域,更须上升到整体推进新兴法益保护的高度,推进生态价值在新兴风险的制度化回应、新兴利益的衡量与保护路径选择方面的全面贯彻落实。

第二节　生态经济学维度

20 世纪 60 年代后期,生态经济学成为一门独立的学科,并引领着新兴法益的发展进程。生态经济学理论将具有"外部性"的环境成本纳入市场计算范围,将自然生态系统视为一种资本,研究生态经济的运行规律、生态经济效益与生态平衡保障等问题,高度重视自然资本保护,强调自然资本的独特性与不可替代性,创新生物多样性补偿等市场机制,激励经济主体为维护生态价值采取积极的行动,并促成作为"更实际的责任模式"的生态型社会契约的出现。生态经济学以"人类经济和自然生态系统在时间和空间上相互依存和共

---

① ［德］考夫曼:《古斯塔夫·拉德布鲁赫传》,舒国滢译,法律出版社 2004 年版,第 26 页。
② 严存生:《法律的人性基础》,中国法制出版社 2016 年版,第 119、122 页。
③ 吴丙新:《修正的刑法解释理论》,山东人民出版社 2007 年版,第 8、10 页。

同演化"为基础,重新建构"人与生态和谐共存的协定",重塑人们的生活方式及人与人之间的关系①,并发展出了不同的生态经济学分支,如以研究个人消费与企业选择为核心的微观生态经济学、以制度协调为核心的宏观经济学、以自然财产的经济价值识别为基础的生物多样性经济学、以生态可持续性与社会公平正义为导向的社会生态经济学等,从多个维度拓展了新兴法益的实现路径。

一、生态理性:"经济人"理性与"生态人"理性

生态经济学的重要贡献在于将生态成本纳入效益计算范围,对新兴法益保护过程中的生态足迹进行计算,以确保经济发展及资源开发利用过程与生态理性、生态效益的追求相统一。在这一研究范式下,新兴法益的确立与发展,需要符合自然资源、自然生态与经济社会发展的机制和作用方式,通过"改变科学技术的使用方式",以及"经济人"理性与"生态人"理性之间的权衡,协同推进经济社会发展与生态环境保护的进程②,凸显生态法则对于人类社会,尤其是新兴法益保护的重要作用。其中,对于"经济人"理性的充分考量是生态理性衡量与新兴法益保护过程中无法回避的问题。从法经济学的视角来看,"经济现象出于人的本性",并且,其绝非偶然的现象,而是处在事物的密切联系之中的秩序现象。以"经济人"假设为基础,通过科学可行的法律制度安排,能够充分激发经济行为主体的生态保护意识,从而使追求经济效益的行为受到环境公共利益保护的约束,促进人与自然的和谐发展③,并在"经济人"理性与"生态人"理性之间建立起理论与实践的内在关联,为生态正义框架下的新兴法益保护奠定基础。

由此,以生态理性化的方式实现经济制度与环境制度在新兴法益保护框架下的有效衔接,以"健康共同体"建设为目标推动经济发展活动与生态保护

①　周冯琦主编:《生态经济学国际理论前沿》,上海社会科学出版社 2017 年版,第 1、5、7、10—11、14 页。
②　张金荣等:《"新生态范式"对我国生态文明的借鉴意义》,《人民论坛》2017 年第 21 期。
③　冯玉军:《法经济学范式》,清华大学出版社 2009 年版,第 63—64 页。

实践的协调统一,成为应对新技术变革挑战的重要前提。① 生态理性"立足于康德古典理性哲学中实践理性哲学",并在不同时代要求下不断拓展和完善。在当代社会,以生态理性为指引展开的制度设计成为新兴法益论域的重要探索,如生态资本投资制度即在"经济人"理性与"生态人"理性之间进行权衡的结果,通过特定的环境污染治理与生态修复活动,"对特定范围内的生态资源进行一定的投入",经过生态资本投资整合,改善"生态资源质量及数量指标",推进"生态资本存量增加",从而奠定"生态—经济—社会"综合价值与生态资本实现的理性基础。② 可以说,理性生态人诉求的核心是"用整体化、系统化的生态理性思维方法规范和引导"实践进程;这一实践进程不仅指环境保护与资源开发利用的社会实践,还扩展到新兴法益确立和发展的整个领域,形成具有统领性与整合性新范式。③

在这一方面,古典经济学向生态经济学的转型为"经济人"理性与"生态人"理性之间的平衡奠定了重要基础,为理性生态人实践带来了重要契机。与生态经济学以"生态人"理性为基础不同,古典经济学理论的基础是个体自身利益的最大化,也即"经济人"理性;古典经济学向生态经济学的转变起源于对人类共同福祉与共同体存续的追求,在一定程度上生态经济学将超越当代人利益追求的内容纳入理性衡量的范围;"在经济是为共同体服务这一前提下","按市场规则行事可以更好地实现许多公共目标"。正是在这个意义上,学者指出"全球体系将会改变,因为按照自然法则,它必须改变"④。从这一逻辑出发,20 世纪 70 年代形成了经济增长与资源环境之间关系的分析报告,人类需要付出努力以突破生态约束对于经济增长乃至全球发展的制约,从而为人类社会的发展提供有力支持,但由于这一时期的工业经济体量仍然处于一定限度内,因而人类经济社会发展并未超出地球的承载能力,相应地,制

---

① 吴贤静:《"生态人":环境法上的人之形象》,中国人民大学出版社 2014 年版,第 230 页。
② 屈志光:《生态资本投资收益研究》,中国社会科学出版社 2015 年版,第 225—226 页。
③ 柯坚:《环境法的生态实践理性原理》,中国社会科学出版社 2012 年版,第 4—5 页。
④ [美]达利等:《21 世纪生态经济学》,王俊等译,中央编译出版社 2015 年版,第 5、16、19、21 页。

度建设的主要任务即在于为避免经济、人口、社会的发展超出自然生态系统的承载能力,而展开"技术上、文化上和制度上重大的、前瞻的、社会性的创新"。至 20 世纪 90 年代,经济社会的发展超出了地球的承载能力,因此学者于1992 年以"超越极限"对此前的研究成果进行了更新,指出"过冲已经成为事实",面对持续增加的自然生态负担,新技术的采用推动了世界的转变,从生产者到消费者,从国内制度建设到国际多边协议,以生态效益为核心的理性生态权衡逐步发展并推广开来;至 21 世纪初,大量的数据和案例更新显示"增长的极限曾经是遥远的未来,但今天它们已经广泛存在"①。各个国家相继出台政策以有效应对达到增长极限所产生的一系列问题,2019 年 4 月《关于统筹推进自然资源资产产权制度改革的指导意见》印发,明确了以自然资源产权制度为基础的资源合理有偿利用对于环境保护的重要意义,通过推动产业生态化发展,实现经济与环境的平衡;同年 8 月,我国《资源税法》正式出台,明确规定针对已发现矿种的 164 项税目,通过"引导人类达到平衡社会的长期目标"的确立,建立新式的、可以世世代代维持的经济社会增长模式。② 这正是生态法治与新兴法益发展的要义所在。

二、法律均衡:经济效益与生态效益平衡

经济效益与生态效益的法律均衡是新兴法益发展的重要驱动力。法律的产生和发展过程事实上是对于矛盾进行识别并有效化解矛盾的探索过程;在解决矛盾和冲突的过程中,法律的动态均衡逐步得以实现,新兴法益的确立与传统法益的更新也不断向前推进。从客观实际的角度来看,这一动态平衡的实现具备现实的可行性与可操作性,社会发展与生态保护之间存在着一种平衡关系,在人类社会、自然界之间达到"辩证的平衡"③,成为新兴法益发展的现实支撑。但这一平衡的实现不是一蹴而就的,而是需要克服理论与实践两个方面的困难。

---

① 〔美〕梅多斯等:《增长的极限》,李涛等译,机械工业出版社 2006 年版,第 12、14—15、18、23 页。

② 〔美〕梅多斯等:《增长的极限》,于树生译,商务印书馆 1984 年版,第 140 页。

③ 〔苏〕布哈林:《历史唯物主义理论》,李光谟译,东方出版社 1988 年版,第 82 页。

在理论方面,经济效益与生态效益的冲突由来已久,古典经济学视角下的自然资源等要素是"限制生产和经济增长的重要因素",认为自然资源等要素是可以免费获得的自然存在物,一方面,其没有认识到自然资源等要素本身的独立价值,并将其排除在供需平衡问题研究的内生要素范围之外;另一方面,其将自然资源视为取之不尽、用之不竭的免费供应物,将生态问题视为"外部不经济性的表现",从而进一步加剧了生态恶化的状况。这一观点一直延续到新古典经济学时期,正因为如此,学者指出"新古典经济学非但没有关注生态环境,反而是导致生态环境问题产生的根源"。20世纪六七十年代,生态经济理论从深层次上揭示了生态环境问题产生的根源,分析了工业经济的弊端;至20世纪80年代,生态危机的深化促成了通过市场手段化解经济与生态之间矛盾路径的产生;进入21世纪,自然资源等要素被正式纳入成本核算范围,形成了内生生态经济发展模式,强调"自然资本才是经济增长的稀缺性要素",探索"建立促进自然资本定价的市场化机制";通过这一转变,使经济发展过程不仅可以促进古典经济学意义上的财富增长,同时带来内生生态经济理论意义上的生态财产增加,从而促进经济效益与生态效益的平衡。①

在实践当中,经济效益与生态效益平衡亦面临诸多困境。在经济利益的驱使下,一方面,侵犯自然资源类的犯罪时有发生,出现了经济发达地区向欠发达地区转嫁生态危机的现象,生态利益的分配不公再次加剧了人与自然关系的失衡;另一方面,在地方发展经济的过程中,对于经济增长的追求导致了对于资源破坏和环境污染的忽视,尤其是在对于污染企业的经济效益与生态效益的权衡中,往往选择了前者而牺牲了后者,加上生态环境的脆弱性与生态恢复的高成本使得地方环境监管在应对生态危机中的作用受到极大的限制;而由于生态法益在整个人类社会当中具有基础性地位,重经济效益、轻生态效益所引发的生态破坏不仅会以大气污染、土壤污染、水体污染为外化表现,而且将会直接影响到整个经济社会的发展,甚至导致对国家利益、社会利益、个人利益的严重威胁。而要从根本上扭转这种局面,首先需要明确生态法益在

① 梁洁:《生态经济:从外生到内生演化研究》,中国社会科学出版社2018年版,第33—34、49、100—101、144—145页。

环境立法中的准确定位；其次要立足生态环境的脆弱性与保护难度大的特征，在主体之间合理分配"生态资源利益和负担生态资源义务"，"对各种与生态环境资源发生交往的主体之间的关系进行重新调整、公平管理"；再次要以生态环境保护为前提"寻求经济利益、精神利益和生态利益的最佳化和最大化"，从而在长期而艰巨的环境保护工作中，更好地保护生态法益，贯彻落实道德公平和生态正义的价值观；最后在当代人和后代人的经济发展要求与资源生态保护利益之间达到平衡。①

　　更进一步分析，经济效益与生态效益平衡最大的难度是在于协调利益相关方之间的关系。② 经济效益与生态效益之间关联的基础在于自然新陈代谢与能量转化；在此基础上，经济的增长并不是无极限的，而是处于特定生态系统的资源环境的制约下，并且，这一生态系统本身并非处于增长之中，而是遵循能量守恒定律，从而导致经济效益与生态效益平衡所面临的挑战巨大，既不能重经济效益而导致资源耗竭、生态破坏，也不能重生态效益而导致国家经济发展的倒退，而要在可持续发展原则的前提下，通过科学的经济工具的使用，使经济效益与生态效益在生态经济与生态产业发展层面实现统一，推动经济系统和生态系统的协同进化。因此在这一过程中，我们既不主张经济帝国主义，亦不赞同生态还原论的观点，因为前者将经济效益置于至上地位，后者则认为人类社会的运行可以自然法则为唯一准绳。正因为如此，学者指出"经济实际上是在一个有限的、非增长的生态系统中的增长"，"这种视角上的变化便是经济学范式上的一个主要转变"。③

三、生态实践：绿色经济与协调发展

　　生态实践是新兴法益发展的关键领域，是科学应对生态退化危机、资源环境约束及经济发展结构失衡，实现调结构、促发展，保护生态环境，维护人与自

---

　　① 韩德强主编：《环境司法审判区域性理论与实践探索》，中国环境出版社 2015 年版，第 53—55 页。

　　② 李小云：《生态补偿机制：市场与政府的作用》，社会科学文献出版社 2007 年版，第 8 页。

　　③ ［美］戴利等：《生态经济学：原理和应用》，金志农等译，中国人民大学出版社 2013 年版，第 21—22、48、439—440 页。

然和谐的重要过程。生态实践过程以生态正义和生态秩序维护为目的,以绿色经济与协调发展为导向,以全面、协调、可持续发展为指引,遵循自然规律与社会运行规律,将人民对于美好生态的向往作为根本追求,推进国家与社会的永续发展。

生态实践的核心在于协调环境与经济、保护与开发之间的关系,这也是新兴法益领域的主要矛盾所在。这一协调过程主要包括两种路径:一是以经济开发为主进行的协调,也即在充分保障经济增长的前提下,协调环境与经济、保护与开发之间的关系;二是以环境保护为主进行的协调,也即在优先保护环境的前提下,协调环境与经济、保护与开发之间的关系。其中,第二种路径逐步为世界各国所广泛接受,以此来解决"环境问题上资本的逻辑与生活的逻辑的深刻对立"①。生态法益的现实保护需要将生态环境保护理念融入经济社会发展的全过程,实现实践的生态化。与此同时,生态实践"需要不断地回归到社会实践之中,证明和检验其规范与价值的合理性",并充分反映自然规律、环境与资源危机背后的利益冲突,一方面,运用整体主义的分析路径,从人与社会、人与自然的整体协调出发"形成一个环境法与其他法律部门相互协调、相互协同的开放性的环境与资源法律秩序";另一方面,也要从个体的实践出发,"关注现实社会生活中的一个个具体的环境与资源问题,特别是与个体和特定社会群体的生存和发展需要密切相关的环境与资源问题",从而以生态价值、生态规范、生态事实层面的有机结合为基础,在生态法律实践的过程中持续地推进生态环境保护与资源开发利用的协调。② 在此基础上,推动生态法益的全面保护。而生态价值、生态规范、生态事实层面的有机结合,在生态法益保护中的作用尤为重要。黑格尔指出,事实、规范、价值的分裂会导致包括法益论在内的学理论说的片面化。③ 基于生态环境保护理念的规定性④,在生态实践领域以价值的审视为出发点将生态法益保护贯穿到生态价

---

① [日]岩佐茂:《环境的思想》,韩立新等译,中央编译出版社1997年版,第43、170页。

② 柯坚:《环境法的生态实践理性原理》,中国社会科学出版社2012年版,第6—7、24、27—28、31、35—36、153、158页。

③ [德]黑格尔:《法哲学原理》,范扬等译,商务印书馆1961年版,第1、10页。

④ [英]丹尼斯·劳埃德:《法理学》,许章润译,法律出版社2007年版,第344页。

值、生态规范、生态事实各个方面①;与此同时,生态规范与生态事实对于有效克服纯粹价值关注所引发的不确定性具有重要作用;生态价值、生态规范、生态事实层面的有效衔接,共同构成了生态共同体规则制定与实施的现实保障②,也为新兴法益的实现提供了结构化的支撑。

当代中国生态实践在新发展理念的框架内展开,以绿色经济与协调发展为核心,推动新兴法益的发展和完善。由此也形成了与传统经济不同的绿色经济发展模式;这是一种"追求人与自然之间、人与人之间和谐共生、永续共赢的经济形态",其不仅避免了高耗能、高污染、低循环、低社会生态效益的经济增长模式的弊端,开拓了低耗能、低污染、高循环、高社会生态效益的新型发展模式,并且在生态效益回归、惠及全体人民方面发挥着重要的作用。因此学者指出:"人类社会历经农业经济、工业经济和知识经济三次浪潮之后,正在迎来绿色经济的第四次浪潮"。③ 当今世界,发展中的经济增长乏力与生态失衡问题并存且呈现出深层次矛盾和问题累积的特征,在新常态背景,"五位一体"总体布局呈现出新的特点;党的十八届五中全会提出"创新、协调、绿色、开放、共享"新发展理念,从发展理念变革深度推动发展路径的创新,成为引领中国生态实践的重要基础,也为新兴法益保护提供了重要指引。从功能上来看,在新发展理念中,创新发展拓宽了生态法益的保护路径,协调发展蕴含了生态正义的价值追求,绿色发展奠定了生态实践的物质基础,开放发展促成了从新兴法益整体面貌去研究生态法益的进路的确立,共享发展促成了包括生态法益在内的新兴法益发展成果的全民普惠。从发展理念之间的相互关系上来看,创新发展追求发展的开拓性,从而为扭转以往经济发展模式的弊端提供支持;协调发展追求发展的整体性,有效避免重经济效益、轻生态效益现象的发生,并在一定程度上有利于区域之间、行业之间的生态正义的实现,而生态系统当中一切事物的发展只有实现协调,才能够在和谐与平衡结构中达到可持续发展的目的;绿色发展构成了可持续发展的重要生命线,这一可持续发

---

① 解兴权:《通向正义之路》,中国政法大学出版社 2000 年版,第 238 页。
② 夏正林:《社会权规范研究》,山东人民出版社 2007 年版,第 192 页。
③ 张兵生:《绿色经济学探索》,中国环境科学出版社 2005 年版,第 65 页。

展目标的实现以人与自然、人与社会、人与人之间的和谐为前提,包括绿色低碳循环、生态环境友好在内的基本原则的确立对于生产方式的转型,生态文明建设及美丽中国建设的深度推进,以及经济社会发展现代化的新格局;开放发展追求发展的关联性,避免封闭性,生态法益发展同样符合这一规律,对于生态法益的研究不能仅局限于生态论域,而需要对其在新兴法益体系中的地位作出准确的判断,从协同化与系统化的高度提升生态法益保护水平;共享发展追求发展的普惠性,通过经济发展与环境保护的平衡,保障共同富裕、共同发展与共享碧水蓝天的有机统一。在此基础上,形成一个逻辑严密的生态实践有机整体,"既坚持了马克思主义的基本理论,又结合中国特色社会主义的丰富实践进行了新的理论及实践创新",深刻反映"当代中国社会改革发展实践内在矛盾运行规律"。事实上,坚持绿色发展是坚持协调发展的内在要求,也是衡量协调发展的重要标准;因而学者指出"协调发展是保证经济社会发展全面、均衡的必然要求和前提条件"。生态实践以绿色经济与协调发展为核心;在生态实践领域,坚持绿色发展,增强发展的协调性成为维护不同地域、不同群体生态正义与社会公平的重要基础,亦为解决人民对于美好生活的需要与发展不平衡不充分之间的矛盾提供了重要指引①,从为实现中华民族伟大复兴营造良好的生态环境与社会环境出发推动新兴法益的发展。

第三节　生态伦理学维度

生态伦理学以人对自然的道德关怀为核心,形成了新兴法益独特的伦理视域。《世界自然宪章》序言部分指出,"每种生命形式都是独特的","为了承认其他有机体的内在价值,人类必须受行为道德准则的约束"。② 生态伦理的形成以人类社会的道德规范向自然生态环境的延伸为路径;奥尔多·利奥波德将人类伦理规范划分为三个代际,分别以人与人、人与社会、人与自然之间

---

① 杨宏伟主编:《贯彻落实五大发展理念》,人民出版社 2017 年版,第 4、32—35、86—87 页。

② *World Charter for Nature*,联合国网站,见 https://www.un.org/documents/ga/res/37/a37r007.htm,最后访问时间 2019 年 4 月 26 日。

的关系为调整对象①;也有学者将生态伦理划分为不同的形态,认为由科学技术的发展所决定,处在不同生产力发展阶段上的生态伦理具有不同的特点,呈现出"从人与自然相结合的朴素伦理观(崇拜自然),到人类中心主义伦理观(无视自然),再到可持续发展伦理观(重视自然)"的发展趋势,从而形成了兼顾生态利益与社会利益,追求生态环境与人类社会的共同利益实现的可持续发展路径②。在生态伦理学框架下,道德评价的主要内容为是否有利于人类社会与自然界的完整存续和发展,如果行为有利于人与自然共同体的稳定时即具有道德正确性,反之,则会受到道德规范的否定性评价;与此同时,需要有效防范"片面的伦理判断"的弊端,不能够割裂不同维度论说之间的内在联系。③ 由此,在学理论战过程中产生了对于主体性关注下的道德与价值追求的反思和批判④,强调合理性分析的重要性⑤,以期在事实、规范与价值相统一的层面推动生态价值的全面实现⑥。生态伦理构成了 21 世纪价值法学思想的一个新形态,亦成为人文精神指引下新兴法益研究的新趋向。⑦

一、从生态理性到生态道德建设

在生态伦理学视域,生态法益保护不是成本效益之间的理性权衡,而是以德性为支撑的伦理道德责任的外化表现,是新兴法益论域终极的道德关怀的形态。然而,道德与理性概念并不等同,其发展脉络各异;道德概念侧重前瞻性与引领性,理性概念则强调现实性。具体到生态法益保护领域,生态理性与

①　[美]奥尔多·利奥波德:《沙乡年鉴》,侯文蕙译,吉林人民出版社 1997 年版,第 40—44 页。

②　陈国新主编:《中国特色社会主义理论新贡献》,云南大学出版社 2005 年版,第 67 页。

③　[德]哈贝马斯:《在事实与规范之间　关于法律和民主法治国的商谈理论》,童世骏译,生活·读书·新知三联书店 2003 年版,第 314 页。

④　[德]迈尔:《古今之争中的核心问题　施米特的学说与施特劳斯的论题》,林国基等译,华夏出版社 2004 年版,第 24 页。

⑤　[美]普特南:《理性、真理与历史》,童世骏等译,上海译文出版社 1997 年版,第 141、147 页。

⑥　薄振峰:《当代西方综合法学思潮》,法律出版社 2004 年版,第 48 页。

⑦　许章润主编:《清华法学》第 4 辑,清华大学出版社 2004 年版,第 37、39 页。

生态德性的建构逻辑亦不相同。① 在生态理性下,主体的利益权衡与利益考量建立在可行性与现实性的基础上;由此,即出现了一种观点,基于生态利益的不可分割属性,"将生态损害纳入环境侵权的法益保护范围并不具有任何实益",因此"作为公共产品的环境所造成的损害,或曰生态损害,不在环境侵权的法益保护范围之内",环境侵权仍应局限于人身权与财产权侵害的范围,其与传统侵权行为并无本质的差异。② 这对于生态时代的法益理论与实践发展而言无疑是有害的。究其原因,这实际上反映了仅将生态法律制度设计局限在生态理性论域的弊端,一方面,由有限理性所决定,基于生态理性的环境伦理发展具有较大的局限性,尤其是在人类生态文明发展尚不成熟的背景下,生态德性与环境伦理美德的重要性更加凸显,并能够在理性与非理性因素的综合考量中使生态价值更好地深入民心,取得社会主体广泛的内在认同③;另一方面,从历史发展的角度来看,道德与理性在法律领域的界分多有偏颇,以启蒙运动为标志,现代科学以"人的理性"为出发点和落脚点,以此来反对神学论,"把人的理性置于伦理的中心",并形成"建立在人性基础上"的法律观④,以人类理性为原点推进法治现代化,法律应"建立在道德、理性之上"⑤,甚或有只强调理性,忽视德性在法律领域重要作用现象的出现,并形成了"建构论唯理主义与批判理性主义"的学理论述⑥。在这一背景下,生态法益损害形态既包括对于环境介质本身的损害,也包括经由环境介质所造成的人身财产损害。而从生态理性到生态道德建设的进阶在这一转变过程中发挥着重要作用;生态道德建设在引领生态法益发展中的重要作用亟待得到充分的发挥,包括生态法益在内的新兴法益的确立需要有生态道德建设的前瞻性引领,超越局限与弊端,实现社会的发展升级。

---

① 张志伟等:《西方哲学问题研究》,中国人民大学出版社 1999 年版,第 280 页。

② 陈亮:《为环境正义而战:环境侵害法律救济研究》,中国检察出版社 2014 年版,第 2—3 页。

③ [英]韦恩·莫里森:《法理学:从古希腊到后现代》,李桂林等译,武汉大学出版社 2003 年版,第 301—302 页。

④ [德]考夫曼:《后现代法哲学:告别演讲》,米健译,法律出版社 2000 年版,第 41 页。

⑤ 张文显:《法哲学范畴研究》,中国政法大学出版社 2001 年版,第 41 页。

⑥ 邓正来主编:《知识与法律》,中国政法大学出版社 2005 年版,第 106 页。

　　生态理性与生态道德建设的区分事实上反映了传统法益与新兴法益建构逻辑的区别。生态理性是人的理性的应然内核,其事实上是将人的理性作为中心,强调作为主体的人与作为客体的非人类存在物有本质的区别,认为人是万物的灵长,从而形成以人类为中心的传统法益保护模式;而生态道德建设则要求人履行对自然的伦理义务,其在一定程度上打破了传统法益的人类中心主义逻辑,并且,与传统德性范畴以人与人的关系为主要论域不同,生态道德建设则使人成为人与人、人与自然相协调的存在,"基于'人—外在自然'的平等关系","超越工具主义视角而从生态系统出发来尊重自然"①,是以自在自然与人化自然价值实现为目的的存在,是通过意志自觉而对人的行为进行伦理限制,设定伦理上的义务②。而这一义务的确立更在"共同语境"与"定义语境"之间建立起了一种沟通,它使得行为与(规则构建的)目的之间有了密切联系的基础③,这在中国传统道德本原的探讨中亦有清晰的体现④;对于法益理论与实践而言,在人与自然的关系方面,生态道德建设的引领形成预防生态破坏与环境恶化,保护生态法益的强大力量。学者指出"传统生态法学方法论"缺乏对于"人与自然"关系的关注,在现代生态文明建设层面,随着人类对于自然进行改造能力的增强,自然资源与自然环境面临的危机亦更加凸显,人们发现生态破坏与环境污染最终会作用于人类的生产生活,产生一系列新的问题;于是在"反思现代性"的过程中,作为"环境危机的伦理应对"措施,后工业社会中生态理性向生态道德建设的进阶呼之欲出。从这个角度上看,从生态理性到生态道德建设的进阶,成为超越人类中心主义视域,调适人与自然关系的天然场域,也是从传统法益向新兴法益发展的重要目标。

　　由此,生态道德建设以人类对于自然生态的道德关怀为核心,形成引领新兴法益发展的重要力量。生态道德建设是从主体间性的和谐论域出发展开的思考,这就与主体性哲学以人类为中心的逻辑视角存在差异。⑤ 但从整体主

---

① 孟庆涛:《环境权及其诉讼救济》,法律出版社 2014 年版,第 47、49—51、57、59、62 页。
② [德]康德:《道德形上学探本》,唐钺重译,商务印书馆 1957 年版,第 42 页。
③ [德]哈贝马斯:《后形而上学思想》,曹卫东等译,译林出版社 2001 年版,第 59 页。
④ 秦英君主编:《东西方道德的转型与比较》,首都师范大学出版社 2002 年版,第 6 页。
⑤ 李朝东:《西方哲学思想》,甘肃人民出版社 2000 年版,第 58 页。

义与系统论出发的"道德的人性和人性的德性"亦不同于康德将包括法制度在内的整个国家看作是一个以价值范畴为支持的社会伦理有机体的主张。尽管在人与自然、人与人、人与社会的关系层面上达到和谐是主体德性方面理想追寻的形态,但生态道德建设绝不是忽视个性的共性论断①,而是尊重"主体性和谐",反对"力图阻止用人们客观的生活条件来说明人的各种目的"的生态道德论说②,从而实现生态法律制度设计与生态法益价值追求的高度融合。在这一方面,富勒将"法律道德条件"作为法律制定和施行的基础;迪尔凯姆的研究指出"知识社会学的出现,显示社会理论的正当性危机"③;伽达默尔则以"理性的危机作为批判目标"④。也有观点认为主体性与生态保护之间是存在天然的矛盾和冲突的;但从客观上来看,尽管主体性论域在一定程度上与生态系统运行状态存在矛盾,但就生态法益保护而言,在关注生态法律现象的同时,不可忽略对人化自然运行规律的深入考量;在倡导生态法理的社会构建的同时,也提出了对于主体性领域生态法益论发展和完善的要求。与之相对应,包括生态法益在内的新兴法益发展"不能脱离历史发展必然性的影响",同时也与"完全离开客观生活条件和历史必然性"的"个人的绝对自由"区别开来⑤,从而为生态独立价值的法律确认奠定了理论逻辑基础,从生态人性层面的主体性关注与主体间性分析、生态理性与生态道德建设论证、经验理性与非经验理性认知出发,形成了新兴法益论域现代式的认知模式。

二、从道德规范到生态伦理

在伦理学领域,道德规范的产生以人与人之间的义务履行为主要内容;与之相区别,生态伦理学则将人类与自然之间征服与被征服的关系转变为共生

① 卜长莉:《社会资本与社会和谐》,社会科学文献出版社 2005 年版,第 272 页。

② [苏]波波夫等:《政治经济学中的数学》,张仁德等译,南开大学出版社 1988 年版,第 9 页。

③ 郭强:《现代知识社会学》,中国社会出版社 2000 年版,第 1—4 页。

④ [日]丸山高司:《伽达默尔:视野融合》,刘文柱等译,河北教育出版社 2002 年版,第 62 页。

⑤ 李辛生等:《自由的迷惘 萨特存在主义哲学剖视》,广东高等教育出版社 1991 年版,第 136 页。

共存的关系,强调对于共同体的整体维护及人与自然之间关系的道德伦理建构,从而拓展了新兴法益论域的观察视角。

从逻辑路径方面看,传统道德规范仍然是以人类利益为出发点和落脚点的,而生态伦理则将人与自然视为不可分割的整体加以维护,突出自然生态的内在独立价值,从而成为新兴法益转向的重要标志①;在这一方面,利奥波德从功利主义向大地伦理的转变为新兴法益发展提供了重要的参考。功利主义与大地伦理的区别表现在:在功利主义视角下,自然仍被当作利益指向的对象来进行保护和管理,对于生态道德规范的关注"起源于相互依赖的个人或团体力图发展出一种相互合作的模式的倾向之中",其以人与人之间的关系调整为起点,将生态法益保护局限于人类社会的范围,将生态利益视为人类利益的附属;而"大地伦理扩大了共同体的边界",与研究人与人之间关系的最初的伦理学、研究人与社会之间关系的伦理学发展的第二个阶段不同,生态伦理学把伦理学的研究"扩展到人与大地之间的关系",因此被称为"伦理学发展的第三步"。在这一发展阶段,生态伦理学不仅主张使每个人均获得道德地位,而且超越了以追求自身利益最大化为核心的人类社会假定,使伦理学研究从追求人类社会的最大福利转变到维护人类社会与自然生态的整体正义方面,"承认人以外的存在、实体和过程所固有的伦理准则",形成伦理整体主义的共同体的"善"。生态伦理追求不再局限于维护人类社会的公平正义,而是在正确处理人类社会与自然生态的关系基础上切实维护生态正义;人类不再被视为自然资源的征服者,而被视为生态系统的组成成员。因此,生态伦理除了认可人类社会的道德伦理之外,更将生态整体境界视为"最高环境道德境界",以公众深层生态意识的凝聚保障对于生态共同体的最大尊重②,从而极大地激活了新兴法益的发展活力。

从内容方面来看,生态道德规范更为具体,而生态伦理则更具有根本性,其从生命共同体意识的高度强调人与"自然界的其他生命都拥有它们自身内

---

① [美]霍尔姆斯·罗尔斯顿:《环境伦理学》,杨通进译,中国社会科学出版社 2000 年版,第 252—255 页。

② 雷毅:《生态伦理学》,陕西人民教育出版社 2000 年版,第 131—134、144、252 页。

在的价值"①。与具有本源性的生态伦理不同，生态道德规范的建构具有多样性，其由多层次的规范组成，分别从不同的向度推进生态道德的完善；生态道德规范的实施需要从整个生态制度体系的健全和完善出发，形成全方位的规范性支撑，通过法律制度体系的发展和完善来有效促进生态道德规范建设。其中，最为核心内容的即是生态义务，生态义务具有规范性特征，是在正确理解人与自然内向的和谐统一关系基础上所设定的行为准则，从而在生态义务层面形成支持生态法益保护的力量。"社会只有一个目的，就是让人们能够比较充分地利用大自然的恩惠并增进自己的体力和智力"，"社会有义务保障人民的物质福利，有义务帮助公民享用他有权享用的一切，但以社会利益所能相容的为度"，而对于公共利益的法律确认而言，生态伦理与价值基础的确立避免"法律只为一个人或少数人的利益服务，而对其余大多数人有害"现象的发生。从这个意义上说，自然法则"对人类是非常必要的，它既不能被削弱，也不能被废止，法律如果同自然法相抵触，那就是不公道"，也就违反了基本的生态伦理规则。而"治理的意义就是责成社会成员切实履行社会契约规定的条件"，并以生态伦理为基础"增进公共福利"②，凝聚新兴法益发展合力。

在新兴法益领域，生态法益是"社会公地和经济公地相互嵌套并重叠在一起"的特殊论域；其由自然生态规律与社会运行规律共同作用，受到个体行为选择与社会行为选择的共同调节，并通过生态道德规范实现有效的管控和规制。生态道德规范将资源合理利用、再生资源循环利用、绿色生活方式等生态系统保护目标贯彻落实到实践当中，通过其所设定的生态义务形成了切实保障新兴法益实现的基础；并"要求人们从根本上把维护人与自然的这种关系看作是不需求证便可行之的义务"。可见，基于社会所普遍认同的生态义务，新兴法益发展具备了现实基础。正因为如此，学者指出"生态道德的基本原则与规范""直接表达着一定社会或阶级的义务、责任、命令和要求"，从而形成生态法益社会实现的重要支撑。③ 而生态道德规范所覆盖的内容是相当

① 韩秋红等主编：《生态文明建设读本》，东北师范大学出版社 2011 年版，第 110—112、116 页。

② ［法］霍尔巴赫：《自然政治论》，陈太先等译，商务印书馆 2009 年版，第 8—9、26、44 页。

③ ［美］罗伊·莫里森：《生态民主》，刘仁胜等译，中国环境出版社 2016 年版，第 118 页。

广泛的,不论是个体行为还是社会行为选择,不论是人和人之间还是人和自然关系中的行为"都无不遵循着或贯穿着某种道德准则";与此同时,从整体效能层面来看,人的行为所遵循的道德准则呈现出多样性、复合性特征,这些"道德准则之间还存在着错综的交织关系",从而给生态道德规范实践提出了巨大挑战。在环境危机背景下,人类的行为选择不能够局限于经济利益的最大化,而要从人与人、人与自然的整体利益出发,形成推动社会健康持续发展的道德约束;从一定意义上讲,生态道德规范的内心约束力发挥着比法律的外在约束更强的作用,成为真正达到人与自然和谐发展的重要规范支撑。①

更进一步分析,生态道德规范到生态伦理的转向从更为根本的层面为新兴法益发展提供支持,生态道德规范与生态伦理在新兴法益保护中的作用并不相同。具体而言,生态道德规范是人与自然协调发展基本原则的具体化,而生态伦理更侧重终极思考,是生态道德原则(如可持续发展原则)的重要来源;生态道德规范侧重基于道德的现实生活价值认同与行为规范,而生态伦理不仅构成了整个生态保护制度体系的伦理道德基础,更通过凝聚社会成员的生态伦理内心认同,为生态法律制度的实施提供强有力的社会支持。从这一角度出发,生态伦理构成了对人与自然界的矛盾的深刻反思,"从 17 世纪至18 世纪的原子论世界观到 19 世纪热力学世界观,再到 20 世纪生态世界观的发展",确立了从有机论、整体论出发的生态伦理观点,以及尊重自然,保护自然,实现人与自然和谐发展的重要生态伦理观念。② 这对于从根本上改变先污染后治理的路径具有重要作用。

由此,生态伦理在理论哲学与实践哲学的统一层面推动行为规则的更新和发展,这构成了生态共同体和谐的来源③,也是新兴法益发展的动力之所在。生态伦理建设的核心在于"用道德的理论来调节人与自然之间的关系","把人之外的自然存在物纳入伦理关怀的范围",从人与自然之间的和谐关系构建出发,对人类自身行为方式、生活方式进行反思。④ 以现代生态伦理思想

---

① 周丰:《人的行为选择与生态伦理》,陕西人民出版社 2007 年版,第 79—80 页。
② 王柏文等:《现代社会的城镇化与生态伦理》,吉林人民出版社 2016 年版,第 18—20 页。
③ [德]费希特:《伦理学体系》,梁志学等译,商务印书馆 2009 年版,第 2 页。
④ 任重:《生态伦理学维度》,江西人民出版社 2012 年版,第 1、82 页。

为基础,生态法益理论与实践的发展建立在对于人与自然之间关系的新认识基础上,通过人的生态伦理意识的提升①,最大限度地形成生态价值认同,就生态共同体运行所遵循的普遍原则达成共识,并将这一共识贯穿于新兴法益保护的全过程②。在这一方面,奥威尔的"生态危机的伦理意识""表达了生态保护的伦理诉求"。根据这一伦理诉求,生态法益保护在外化的表现形态上是受到国家强制力支撑的强行性规范,为保障人类生存、生产与生活而对人类的开发利用自然资源的行为进行限制,禁止对于自然资源的不合理开发,维护特定区域乃至全球的生态要素与生态系统功能;但在内在的层面上,生态法益更具有深刻的道德根源,生态法益保护是作为生态系统组成部分的人类对于其所赖以生存的环境的伦理道德关怀,并且由于这一道德关怀直接关系到与人类密切相关的各种自然条件的改善,因而,一方面,生态伦理以"自然的限度"为表现形式约束新兴法益发展的全过程③;另一方面,其以对于人类社会存续的基本条件的保障为新兴法益保护提供了有力支持。

三、从"公地悲剧"到共用物治理

"公地悲剧"困扰着新兴法益保护诸多领域。就生态法益保护领域而言,哈丁在《科学》发表的《公地悲剧》一文成为自然资源与自然环境问题分析的经典模型,也提供了从公共治理角度认知社会生态伦理的思路。从生态系统的存续和发展的角度来看,自然资源、自然生态环境具有公众共用物属性,即由全体社会成员共同享有。在社会成员使用公众共用物的过程中,往往会由于非独自享有的客观状况,而产生公地悲剧;人们从个体利益最大化出发对公众共用物进行利用,但不承担由于公众共用物损耗所带来的成本,由此造成了公众共用物的过度损耗甚至耗竭现象的出现。④ 延伸到当代治理体系当中,公众共用物指不特定多数人可以进行非竞争性和非排他性使用的公众共用

---

① 杜群:《环境法融合论:环境·资源·生态法律保护一体化》,科学出版社 2003 年版,第86 页。

② [美]阿皮亚:《认同伦理学》,张容南译,译林出版社 2013 年版,第 43、322 页。

③ 聂素民:《伦理诉求和政治伦理批判》,浙江大学出版社 2014 年版,第 149 页。

④ 李传轩:《生态经济法 理念革命与制度创新》,知识产权出版社 2012 年版,第 141 页。

物①，但这一属性并不会影响其在利用过程中被人为地排他性使用，通过排他性手段在客观上导致其他主体无法使用特定的公共物。在此基础上，"公地悲剧"现象表现为两种情形：一是由于社会公众并未从公众共用物的可持续使用出发进行开发和利用，从而导致对于公众共用物的不当利用，生态系统退化、生态环境污染与自然资源的过度损耗即在这一状况下发生的；二是与生态公共利益最大化相违背，个别主体通过人为的排他性利用追求经济利益的最大化，导致公众共用物的数量减少、质量下降而产生的"公地悲剧"。从本质上来看，"公地悲剧是在基于利益最大化的私主体对于公共资源过度使用情况下造成的枯竭"，而由"公地悲剧"所造成的公众共用物的破坏会产生连锁效应，一种生态因素的消失或变化，会对其他生态因素产生较大影响，甚至影响整体生态平衡的维护。②

生态环境公共治理即为应对"公地悲剧"而形成的网络状的治理结构，这给新兴法益保护带来了重要契机。共用物治理通过"建立多元主体互信、平等、协商"的网络治理系统，使不同的主体能够在治理网络中及时获取生态治理信息，作出科学决策，并采取有效措施防范"公地悲剧"与生态破坏现象的发生。③　相应地，如何在自然生态与自然资源的共用物属性基础上，通过人与人之间关系的调整，达到保护公众共用物的目的，成为生态治理所面临的系统工程。公众共用物主要由政府来提供，属于公共服务的主要内容。但这一治理状态加剧了共用物治理的外部性；在共用物治理过程中，为充分保障公众共用物的供给，维护社会福利与公共安全，政府发挥着重要的主导作用，但在满足社会公众对于公众共用物的差异化需求时，政府的作用则存在一定的局限性。因此，在涉及诸多社会成员的共用物治理过程中，需要引入公众参与治理的合理机制建设，以提升公众在公共决策和公共选择中的参与程度，从而破解共用物治理无法满足社会成员对于公众共用物使用的差异化需求的弊病，提高公共服务的质量及共用物品有效供给水平。与此同时，新公共者角色可以

①　蔡守秋：《论公众共用物的法律保护》，《河北法学》2012年第4期。
②　王文革主编：《公众共用物的法律保护》，法律出版社2015年版，第12、17—18、23页。
③　洪富艳：《生态文明与中国生态治理模式创新》，吉林出版集团有限责任公司2016年版，第114页。

让公共管理活动更多表现为以社会公众需求为依归，并建立起"广泛的社会公共责任机制"；通过政府与公民的协调与合作，公众参与共用治理的过程也会提升公众对于社会的归属感，化解潜在的公共利益冲突，这为形成生态法治的社会合意基础提供了现实保障，并为复杂的人与人、人与自然关系下的生态法益保护提供支撑①，为在"公地悲剧"转向共用物治理基础上实现生态公共利益的最大化提供保障。

从"公地悲剧"到共用物治理的发展以自由主义向生态自由的转变为支撑。"现代性社会对人在自然面前的自由所做的谋划是征服性的"；这种自由以个人主义为特征，强调自由个性解放，因此也被称为"个人主义的现代性自由"或"个人主义自由"。其在本质上是将个体的无限自由凌驾于非人类存在物之上，认为容纳人类污染的自然空间也是无限的，人们享有自由行为的权利，而无须受到人与自然相统一关系的束缚。以自由主义观念为主导，人类对于自然生态与自然资源的大规模掠夺成为现代性发展的重要表征，这种以征服自然为路径的物质增长导致了不可逆转的现代性危机，生态破坏、环境恶化、物种消失、资源枯竭等一系列危机的发生，标志着现代性自由的失败；这一自由主义的悖谬引发了反思现代性的思考，强调"能够限制征服自然的自由必然是与之相异的自由"，事实上，真正的自由的实现需要从整体性而非原子式的视角出发，在生态系统的整体良性发展基础上，实现"人与自然的和谐相处与协同发展中生成的自由"。这是"一种新型的蕴含着生态意蕴的自由，即生态自由"②。以之为出发点，公众共用物的治理通过聚合市场调整机制、行政调整机制、社会调整机制，实现公众共用物利用的可持续性③，有效防范"公地悲剧"的发生。

以生态自由为导向，共用物治理从共同的利益出发展开治理，为新兴法益发展拓宽了道路。共用物治理以为公众谋福利为根本价值目标，成为公共治

---

① 张文松：《论公众共用物语境下政府角色的法律定位》，《江汉学术》2016年第3期。
② 曹孟勤等：《论生态自由》，生活·读书·新知三联书店2014年版，第181、183—184、187页。
③ 蔡守秋：《公众共用物的治理模式》，《现代法学》2017年第3期。

理的重要形态①;其以"公共的善"为出发点,以公共理性为基础,推动以维护公众共用物存续与发展为核心的制度创设②。在这一制度创设过程中,传统的制度工具(如产权制度)没有办法对于公众共用物的所有权与使用权进行清晰的界分,更无法解决市场的负外部性问题,无法通过制度实施来避免"公地悲剧"的出现。因此,通过以集体协商行动为核心的共用物治理体系的建立,来破解"公地悲剧"悖谬的重要性日益凸显。从总体上来看,共用物治理需要解决两个棘手的问题:一是生态公共利益最大化与经济发展最优化之间的矛盾和冲突,随着人口与经济的增长,全球的资源消耗量也会急剧增长,从而激化生态利益与经济利益之间的冲突,共用物治理要从整体观出发,寻求生态系统共同利益的最优化实现,防范生态破坏与环境恶化;二是治理合作与环境信息共享的机制保障,通过"以合作的方式提供信息,并使之成为一种公众共用物",明确公众共用物或公共资源合作供给路径。③ 针对这些问题的解决,合作治理的作用不可或缺;在共用物治理的具体展开过程中,一方面,要将关系国家安全的"环境公众共用物作为共有财产委托政府进行保障和监管";另一方面,也要"将环境公众共用物的生产、部分环境公众共用物的分配"交给市场与社会,从而形成良好的协同治理格局。④

第四节　生态法学维度

生态利益一旦被纳入法益范畴,即意味着法律要承担保障其实现的责任,而一旦出现了侵害生态法益的行为,法律即需要对行为人作出制裁和惩处,以重新恢复生态法律秩序。因此,生态法学维度的生态法益保护从法律生态化、生态权利及生态法律关系三个方面展开。

---

① 李建华等:《公共治理与公共伦理》,湖南大学出版社 2008 年版,第 123 页。
② 谢地坤主编:《中国哲学年鉴 2009》,哲学研究杂志社 2009 年版,第 243 页。
③ [英]米香:《经济增长的代价》,任保平译,机械工业出版社 2011 年版,第 76—77、256—257 页。
④ 朱国华:《我国环境治理中的政府环境责任研究》,中国社会科学出版社 2017 年版,第 75—77 页。

生态法学作为一种理论形态的、稳定的规范性作用的法律结构，在生态法益保障方面发挥着不可替代的重要作用。生态法益的形成和确立以实践领域的利益保护与价值实现为根源，以法治实践为基础，形成了相应的法治理论观点。与此同时，也有学者以应然性和实然性为标准，区分广义与狭义的法益概念①；从实效性层面解决生态法治建设存在的问题，将人民对于美好生态的应然性要求贯彻落实到生态文明制度的适应性改革过程中，从规范体系本身的发展规律出发，推动制度规范的外在的衔接与内在的协调，推动生态法益在现实生活中的实现。

一、法律生态化：生态法益的法制基础

法律发展反映了社会内在的改革要求。由反对封建专制的社会改革要求所决定，近现代法治以天赋人权为原点，在西方形成了以个人权利与自由为核心的法律精神；但个体的绝对自由对于社会公益的侵害引发了新的矛盾和冲突，至 20 世纪中期这种矛盾日益激化，从而产生了以维护社会利益为核心的社会法部门，在法律的社会化改革要求下，"自由竞争时期以个人权利本位的法律精神转变为以社会利益为主的法律精神"。但对于社会利益保护的强调并没有从根本上改变人类对自然的掠夺和破坏，以生态保护为核心的社会改革要求应运而生；法律从天上回到人间，再从人间回到人与自然之间关系的最初探讨当中，法律生态化成为维护人的生存与持续发展的重要力量。②

在理论领域，法律生态化最早是由苏联学者科尔巴索夫提出，以维护生态价值，防范生态违法为基本要求。③ 20 世纪末，法律现代化变革在世界范围内展开，法律生态化即在对法律与生态之间的关系进行反思的基础上产生的。从内容上来看，法律生态化是以宪法生态规范为基础，推动法律规范（包括物权、债权、合同及侵权责任法律规范乃至社会规约等）及相应制度建设的生态化的过程；其中不仅包括自然环境保护的专项法律规定，而且涵盖了与生态保护有关的其他法律规定。各个部门法要从不同角度细化关于生态保护的规

---

① 刘芝祥：《法益概念辨识》，《政法论坛》2008 年第 4 期。

② 孙国华主编：《中华法学大辞典　法理学卷》，中国检察出版社 1997 年版，第 117 页。

③ 王树义：《论俄罗斯生态法的概念》，《法学评论》2001 年第 3 期。

定,将生态学原理、生态主义理念和生态保护的具体要求贯彻到相关立法的过程中,实现自然生态与自然资源保护的体系化、系统化。因此,从更为根本的层面来看,"生态主义思想是法律生态化的根本动力"。① 但需要注意的是,法律生态化并不是将生态关系全盘纳入法律关系的范围,而是以生态价值为导向,通过人与人之间法律关系的调整,促进生态关系的和谐发展。从这个意义上来讲,法律生态化的核心在于将自然法则与生态价值保障纳入法律规则制定的考量过程,以人类社会发展规律与自然规律相结合为基础,发挥法律对于生态文明建设的引导、促进、保障作用。这也为生态法益保障与新兴法益的发展奠定了法制基础。

在实践领域,从 20 世纪 70 年代起,为有效应对环境危机,世界范围内的法律生态化运动相继展开;在这一时期,中国制定了《关于保护和改善环境的若干规定》《环境保护法(试行)》,此后逐步形成以环境资源法律为主体的综合性环境保护立法路径,为生态文明建设法律体系的确立奠定了基础。通过这一立法路径,在生态实践中试行的环保措施和制度设计被纳入环境法律制度的范围。在当今中国特色社会主义进入新时代的背景下,生态文明建设应当从更具前瞻性的视角出发,将生态法益保护贯彻落实到生态保护立法的各个方面,为生态法益保护提供全面的法律支持。

具体而言,生态法益的法律保护源于宪法的生态文明规定。2018 年宪法修正案将生态文明建设写入宪法,奠定了生态利益确认与保护的规范基础。在这一层面,需要认清楚两个方面的问题:一是生态法益的法律基础与道德规范存在差异,既不能用生态伦理规则代替生态保护立法,也不能仅局限于生态法律原则的抽象关注,而要从规范实证的角度出发,以分析实证更高层次的"规范授权",推动生态法益保护法律秩序的确立,正如约翰·奥斯丁在《法理学的范围》中所指出的,"摆脱伦理学的束缚"的法学为法益保护提供了强制力支撑,形成了以生态保护规则为主要纳入的生态法益保护规范基础;二是生态法益的规范基础以生态实践为源泉,这是马克思主义实践观在法律体系建设中的具体体现,尽管拉斯韦尔、麦克杜格尔所论证的"经验法学理论"的研

---

① 李明华等主编:《环境法学》,法律出版社 2013 年版,第 20—21 页。

究路径存在一定程度的局限性,但其对社会整体运行的关注对于夯实法益保护的规范基础具有积极的影响。

在法律规范的实施过程中,法治实施体系与法治保障体系为生态法益实现奠定了重要的实践基础。在生态法益保护过程中,法治监督体系发挥着重要的监督维护作用,切实保障生态利益的确认和维护沿着法治的轨道展开。在生态法治监督过程中,主要的监督对象是环境行政权行使的合法性与合理性,既包括中央环保督察,也包括地方的环境执法后督察,但不包括环境监察。需要注意的是,环境监察是行使环境行政执法权而非监督权的行为,环境监察机构有权在日常环境监管过程中当场作出处罚决定,而环保督察与环境执法后督察则是对于环境执法权行使状况进行的监督。在生态实践当中,环境行政的实体性与程序性事项(立结案件的标准、程序)均应当有相应的规范加以约束①,如《环境行政处罚办法》《环境行政复议办法》对依法行使环境行政管理权作出规定,以有效维护当事人的合法权益,防止滥用环境执法权现象的发生。

二、生态权利:生态法益的权利基础

法益与权利并不是同一个概念。从产生方式上来看,法益和权利分别在不同领域、不同层面对利益进行确认。相对于法益而言,权利范畴从一般价值与普遍性规范层面推动主体存在价值与利益的实现;从一定意义上来讲,权利范畴则均可归属于某种利益,如当事人在司法过程中的程序性权利与实体性权利可归为司法公正与秩序利益的范围。相对权利范畴而言,法益更表现为具体化、规范化的利益形态;法益仅指得到法律认可和肯定的利益,而利益范畴则覆盖了客体满足主体需要的所有领域,甚至将非正义的个别利益追求也纳入其范围之内。

更进一步分析,在生态保护领域,对于生态利益的确认而言法益与权利范畴存在较大的差异。经过法律确认的环境公共利益成为生态法益,生态法益

---

① [德]考夫曼:《法律哲学》,刘幸义等译,法律出版社 2004 年版,第 406 页。

是从法律对于特定利益的认可角度作出的概念界定①，因而"法益具有像客体那样的性质和像存在那样的基体"②。尽管生态法益的基础是生态利益，但由于生态利益的整体性和不可分性，其难以被分割为类型化的个体权利内容，主体无权基于个人自由意志对生态利益进行处分。从这个意义上来讲，生态权利并不是以个体权利的形态存在的，其与传统的个体权利范畴存在差异；对于后者而言，权利主体可以选择行使或放弃所享有的权利，可以请求公权力机关采取措施防范对于主体自由选择的非法干预。而生态权利多以集体权利的形式出现，表现为民族国家对于本国自然生态与自然资源所享有的权利，防范外部生态利益侵害，维护生态正义的实现。

从唯物辩证法的角度来看，法益与权利既相互区别，亦相互联系；在特定的情形下，随着社会发展的进程，法益与权利之间能够实现有效的转换。但不能因此主张将法益整体纳入权利范畴或等同于权利，这种主张事实上仅关注了法益与权利的联系，却忽视了二者之间的区别。卡纳里斯将法律所保护的生命、健康等生存利益对象称为法益，认为这些利益不存在主体与客体之分，即体现了法益与权利的差异。③　与此同时，还出现了将法益定义为权利之外内容的主张。这种主张事实上忽视了权利内涵和外延的广泛性，除法定权利外还存在未得到法律确认的实有权利和应有权利类型，后两种权利类型在生命健康、财产利益的保护方面与法益内涵具有共通性。由此可见，法益与权利的区分在于法益以实定法为基础，是经过了法律认可的利益，而权利范畴则包含了应有权利、法定权利、实有权利的划分；生态法益以人与自然的共同利益为核心，生态权利则以自然对人类的有用性与有益性为起点，并呈现从权利社会化向权利生态化的拓展趋势。④　从这一角度出发，学者主张在法律保护领域，相较而言权利的范围更为明确，并须对权利主体资格作出判断⑤，而法益

---

① 陈景辉：《权利的规范力：一个对利益论的批判》，《中外法学》2019 年第 3 期。
② 张明楷：《法益初论》，中国政法大学出版社 2000 年版，第 121 页。
③ 于飞：《"法益"概念再辨析——德国侵权法的视角》，《政法论坛》2012 年第 4 期。
④ ［美］霍菲尔德：《基本法律概念》，张书友译，中国法制出版社 2009 年版，第 26 页。
⑤ 李岩：《民事法益的界定》，《当代法学》2008 年第 3 期。

的适用则需通过衡量才能实现。① 但当权利保护的导向与社会、政策等相冲突时，法益性权利即承担着实然层面的保障功能②；从法益之为法律权利保护的对象的角度来看，权利范畴能够用以分析最为复杂的法益状态，生态权利构成了生态法益保障的重要权利基础③。

从生态共同体发展的角度来看，生态法益是新兴法益领域最为基础的内容。生态权利则在内容的共通性方面为生态法益发展提供支撑。生态权利指生态法律关系主体按照生态规律为或不为一定行为的自由；基于生态权利的行使，主体可以要求其他人为或不为一定的行为以促进主体权利的实现。④传统的权利内容指向多个不同的维度，如人身权利与财产权利、积极权利与消极权利类型；与传统的权利内容不同，生态权利内容的视域不再局限于以人类存在物为中心，而是将视野拓宽到非人类存在物乃至整个生态系统的范围，以生态价值维护为核心。基于生态权利，享有权利的主体一方具备要求其他主体为或不为一定的行为以防范对生态价值的损害，并促进生态权利的实现；其他主体所负有的生态责任和义务（为或不为一定行为的正当性）源于对生命和生态自然价值的肯定与承认。在这一层面上，生态权利与环境权存在差异，环境权产生的历史背景是人类社会经济发展过程中出现的环境负效应，其立足点在于这种负效应所导致的人身与财产损害，也即从环境危机对人类基本生存与发展的威胁为视角，从个体主义与人类中心主义出发，以对于个体的环境侵权救济为重心，但并未从生态独立价值与生态整体主义的视角去从根本上解决环境问题。在生态文明建设初期，环境权保障发挥了积极的作用，对于个体环境权的保护会在客观上起到维护生态价值的效果。但随着社会的发展，经济与环境之间的冲突日益加剧，环境权保护的社会背景已经发生了巨大的变化，人们不再满足于被动的环境健康防御或纯粹物质生活增量的实现，而是要求从人类文明进阶的层面、从更高的层次上实现发展理念与发展方式的

---

① 曹险峰：《在权利与法益之间——对侵权行为客体的解读》，《当代法学》2005 年第 5 期。

② 张开泽：《法益性权利——权利认识新视域》，《法制与社会发展》2007 年第 2 期。

③ 陈泉生：《环境时代宪法的权利生态化特征》，《现代法学》2003 年第 2 期。

④ 于友先等主编：《中国大百科全书》第 14 卷，中国大百科全书出版社 2009 年版，第 68—70 页。

转变,以人与自然和谐共生的良性循环保障可持续发展的切实实现。这一新的更高的要求必然导致权利理念与思想的更新,"生态权正是对环境权进行反思的理论总结",是以生态系统自然规律为整体视域,以整体主义方法论为指导所形成的权利范畴;其"吸收了环境权的合理成分,也结合了生态伦理学的成果",强调不论是人类存在物还是非人类存在物均具有独立的存在价值,任何一种要素的消逝都会对生态系统整体产生影响。在此基础上,生态权利范畴在应然生态权与法定生态权层面促进生态正义的实现,并"天然地具有权义复合性"内容,为人与自然关系(生态系统内在)和谐提供有力支撑。而生态权利、义务与生态法范式又有着内在的关联,前者是实体内容,后者是思维形式。在人类发展的历史进程中,生态权利理论与实践在经济社会发展转型中发挥着重要的作用①;其成为"合理的生活所必需的各种外在条件的有机整体",是"维护人类个性的存在和完善所必不可少的物质条件所确实需要的东西"②。

在现有的权利理论框架下,生态权利尽管属于新兴权利范畴,并在传统的人身及财产权利保障范围之外纳入了新的生态价值考量,但在权利的基础运行规律层面生态权利与传统权利范畴存在共性。从法定权利的主体范围角度来看,法律主体以人类社会的个体及组织体为界限,而不能够扩展到动物或其他自然要素方面;否则,我们无法界定动物权利或大自然权利相对应的义务内容,从而出现对"没有无义务的权利"规律的违反。需要说明的是,对于生态法益的认可是为应对环境危机而对于主体的生态要求进行法律回应,但这并不意味着将非生物要素等纳入法律主体的范畴;生态权利主体的范围仍以人类为限,《人类环境宣言》指出,人类享有在有尊严的和福利的环境中生活的权利;欧洲人权会议制定的《欧洲自然资源人权草案》、联合国环境与发展委员会提交的《环境保护与可持续发展的法律原则》均对生态领域的权利内涵进行了确认与规范③,权利主体的范围仍以人类为限。在此基础上,笔者认为

---

① 王开宇:《生态权研究》,社会科学文献出版社 2016 年版,第 9、11、13、15、17、42、64、62、73、100 页。

② [英]鲍桑葵:《关于国家的哲学理论》,汪淑钧译,商务印书馆 2009 年版,第 208 页。

③ 曹孟勤等:《中国环境哲学 20 年》,南京师范大学出版社 2012 年版,第 362 页。

反虐待动物的相关立法应当以公共秩序及利益为目标,通过人的行为的调整来实现人与自然的和谐,而不应当将动物视为法律关系的主体;相应的公共秩序价值以自然秩序与社会秩序的统一为特征。

三、生态法律关系:生态法益衡量与调适的基础

在现有的法治发展阶段,生态法律规范调整的是以生态利益为内容的人与人之间的生态社会关系,而经由生态法律规范调整的生态社会关系即成为生态法律关系。通过生态社会关系的调整来达到推动人与自然和谐的目的,为新兴法益发展奠定了坚实基础。生态法律关系是指人们防治公害与环境污染,保护生态环境与生活环境过程中所形成的法律关系的总和。① 在生态法律关系中,最为关键的是法律调整的利益关系,而经济发展与生态保护之间的冲突日趋复杂化的客观实际,在一定程度上增加了生态法利益调整的困难程度,生态失衡、社会问题成为困扰新时期国家治理的重要因素。面对这些困境,将"利益共生、共进、再生"确立为生态法治发展的原则具有重要意义。② 在此基础上,生态法律关系以生态法益衡量与调适为重要内容。

生态法益衡量及调适是新兴法益发展对于生态文明建设的重要意义之一;其核心是在生态利益与经济利益、生态法律利益与其他基本权利相冲突时进行衡量,并在对法益衡量价值秩序、规范介质与事实效果的综合考量基础上得出合理的结论。利益法学开创了利益衡量这一新的法学方法论;从内容与对象层面看,法益衡量又可细分为基于规范分析的先定衡量、基于价值分析的类型式衡量、基于事实分析的个案衡量。③ 从产生与来源层面看,法益源于利益,虽然不能够割裂法益衡量与利益衡量之间的有机联系,但基于法益范畴的特殊性,法益衡量发展出了不同于利益衡量的特殊属性,如在利益衡量对于结果的关注基础上,法益衡量"不仅重视衡量的事实性因素还注重衡量的规范性因素","不仅重视衡量的解纷功能而且还注重衡量的规范发现功能","不

---

① 陆雨村主编:《环境保护法释论》,中国环境科学出版社 1990 年版,第 3 页。

② 王树义等:《环境法基本理论研究》,科学出版社 2012 年版,第 225、228 页。

③ 李璐:《论利益衡量理论在民事立法中的运用——以侵权立法为例》,中国政法大学出版社 2015 年版,第 30 页。

仅重视衡量的结果而且还注重衡量的程序";法益衡量以商谈理性与商谈程序促进衡量过程不断趋向合理化。① 生态法益衡量通过生态法益冲突的识别与预判,调节生态利益在不同主体、不同地域、不同行业之间选择与确认,以宪法生态文明条款为指导,充分考虑部门法的法益保护路径差异,从不同法律部门的生态利益调节出发,形成生态法益保障的完整法律体系及系统配套机制,促进生态法益的立法、执法、司法实现。

生态法益衡量将生态足迹、生态恢复、共同体利益等纳入综合考量范围②,从整体主义论域推动冲突的解决,确立了新兴法益发展的基本路径。"以公共利益或公共政策为权衡的基准和考虑因素",生态法益衡量从生态系统的整体发展出发推动个人利益与公共利益、程序正义与实质正义、制度利益与现实利益;而不同于私法领域具有可通约性的个人利益冲突,在生态法律领域,矛盾和冲突往往发生在社会公共利益与个人利益之间,"利益的不可通约性问题非常突出",所关涉的利益内容甚至不存在自由、转让或妥协的余地。在历史发展的过程中,不同国家的法益衡量实践均否定了传统机械的法律形式主义衡量,转而从社会生活中的实质利益冲突出发,寻求解决利益冲突问题的有效方案。在找寻科学方案的过程中,英美法系国家多采用"以事实论为进路的衡量模式",其衡量理论"更多的是从法律之外寻求衡量的方案",并赋予相关部门"广阔的衡量空间"以期达到衡量效果的最优化;大陆法系国家则多采用以规范论为进路的衡量模式,立足行政法比例原则展开法益衡量实践,并从成文法传统出发,"在填补法律漏洞的框架中展开对衡量方法的探讨",在维护现有法律秩序的一体性前提下,"探索弥补法律不足的对策",在成文法的框架内追求追求法益衡量的"法律上之正义"。③ 但相同的是,生态法益衡量的正当性基础和其正当化的途径以衡量过程的客观化为核心,以生态环境保护价值为指引,在规范引导与个案正义之间实现贯通和衔接,通过在规范和事实、个体与社会之间的对话与权衡,最大限度地排除非理性或不合理因素

---

① 李可:《法学方法论原理》,法律出版社 2011 年版,第 252—254 页。

② 廖华:《环境法益学说初论》,《广东行政学院学报》2006 年第 4 期。

③ 余净植:《宪法审查的方法:以法益衡量为核心》,法律出版社 2010 年版,第 35、38、41—43、76、132、136—137、157、166 页。

对生态实践的影响,最终得到合理的生态法益衡量结论。与此同时,合理的法益衡量方法不能忽视宪法性商谈的重要作用,并须在衡量过程中推动法律制度体系的发展和完善。从更为基础的层面上来看,生态法益衡量是在相互冲突的个体利益与社会利益的衡量间尽可能地实现生态价值保护目标;以之为基础,确保生态系统的整体利益保护方案取得最好的效果。

在这一层面,生态法律关系构成了生态法益衡量与调适的重要基础。生态法律关系是生态法律规范指引个体行为、调整社会关系的过程中所形成的权利和义务关系,是生态法律规范从静态到动态的转化结果,是生态独立价值的表现和实现的形式。生态法律关系同时具有思想关系与物质关系的属性;由它所表现的社会生态关系的性质所决定,生态法律关系对于社会价值的实现而言,奠定了生态法益实现的现实基础。在由诸多不同种要素构成的生态系统当中,生态法律关系反映的是生态法律规范所“确认和调整的各个部分综合体”,生态法益则是其中由生态法律规范确认和保护的对象和客体,通过对不同主体之间的利益冲突进行全面分析、衡量与评判实现法益的平衡与互补、互动和整合,奠定了社会秩序与稳定的坚实基础。①

从法益衡量的作用机理角度来看,生态法益是在特定的生态法律关系领域发挥自身作用的,生态法益衡量与调适是在一定的生态法律关系当中完成的,并受到生态法律关系本质属性的制约和限定,由此亦出现了新兴法益关系论说。而生态法益保护本身即面临着突出的矛盾和风险,一方面,生态法益与环境利益需要得到高度的重视,发展权益的保护以不危害生态法益为边界,但为维持人类的生存与发展及社会进步的要求,对于自然生态和自然资源的开发利用不可避免,在这一过程中所产生的污染物会对生态系统产生不同程度的影响;另一方面,自然人、组织等不同主体之间的法益主张本身已存在着冲突,而在生态法益冲突中,既包括代内正义下的地域性生态利益不平衡及“邻避”冲突,也包括代际正义下后代人的“预留生态利益”问题,从而导致法律实践中生态法益衡量所要面对的情形极为复杂,所需协调的利益冲突十分尖锐。

---

① 张文显:《法学基本范畴研究》,中国政法大学出版社 1993 年版,第 158、160、164、298 页。

这就要求以新时代生态文明建设的目标为指引,以提升生态风险应对能力为路径,以生态法范式为基础,推动生态整体利益的维护及人与自然关系的和谐发展。生态法范式在权利与义务相统一的层面,改变人与自然的对立观念,从人与自然共同体的共生出发,推动生态法律关系协调发展。在这一方面,生态治理利益相关者之间错综复杂的利益冲突的解决以利益整合为前提,在"各利益相关者的自利倾向"与"公共利益的最大化"的博弈中,以生态法益衡量为方法,推动公共治理方式的转型,尤其是"在生态功能区的公共治理中",法益衡量与利益相关者之间的矛盾与冲突分析,对于提升利益协调的实际效能具有重要意义。从一定意义上来讲,在生态治理领域,"多元利益相关者参与治理"的关键环节即生态法益衡量与整合;在此基础上,"兼顾多方利益,使组织目标符合多数人的愿望"。① 对于公共治理过程中所涉及的利益进行衡量与调适实际上在结果层面为新兴法益保护提供了有力支持。

---

① 洪富艳:《生态文明与中国生态治理模式创新》,吉林出版集团有限责任公司2016年版,第174页。

第二章 生态利益法律确认的学说演进:新兴法益与传统法益内生联系的基本体现

生态法益学说演进是新兴法益与传统法益内生联系的基本体现。新兴法益的确认并不是与传统论域截然区分开来的,从历史脉络角度来看,其恰恰是由传统学理论域逐步衍生出来的新论说新范畴。生态利益的法律确认的历史由来已久,在实践层面,第一次工业革命以前,以小生产为主的经济发展模式并未导致大规模的环境污染,生产实践与自然规律之间的矛盾与冲突并未激化。但科学技术的发展与工业革命的进步,使生产力极大提高,生产规模有了巨大的发展①,人类改造自然的能力有了根本性的提升;从第一次工业革命后的机器大生产发展到第三次工业革命后化学工业等巨大的生产力发展,经济发展与自然生态保护之间的矛盾日益激化。解决这些矛盾和冲突,需要推动法律实践与法益理论的适应性改革,充分体现对于自然决定作用的确认与维护,实现人类社会发展规律与客观自然规律的协调与衔接。

从学说演进层面来看,法益理论的正式提出与价值论、规范论、利益论的形成和发展紧密相连,分别形成了自然主义与自由主义、实定法与前实定法、利益论与价值论、物质化(实证)与精神化(价值)的法益界定路径,并在不同的法律部门发展中得到衍生和拓展。但需要注意的是,这里的精神化的法益概念界定与人性分析并不等同;现代西方法理学的人性分析违反了具体的、现

---

① 〔奥〕路德维希·冯·米塞斯:《社会主义:经济学与社会学的分析》,王建民等译,商务印书馆 2018 年版,第 8 页。

实的立论基础(物质生产基础及相应的本质属性分析),而落入抽象的"社会和人性"探讨的谬误。① 因此,在法益理论发展的过程中,学者致力于解决不同的法益学说在全面解释法律实践现象上的弊端,发展出具有综合性、辩证属性的理论学说,形成生态法学视域的新兴法益保护论说。

第一节　价值法学视角:法益价值论视角的生态法益

　　法益价值论强调法益概念与价值判断的不可分性,强调对于正义与法律价值的保障。这是传统法益的基础理论支撑,也直接影响着新兴法益的发展进程。法益价值论源于古希腊自然法与自然权利(城邦共同体利益)学说;其由康德哲学的先验普遍价值与费尔巴哈的权利侵害论说演变而来,强调价值世界与事实世界的根本性差异。需要说明的是,不同法益学说之间的划分是相对的,在当今世界,面对日益复杂的环境危机,各个学说之间呈现出相互借鉴的整合趋势,出现价值与存在的统一及连接二者的第三领域(行为)论说。而作为规则治理的重要领域②,法学思想的发展在法益论说的完善过程中发挥着重要作用。在价值法学发展过程中,自古希腊古罗马时期苏格拉底、柏拉图、亚里士多德《政治学》及西塞罗《论共和国论法律》等诸多论著中,即有关于价值法学论域良法与人性之间的关系的思考;至中世纪托马斯·阿奎那的自然法以理性指引美德与善举的主张,古典自然法与自然法复兴时期关于义务的愿望的道德主张、实然法与应然法的论战,以理性、价值为引导的价值法学为生态法益价值论的形成和发展奠定基础。③

一、生态法益本质上反映生态价值评价过程

　　新兴法益受到新兴价值的指引,生态法益反映生态价值评价过程;这是法

---

　　① 沈宗灵主编:《法理学》第 2 版,高等教育出版社 2004 年版,第 490 页。
　　② 张文显:《当代西方方法学思潮》,辽宁人民出版社 1988 年版,第 242 页。
　　③ 吴从周:《概念法学、利益法学与价值法学:探索一部民法方法论的演变史》,中国法制出版社 2011 年版,第 2—4 页。

益价值论的核心主张。根据这一主张,施温格从价值关系出发,强调法益源于"共同体所承认的生活价值";从本质上看,法益"是一系列的评价、目的设定";并且这一评价不是个人的评价,而是共同体的评价过程。①

从总体上来看,第二次世界大战后的价值论法益概念发展主要包括两个分支:一是拉德布鲁赫等学者主张法与道德不可分割,由此,新康德派价值哲学为法益概念赋予了新的价值文化内涵。里希特指出,"自然生长的总体"遵循"自发的、与生俱有的"秩序;相对于被人类社会承认与认可的价值目的而言,这一秩序价值是天然的存在的,其产生甚至早于人类社会的出现。在此基础上,里希特将价值分成个别的主观的价值、一般的主观的价值、客观的价值三种样态,认为第一种价值样态仅适用于评价个体而不适用于其他的评价主体,第二种价值样态是通过全体的主体来评价的具有通用性的价值存在,第三种价值样态是无须经过全部主体承认的真理命题的机制范畴;并将法律本身视为处于历史文化科学与自然科学与两极的中间混合形态。这种主张也为生态法益的界定及其特殊性论证提供了重要思路。二是法兰克福学派的非物质的法益观。耶塞克明确指出,法益不能够被理解为"实在世界把握可能性的对象",而是"基于共同社会的原存在的安全幸福以及尊严的社会秩序的诸理念性价值";耶塞克的学生克林佩尔曼更进一步论述了法益作为纯粹的非物质的价值的观点;施密特霍伊泽尔从哲学的伦理出发阐述了他的非物质性法益概念,指出应当从"作为以意识形态为基础的事态价值"及"共同体特有的价值状态"来认识法益。由此,法益侵害被视为"精神的现象";朗格提出,"不法的实质性要素,是社会伦理的价值违背",强调法益所表现的特定价值内涵具有绝对价值属性,并且排除了规范的确认与保护这一基础。可以发现,学者在法益价值化方面持有基本相同的观点,但在具体的价值来源及客体界定方面的主张存在差异。②

从法益价值论的角度来看,法益概念的根本来源并不是法律规范本身,而是法律规范制定之前即存在的合理价值的内容。在此基础上,学者提出"规

---

① 张明楷:《法益初论》,中国政法大学出版社 2000 年版,第 54、57—58、89—90 页。
② [日]伊东研祐:《法益概念史研究》,秦一禾译,中国人民大学出版社 2014 年版,第 95—96、101、104、142、244、247—249、260—261、264、283、289 页。

范源自法益"价值评判;作为规范内容、意义和界限标准,生态法益须被理解为法律所保护的社会秩序与共同价值,而非客观实定的物质利益本身;其以维护生态价值的实现为核心目标,促使在涉及人类与生活利益的问题处理当中,使人们的行为选择符合社会共同的生态价值追求。在这一层面上,产生了法益价值论视角下的违法论分析,即从法律价值的角度来看,违法行为本身是与法律价值所对立的价值目标的外化表现,因此应当受到法律的规制和调整。可以发现,从这一角度出发的违法论超越了实定法律规范的形式层面,深入社会价值与法律价值追求的实质层面,从而使对于违法性的判断与社会价值追求相统一;在客观上,法益保护过程亦成为政治、经济、文化、社会进步与发展的重要支持。但从价值论角度进行违法性判断的主张并不是自始就形成的。从法益学说发展的历程来看,法益最初是在客观主义的层面得到确立的,费尔巴哈强调违法性的本质是在客观上造成了利益侵害,由此发展为法益侵害说,并在相当长的一段时间内成为主导性的学说;学者指出"要以法益为指导对犯罪构成做实质性的判断",从法律解释学的角度出发,对司法实践进行解释和分析,在实体法的层面展开论证。此后,出现了法益理论抽象化的发展趋势,其从违反基本价值判断而非客观利益损害的角度展开论述;法益侵害的结果无价值说才得到确立并发展起来。① 而这一趋势对于建立以生态价值为核心的生态法益保护体系具有基础性作用。

从价值哲学的角度来看,新兴法益是对随着社会发展出现的新兴价值的确认;生态法益是对于生态共同体存在的价值的肯定性评价与承认,是生态法律规范所确定的价值发现,是法律实践保护生态利益目的的集中反映。在这一方面,自然法学派是从客体对于主体的作用视角来探讨目的与价值范畴的,如施塔姆勒以人为目的本身。② 从法益本质上来看,生态法益是具有生态共同体生活价值的保护对象,是对在生态共同体中的行为进行的价值判断及评价,并形成了以价值范畴为基础的决定与评价规范的基本路径,以此有效预防对重要价值的侵害。

---

① 张纪寒:《犯罪结果研究》,中南大学出版社 2014 年版,第 71—75 页。

② [美]博登海默:《法理学:法律哲学与法律方法》,邓正来译,中国政法大学出版社 1998年版,第 172 页。

二、生态法益的内容是生态价值理念的总和

新兴法益是新兴价值体系的外化表现，生态法益的内容是生态价值理念的总和。耶赛克指出法益是"社会秩序的理念的诸价值"，这一价值内容包括共同体赖以存续的幸福、安全、尊严等[1]；兰珀将法益视为"必要的文化价值"，这种价值的内容是受到信赖与保护的。在这一层面，延伸出了对于法益侵害进行认定的目的行为理论，并对上述客观主义的法益论说进行了批判，强调法益侵害的客观结果需要与行为人的主观状况相结合以共同认定行为的价值状态，并基于这种价值状态来决定行为性质的最终判定。从这一角度出发，进一步明确了法益与（侵权）行为指向的客体之间的区别，前者侧重（行为）内在的基本价值内容，而后者则指具体的行为指向的对象。[2]

在此基础上，沃尔夫援用了里希特的价值论框架，对社会伦理价值与个人伦理价值进行了区分，强调前者是在人类共同的社会生活中形成并得到确认的价值范畴，后者则以个体为重点；在这一分类基础上，沃尔夫提出法益受到规范的保护，但其存在并不以规范为前提；相反，法益的价值内容是规范存在的前提与根源，规范是基于社会伦理的价值而形成的，其构成性的法益目标最终是由社会价值追求所决定的。维滕贝格尔从法价值、福利价值、权力价值的统一性出发，将法益定义为国家理念确认的、法秩序保护的价值内涵，法益侵害即构成了对于国家价值秩序的违反。米塔什更将法益视为纯粹的价值，从而忽视了承载精神化的法益价值的实体性、物质化的法益内容。这一社会伦理论说在战后的法益观发展中得到了进一步确认与强化。

法益价值论的价值内涵随着时代的发展不断丰富，也为新兴法益论域下人与自然关系的重新调适带来了新的视角。第二次世界大战后自然法复兴进一步推动了法益价值论的发展，德国联邦最高法院将自然法的价值秩序、宪法的价值秩序及道德判断作为首要的考量因素，萨克斯明确提出法益秩序的基础是价值秩序；耶格尔从前实定法角度论证法益是法律规制的价值状态，但其认为这里的法律仅限于刑法，强调"法益是有现实的客观构成的独立的社会

---

[1] 焦艳鹏：《刑法生态法益论》，中国政法大学出版社 2012 年版，第 60 页。

[2] 张明楷：《法益初论》，中国政法大学出版社 2000 年版，第 116、125 页。

性以及生活的价值,不是由法秩序创设的",这种主张具有局限性,法益不是刑事领域的独特概念,不同的法律部门有其保护的不同法益内容。希奈将法益价值论拓展到了"新时代自我认识的指导性价值观"领域,认为法益是"对社会连带性的指导性价值观的诸原则的整合",但最初其主张当中包含了自由主义因素,此后,从总体上来看自由主义的价值已被福利目的等新的价值论说逐步代替。而法益的价值定位直接关系到法律规范的公正性与合理性;法律保护的法益价值导向的不同,会直接影响到整个社会的发展,因此法益价值是任何法律制定时首先要确立的内容,是法律规范制定、修改和完善的核心脉络。从这个角度上看,法益是在根本法框架下,确定的法律所保护的价值内容。①

由此,"法益即是立法者根据既定的价值标准对各种利益的取舍",因而在多数情况下法益"成为利益与价值之间的联结点,从而使利益法益和价值成为三个有机联系的方法论范畴"。从概念上来看,价值"是指客体满足主体需要的关系、属性或意义;从哲学上来看,价值是事物存在的依据和形式;从确定性程度上来看,价值也可以分为客观价值和主观价值,前者是指客体本身对于主体的实际效用";从起源方面来看,"价值衡量是兴起于 17 世纪的价值法学的重要方法论工具,其基本思想是认为实证法背后存在一个应然的价值体系","价值衡量是要分析客观事物对于满足人类需要的质和量,它从根本上受到主体的价值观和世界观的影响"。因此,价值衡量即与利益衡量明确区分开来,利益衡量的产生时间远远晚于价值衡量,利益衡量"最早为 20 世纪初兴起于德国的利益法学所明确地提出",是"法律对生活事实的规范之实质是对其中所包含的利益之确认、固定、协调和选择"。但二者亦有联系,在进行利益衡量的过程中包含了对于实质价值进行的分析和判断,法律制定者在面对利益冲突的时候,同样要进行价值衡量。因此,有学者指出,"价值衡量、法益衡量和利益衡量本质上都是一种价值判断,所以其衡量的对象都是利益、法益、价值"。② 这也为生态法益价值论说奠定了重要基础。

---

① 韩轶:《法益保护与罪刑均衡　法益保护之优先性与罪刑关系的合理性》,中央民族大学出版社 2015 年版,第 1—3 页。

② 李可:《法学方法与现代司法》,知识产权出版社 2014 年版,第 91—93 页。

具体到生态法益方面,罗可辛在对法益价值论进行论述的基础上,指出虐待动物事实上侵害到了对于人的共同生活条件的保护,并揭示了法益概念的本质,强调"法益是条件或者选择的目标";这一目标对于个人的自由发展或社会的制度建设具有重要价值,这种价值追求"告诉立法机关什么可以惩罚以及不处罚将会失去什么"①,并明确列出维持人们基本生存的国家义务内容,从而使个体在集体当中的共同生活具备基础性的国家保障。正因为如此,学者将法律视为"胶合剂",法律的制定建立在社会成员同意的基础上,表现为受到正确引导的原则与价值追求,从而将社会成员聚合在集体当中,共同承载国家的发展与社会的进步。在这一方面,以现实的社会条件为基础的法律自然主义呈现出了与传统自然法理论不同的特征,也成为新兴法益发展的重要原点;"法律自然主义认为自然法存在于社会构成或生产方式之中","一个时代或社会构成的基本法就是构成生产方式本质方面的法",从而将生态价值理念与实践过程紧密地结合起来。②

三、生态法益的逻辑起点是人的生态理性

新兴法益极大地拓展了传统理性的内容,但其保护人类生存与发展这一脉络是不变的。从历史上来看,新兴法益的理性判断内容是在传统自然法理性论说的基础上逐步演化发展起来的。从古希腊时期的古代自然法到启蒙运动时期的古典自然法的发展,形成了以保障人类共存的前提条件为核心的理性目标与法益导向。这实际上亦为人类命运共同体中的新兴法益保护奠定了重要的学理基础。

在理性自然法的指引下,法律源于人的理性与人的自然的实际的存在,自然人性、自然本性是法律的本质的渊源,新兴法益保护内含于人类本性发展的领域当中,成为从根本上推动人类生存与发展的重要基石。在自然主义语境下,《论共和国》记载卡尔涅阿得斯把正义分为公民性的正义与自然性的正义,其中的纽带即法律,法律以其统一性与确定性将人们联结起来,形成共同

---

① 杨春然:《刑法的边界研究》,中国人民公安大学出版社 2013 年版,第 41 页。

② [英]柯林斯:《马克思主义与法律》,邱昭继译,法律出版社 2011 年版,第 5—6、60—61 页。

体;国家法律制度框架下推进管理的过程中,法律的使用也需要沿着有利于人类生存与发展的方向推进,在自然理性下,财物不应当归属于"不知道如何利用它、使用它的人"①。这在一定程度上为环境保护与资源节约原则在生产生活各个方面的深入贯彻落实提供了理论上的支持,也对当代环境监管体制改革与生态法益保护实践产生了重要影响。

由此,新兴法益视角的生态理性成为"人与世界生态一体存在"的"生态语义场",以整体生态智慧的形式推动新兴法益的发展和完善。② 在自然理性发展的过程中,出现了唯理论的观点,如摩莱里的自然法典主张、傅立叶的社会法典倡导等。这一理论观点主要包括三个方面的内容:一是在制度产生方面,认为合乎理性与自然的规范与制度是自然存在的,人们只是通过理性判断发现这些既存的制度设计,并作出相应的发展和改善;二是在制度评价方面,认为评价人类社会制度建设好坏的标准,在于其是否符合自然理性与自然规律,如果符合即是好的制度,反之,则应当受到否定性的评价;三是在法典制定方面,认为自然法典与社会法典能够在人与自然、人与人、人与社会的关系当中形成维护和谐的力量,"社会法典的原理适合于自然的和理性的要求"。虽然其中存在唯心主义的悖谬,但唯理论关于自然、法律及制度建设的认识具有积极意义。在这一理论下,"立法者的理性任务在于理解自然规律,并且找出一条原理","也就是说从自然的规律当中作出适当的结论"。③

具体而言,生态理性是依生态法律思想构建的法律人格的基础;其构成了生态法律规范在对价值关系作出选择时的基本遵循,也成为生态立法的目的性导向,亦有学者将从这一角度出发,将法益概念界定称为"前实定法的法益概念",认为自然权利与价值追求"植根于人的本质以及人所生活的世界的本质方面"。④ 例如,斯宾塞以"自然选择"法则为其法学理论展开的逻辑出发点,而这一理性论域在自然法学说演进的过程中,表现为自然法(包括古典自

_____

① 〔古罗马〕西塞罗:《论共和国》,王焕生译,上海人民出版社 2005 年版,第 8、59、75、89、249 页。

② 唐代兴:《生态理性哲学导论》,北京大学出版社 2005 年版,第 1 页。

③ 〔法〕摩莱里:《自然法典——或自然法律的一直被忽视或被否认的真实精神》,黄建华等译,商务印书馆 2009 年版,第 179、182 页。

④ 张翔:《自然人格的法律构造》,法律出版社 2008 年版,第 1、117 页。

然法与自然法复兴)的理性思考,从古典自然法抽象的人性思考(理性、情感、意志)、中世纪托马斯的自然法论说,到洛克与孟德斯鸠的自然权利哲学,再到自然法复兴阶段法律回应社会需求的主张、富勒关于克服永恒不变教条的主张、霍尔以行动概念建构的实践理性判断、诺思罗普的经验证实主张,新兴法益认知工具或方法话语的理性思辨基础得到确立。

与此同时,生态理性也承担着反思实在法,确保实定法对于生态利益的有效保障,以及推动人类社会的发展与进步的重要功能。正因为如此,价值哲学强调离开实定法的独立法益价值判断,转而从共同体价值保障与期望的理性层面,确立什么是能够被纳入法律保障范围的法益内涵;并且,生态理性亦推动着传统权利范畴内涵与外延的拓展。例如,传统的生存权利保障关注影响人类生存的财富因素①,但随着生产力的发展与物质生活的日益丰富,环境危机与生态破坏成为威胁人类未来生存的重要因素,以生态理性为基础的生存权利保护实践与新兴法益论域形成并发展起来。

第二节 分析法学:法益规范论视角的生态法益

分析法学的法益学说建立在实证规范的基础上,从规范实践性出发强调法的安定性,从构造性法则出发探讨人类存在的关系(规范秩序关系),主张对于实在法进行结构分析,反对道德(心理或是政治)角度的法存在探析,从而成为自然主义的法益侵犯说的主要来源。在一定程度上,分析法学并不将伦理价值判断作为法益认定中的必要要件,而是将法益论视为实质的不法认定的关键,因而出现了价值与规范相分离的状态。根据对于规范认识的不同(如一般规范与具体规范),可以将其法益学说分为三类,分别是以贝林格为代表的规范论、以宾丁格为代表的状态论和以加兰为代表的制度论说,具体论述如下。

---

① 韩德培、李龙主编:《人权的理论与实践》,武汉大学出版社 1995 年版,第 381 页。

一、生态法益是法律秩序的外化表现

秩序是指自然界与人类社会运行过程中的稳定有序状态与"合规律性现象",新兴法益是新兴论域的秩序状态,生态秩序是自然生态与生态社会的良性发展①,是人类生存与发展的基本前提与基础条件。从内容上来看,秩序包括自然界的秩序与人类社会秩序,前者由自然规律所决定,后者受到社会发展规律的制约。不论是等级社会的法,还是现代平等社会的法,均以秩序维护为重要目标;而法律秩序维护不仅奠定整个国家和社会秩序保障的重要基础,而且同样构成了人权、自由、平等等价值实现的基本前提。区别于传统法律部门以社会秩序(包括经济秩序、管理秩序等在内)为法律目标设定的边界,生态法律部门的兴起和发展将通过调整人与人之间的关系达到人与自然之间的和谐有序,从而将生态秩序纳入法律秩序的范围;在此基础上,通过新兴法益论域的法律体系改革,形成人与人、人与自然、人与社会和谐的法律秩序。而人与自然和谐相处、生态系统良性循环及"生态系统中各组成部分之间相互联系和作用"正是良好的生态秩序建立的主要标志,也是环境正义的核心追求。②

因此,在新兴法益框架下,生态法益是生态秩序追求的外化表现。贝林格将法益视为规范意思的外化表现,认为法益侵害是对于国家"规范意思的反抗或不服从";这里的国家一般规范意思指内含于现行法律体系的法律秩序的国家规范意思,而非立法者的主观意思,亦可被视为该法律秩序的精神内核,是从法律规范的客观解释出发的"法意思"。梅尔进一步将规范的范围拓展到了"人类的历史社会生活中自然发生和成立的,内在与现代所有成人的意识方面、从内部指导其社会行动的道德、宗教、习俗等文化规范"方面,这些"现实社会生活中的条理、社会一般观念""是在法之前就存在的"。比恩鲍姆则援用扎哈利埃的实证主义论证,从"个人保护对象与超个人的保护对象相并存的角度"论证了公共危险防范与公共利益的刑法保护,改变了自由主义论域下个人主义的保护立场,将"作为集合的非国家"的公共领域作为法益保

---

① 金建方:《生态社会》,南开大学出版社 2016 年版,第 18 页。

② 蔡守秋主编:《环境与资源保护法学》,湖南大学出版社 2011 年版,第 118—120 页。

护的重要内容。这些主张的共同的特点在于，将法益视为法律规范所确立的秩序的外化表现。从这一主张出发，法益成为"法秩序的具体的构成要素的各个法关系"，生态法益实质上构成了法的关系在生态法治领域的具体化、个别化的法秩序。①

从规范论的角度来看，生态法益是生态法律规范对自然资源与自然生态保护进行确认的结果，是随着生态法律秩序的确立而逐步得到认可的，是生态法律秩序的外化表现。"法益概念的最早提出者是刑法学者比恩鲍姆"，其正是在批评费尔巴哈主观权利视角的观点基础上提出了法益一词，但最初法益范畴"并不具备任何的功能"；到了 19 世纪后期，这一概念被热衷于实证主义的新德国国家刑法学者所发展，出现了以扩张刑法范围为核心的法益功能设定，"法益变成了法的利益，法从手段转化成了目的本身"，从保护个人权利转变成了保护个体法益、国家法益、社会法益。在这一转变过程中，法益的形成主要有两种路径：一是由实在法明确规定法益的保护内容，将国家强制力给予保护的行动自由、财产、行政秩序等人类共同生活必要条件纳入规范范围；二是挖掘"根植于社会道德信念中的法益"内容，通过将"利益融入法律法令的方式"，实现法益保护的状态。②

而在具体的法律实践方面，规范论与状态论具有共同的特征，二者均是从实定法的角度来推动法益概念的界定，主张立法、执法、司法是在各自的任务及目标上、在各个诉讼程序的规定上对法益进行保护；不法侵害的实质是"规范化的真理义务的侵害"，属于法律制裁的对象。由此，产生了规范违反说，强调"在判断某一行为是否具备违法性时，主要看其是否违反法律规范"，法益侵害的本质是违反了法律规范的规定，对于法律规范的违反会表现为对于国家利益、社会或个人的侵犯。③ 但规范违反说本身存在自相矛盾的地方，其将法益与规范之间的关系视为归属对象与标准的关系，"即主客体相统一的关系"，事实上，从实在法的角度来看，"法益与规范应当地位平等"，无主客之

---

① ［日］伊东研祐：《法益概念史研究》，秦一禾译，中国人民大学出版社 2014 年版，第 40、51—54、58、63、68—69、73、79、83—84、131、302—304、226—228 页。

② 杨春然：《刑法的边界研究》，中国人民公安大学出版社 2013 年版，第 36—39 页。

③ 张道许：《风险社会的刑法危机及其应对》，知识产权出版社 2016 年版，第 51 页。

分;也即,规范是法益的基础,法益必须与规范相关联,"这里面的规范属于形式的意义",因此基于法益侵害行为对于规范的违反而受到否定性的评价。[①]从这个角度上来看,一方面,生态法律体系应当成为生态法益的重要基础;另一方面,人类法治文明的发展同样要符合生态利益的要求,这是生态法益规范说的核心主张。[②]

从更深层次上来看,生态法益论域内在的法律秩序要求具有与其他法益不同的特征,其核心在于新兴法益与生态秩序维护,而由生态系统的整体性所决定,生态秩序是自然秩序与社会秩序的统一体,具体体现在对于"不特定多数人的生命、健康和重大公私财产的安全"及"国家环境资源保护管理秩序"的有效保障方面。[③] 这种从新兴法益视角出发的论述,能够弥补传统单向的法律保护的局限性,在更为开阔的视野上推动生态法益的层递性保护,其中,国家环境行政管理秩序维护是主要目的,社会生态法益保护是核心内容,而个体法益论说则"认识到了环境要素除具有传统的经济利益外,还具有生态利益"。[④] 从这个角度上看,生态法益侵害不仅危及环境管理秩序,污染环境,使经济受损,更会危及人们的生命健康,"危及所有生物的生存"。[⑤]

二、生态法益是实在法所维护的良好生活状态

生态法益是新兴法益论域关于人与自然良好关系状态的范畴。在这种状态下,法律规范所保护的客体需要以分析实证及其法律理性为基础。从状态论的角度来看,生态法益是对于实在法所确认的良好生活状态的维护,这里所论的状态首先表现为法律规范的保护特征,是在生态法律规范的规制下由生态实践中的事实生活状态向生态法的生活状态的进阶。奥本海将法益视为实在法所确立的状态、权利、义务的统一体,凸显状态论的特征;德国法学家宾丁格从"规范理论的法实证主义"出发,对法益进行了形式层面的考察,强调法

---

① 文海林:《论罪刑法的事实明确》,中国政法大学出版社 2016 年版,第 376、381 页。
② 余俊等主编:《环境司法判解研究》,中国政法大学出版社 2016 年版,第 248—249 页。
③ 刘彩灵等:《环境刑法的理论与实践》,中国环境科学出版社 2012 年版,第 41—42 页。
④ 傅学良:《刑事一体化视野中的环境刑法研究》,中国政法大学出版社 2015 年版,第119 页。
⑤ 贾志鸿主编:《生态环境检察理论与实践》,中国检察出版社 2016 年版,第 239 页。

益是经过实在法的确认所形成的状态,这里的实在法指的是具体的规范基础。相应地,需要从特定行为要件出发,对法益侵害作出具体的评价和判断,而不是从一般行为规范出发做出基准性判断。进行这一判断的根本目的即在于法益维持,通过命令性规范与禁止性规范设定对与法益保护相矛盾和冲突的行为做出否定性评价,并加以禁止;从规则来源的角度来看,法益威胁的存在是法律规制的基本前提。而法益本身即法共同体成员健全生活的条件和状态,是立法者通过制定法律规范以识别和确认的全部利益,在此基础上,有效防范对于法益的侵犯或威胁,实现对法益的有效保护。

而从更为根本的层面来看,法益状态论的发展与资产阶级革命胜利后日益受到重视的法律秩序维护紧密相连。在状态论的视角下,法律的任务转向以保护法益为重心。与之相区别,法益的实质价值论说多出现于社会形态转型的阶段,用于引领新兴的法益内涵的发展,弥补形式化规范论的不足。在"法益概念精神化"过程中,逐步形成了法益论的完整形态。在这一过程中,法益被视为由法律制定者所认定的,以法律化的形式表现的目的内容;在这个意义上,法益判断"具有比规范评价更深刻的利益与道德内涵"①。鲁道菲进一步从实质的载体层面对法益状态论中的条件和状态作出了说明,指出"国家社会的市民的良好共同生活的状态"是"活生生的机能统一",相应地,"法益必须作为不是任何停止不变的、静止的给予,否则我们的国家社会在其具体的构成上就不是一个有存在能力的社会的机能统一体"。正是在稳定的法益保护状态下,形成良好共同生活为前提条件的现实社会。这一法益保护主张,通过确保在宪法法律的范围内活动,维护"对我们的社会生活来讲重要的诸机能",从而实现对于良好生活状态的有效维持;法益侵害即应解释为对于法定义务的违反状态。在这一层面,出现了三种不同的生态法益主张:一是生态中心主义法益论,认为保护对象"既不是环境及环境要素(水、大气)等,也不是保护处于理想的自然状态的环境,而是将整体的自然体系作为生态法益的内容,这个整体的自然体系是通过现有的环境媒体、环境要素之间相互作用的推动力存续的";二是人本主义法益论,从推动人类生存与发展的角度去探

---

① 曹子丹等主编:《最新中国刑法实务全书》,中国法制出版社1997年版,第385页。

讨环境损害,指出生态污染"与人类的生命、身体、自由、财产等传统的法益项目相关的,并因此受到保护";三是生态学与人本主义折中的法益论,将生态学法益论说与人本主义法益保护紧密结合起来,强调人与自然的和谐共生。[①]

　　实在法所维护的良好生态环境受到不同历史时期人与自然的关系状态的制约。在"人的依赖"的社会历史类型中,由自然经济所决定,人类对自然进行改造的能力相对较弱,实在法对生态环境的保护多体现在对于日常生活与田猎方式的规制方面,强调顺应天时展开农耕狩猎活动,并且针对违反相应规范的行为采取惩处措施,以维护等级制与统治秩序的酷刑为主要方式;资产阶级革命后进入"物的依赖"社会历史发展阶段,工业革命的出现极大地提高了生产力,人类改造自然的能力相应得到了非常大的提升,在人类利益至上观念的指导下,意志自由的过度扩张与自然环境的恶化相伴而生,在这一历史时期,实在法对于生态环境的保护经历了从资源立法到环境立法、从污染地恢复到事前防控的发展,但仍在个人利益保护的框架内展开;至社会主义社会,以"人的自由与全面发展"为目标,以"生态人"假设为逻辑起点,实在法对于生态环境的保护全面覆盖生态整体利益的现实性、预防性、救济性保护三个方面,并以之为基础推动人与自然和谐及生态正义的实现。而这一正义观既涉及人类与非人类存在物之间的关系,亦涵盖当代人与后代人、发达国家与发展中国家之间公平正义的维护问题,真正从最为广泛的层面维护良好的生态环境。[②] 因此,学者指出"只有实现生产资料集体所有",并且"基于公共自由和责任的社会行为","将人从基于增长并产生异化的资本主义经济规律中解放出来",才能够真正地推动"经济标准从量到质的转化",消除"异化的生产和消费",使"人的自由而全面的发展"成为法益保护的核心追求,而这也是新兴法益持续发展的必由之路。[③]

---

① 彭峰:《法典化的迷思:法国环境法之考察》,上海社会科学院出版社 2010 年版,第 75—77 页。

② 刘平:《法治与法治思维》,上海人民出版社 2013 年版,第 95 页。

③ 聂长久等:《马克思主义生态伦理学导论》,中国环境科学出版社 2016 年版,第 110 页。

三、生态法益是社会生态机能保护制度化的体现

"作为制度的法益"概念的萌芽为新兴法益论说带来了新的契机。从制度化的层面来看,生态法益是被附加在生态法律制度上的一种关系;相应地,对于法益的侵害表现为对于制度的轻视与损害,对于法律规范所指向、所保护的制度进行动态的保护,是法益论的重要表现,而对于制度设计所承载的社会机能的维护是法益论的重要内核。

从这个层面上来看,新兴法益论为社会机能的新兴拓展提供制度保障,生态法益论以对社会生态机能的制度保障为内容,而从法制建设向法治建设的转变为这一动态保障奠定了坚实基础。需要注意的是,生态机能维护不仅指自然生态机能,而且涵盖社会生态机能保护;生态机能维护不仅仅指自然生产系统的基础性作用和功能的实现,而且将人化自然领域的生态功能维护纳入综合考量的范围,并系统分析生态因子的直接作用和间接作用,实现对"社会—经济—自然"复合生态系统的有效保障。由此,社会生态机能主义者以理性为基础形成社会有益性与生态有益性的判断[1],在合理的生态结构基础上推动以能量流动为核心的生态机能维护。从这一角度出发,一些国家和地区建成了地区资源循环系统,围绕特定地区的生态机能恢复问题,推进"循环型地区计划"(如日本 DSD 联盟),将恢复自然生态机能与振兴地区经济结合起来,在改善自然环境的同时也提升生活环境的质量,推进资源再利用,解决林业经营衰落等问题[2];还有"海绵城市"的产生,即以资源与环境协调发展为目标的新的城市发展模式,以生命共同体理念为指引,使城市发展具备良好的生态机能,实现"自然循环、自然平衡和有序发展"[3],使城市具备维持社会存续的能力与"生态负荷的还原能力",从而在禁止生态破坏的前提下,当经济增长对自然生态造成干扰时,生态循环能够"对开发造成的生态机能损害"进行调节,达到内部稳定的状态,这是生态机能维护的重要基础[4],也成为解决

---

[1]　田广等:《经济人类学》,宁夏人民出版社 2013 年版,第 177 页。

[2]　武毅等:《循环经济知识读本》,甘肃人民出版社 2011 年版,第 309 页。

[3]　李国玺:《国家级生态文明市建设法治保障研究》,中国政法大学出版社 2016 年版,第 254 页。

[4]　隋吉学等:《海洋工程生态补偿探究》,海洋出版社 2016 年版,第 1 页。

城镇化与环境保护之间矛盾的有效途径。

而法律制度对于生态功能的维护以将人的行为限定在生态法则的范围内为核心,强调人类社会的制度建设遵循自然生态法则的规定。在这一规定下,新兴法益的发展与人类的任何行动,都均要考虑到社会利益与生态自然保护的合理界限,以法律生态化的理念为指引,调整人与人、人与社会、人与国家之间的关系,"把环境保护与社会经济活动有机地结合起来",把社会发展持续性、经济发展持续性、生态保护持续性有机结合起来,从而达到人与生态自然界的和谐共生。而其中最为根本的,是环境时代宪法功能的转变,一方面,环境宪法制度"不仅要维护有利于当代人发展的社会关系和社会秩序,而且还要维护有利于人类世世代代持续发展和生态自然持续发展的社会关系和社会秩序",以及与之紧密相关的生态利益;另一方面,环境宪法制度要改变以人类利益为中心的传统宪法功能,不仅通过宪法确认、保护和发展社会利益、社会关系、社会秩序,而且通过对社会关系的参加者的环境义务规定,为生态系统的可持续发展提供有力支持,尊重自然,保护生态①;而人类仅是地球生物圈的组成部分,人类社会的制度设计要服务于生态自然有机整体的价值维护②。

第三节 利益法学:利益论视角的生态法益

20 世纪六七十年代的法益论以社会实证分析及利益论说为核心,这一社会实效的现实性方向与总体趋势贯穿于这一时期学者的法益论说当中,也为新兴法益的现实发展奠定了基础,并产生环境社会学这一新的生态范式,也出现了综合多个学说分支的主张,如阿梅隆一方面关注社会的效果与共同体生活条件的保障;另一方面,亦从形态规范与制裁规范的区别出发探讨法益。与价值法学关于实在法确认之前即形成了相关的法利益的主张不同,利益法学强调法的利益对于实在法的依存性,从事实利益保护的角度推动法益学说的

① 陈泉生等:《宪法与行政法的生态化》,法律出版社 2001 年版,第85—86 页。
② 陈泉生等:《环境法哲学》,中国法制出版社 2012 年版,第 258 页。

完善和发展。从具体的区分来看,利益说与规范说分别从实质(结果)与形式(程序)角度对法益概念进行归纳。利益法学从社会实证的角度认定法益的内涵和外延,关注对于利益与幸福进行保护的实际效果,并批判了分析法学忽视社会利益和个人利益及其在现实社会中适用的实际效果。①正因为如此,学者指出利益法学的核心体现在将法律视为"所有法的共同社会中物质的、国民的、宗教的和伦理的各种利益相互对立、谋求承认的斗争的结果"。这在一定程度上也反映出新兴法益的确认与实现规律。②

一、生态法益是生态法发现、保护和促进的利益

从社会法学的视角来看,法益并不是由法律所创造的利益,而是源于前实定法阶段客观存在的利益内容,法律只是在发现、确认、保护和促进利益的实现。新兴法益是对于新兴利益的法律确认,而对生态利益的法律确认是对于生态独立价值与整体利益的认可,一旦得到了法律的认可,生态法益即形成和确立下来,并成为贯穿法律体系建设的基本目标。

利益法学是社会学法学派的重要分支。利益法学主张与从法律价值抽象理念出发的自然法学或从法律规范分析出发的分析法学存在区别,其致力于通过法学与其他社会科学之间的交流互动,创建一种具有整合功能的研究范式;通过对于社会实际效果的强调,推动法益的现实保护。这在埃利希、杜尔凯姆、卢曼等的法社会学主张中皆有体现,而美国新法律现实主义学派自下而上经验研究模式,更以社会生活事实为切入点,探讨包括"活法"在内的社会规范的实际运行效果。从这个角度上来看,利益法学主张采用实证研究方法,放弃对法律教义或形式主义的片面追求,客观评价法律规则与制度的实际作用和效果,准确把握法律与社会关系的实际联系,从而为生态法治发展战略、环境治理理念和环境法律制度建构提供支持。

从利益法学角度分析法益概念,存在两个完全不同的分支:一是自由主义视域下的个体利益维护,二是共同体关系下的公共利益保障;前者强调个体以

---

① [德]耶林:《法学的概念天国》,柯伟才等译,中国法制出版社 2009 年版,第 26—27 页。
② 沈宗灵主编:《法理学》第 4 版,北京大学出版社 2014 年版,第 51—52 页。

自我保存为核心进行相应的制度与权益设定,后者强调从维护共同生活出发进行具体制度设计①,以社会控制手段,解决利益冲突,调整利益关系。其中,李斯特对于法益理论的革新产生了重要作用,直接推动了法益理论与自然主义观念的分离。李斯特的法益观受到利益说创始人耶林及其学生默克尔的深刻影响,从社会现象的实践性视角出发研究法概念,分析什么样的利益在什么范围内及什么方法上能够得到法的保护或受到法的限制与制约,强调从社会实际效果或危害角度进行法益考量;这一主张奠定了李斯特法益论的社会学解释基础。耶林更将法律概念视为实践的概念,确立了社会利益现实视角下的法益概念分析基础。在此基础上,从现实生活中的法律适用实效性状态出发的法益研究确立并发展起来,法益概念实际上成为有效保障社会生活条件的重要范畴。

利益论从自然主义视角推动了法益概念的实体化,指出利益是根据支配自然的因果法则变更或维持关系状态,从而对关系人产生的益处;新兴利益则是其中的新兴论域。李斯特指出,法益的立足点即人类生活的利益。从来源上来看,这一法益主张源于耶林对于人类生活条件的概念分析与利益分析,强调法律的存在和发展以人类利益为出发点和落脚点,并明确提出法益范畴的核心是维系人类存在;当个人的及全体的利益与生活条件上升为法律规定所保护和促进的利益时,即形成了法益,而侵害法益的行为则表现为对共同生活的法律利益与秩序的违反。这一论断在第二次世界大战后的法学思想发展当中,演变成了与主观的目的行为论相对的客观的目的行为论,并在此基础上将法益分为个人法益、社会法益、国家法益三个方面的内容。

在生态系统整体视角下,新兴法益维护以生态利益与人类利益的内在统一为基础;生态法益保护以生态正义与生态秩序为导向,将生态保护的实际效果与人类利益实现的良好状态有机结合起来,推进整体保护。在这一层面上,生态法益维护的实效性以利益实现为重要标准,在多层次利益的公正分配、协调统一、相互促进当中,实现法益的保护和发展。这也构成了利益说的核心主张。在生态法论域,利益论成为环境立法的重要依归,随着生态人文主义运动

---

① 〔德〕耶林:《法权感的产生》,王洪亮译,商务印书馆 2016 年版,第 14—15、17、52 页。

的发展,法国环境法典明确将生态利益关系调整作为主要内容。在"人的生活利益"视角下,生态法益保护最终回归于人的生活保障及自由发展层面。①在以法律是被发现而非被创造的主张下,对于自然法则、民间规则在内的存在状态的发现过程②,亦包含了回归人的社会生态需求满足的理性判断。

二、生态法益维系和支持共同体的存续与发展

第二次世界大战后自然法的复兴并没有有效防止社会矛盾的激化,现实问题倒逼法律理论的自我完善和发展。经过了现实主义洗礼的法益论,延伸出了与个人利益视角不同的共同体系关系视角;共同体系关系视角的法益论以维护共同生活条件与利益为核心,将法益论证中的"个人主义的考察方法移向了国家与社会"。盖格尔指出,"由于实定法或它的本质以及样式,作为它自身的价值的法的保护的客体被预想成利益之前,并不依存于它们",凸显了法益的现实属性,强调客观存在的利益是法益价值论与规范论成立的前提,法律所保护的利益是法益的核心内容。可以发现,共同体关系视角的法益概念强调法益的社会性,如克莱强调法益概念必须具有共同体关系的内容,迈兹格认为法益就是平均利益的状态,因而与个体主义的利益内容存在区别。但与此同时,也出现了片面化的学理主张,如20世纪30年代德国克尔学派关于法益保护的主张,则排除了个体权益保障的合理内容,认为只有民族与集体利益的维护才是法益保护的内容,因此受到了刑法理论界的批评。克尔学派的主张与唯物辩证法基础上的法益共同体关系说存在本质的区别,这一问题在第二次世界大战后法学的发展与反思当中逐步得到了应有的重视。事实上,法益是个人利益与共同体利益的统一,不能够片面关注一个方面而忽视另外一个方面。

在这一方面,奥特以利益社会和非利益社会的区分为基础,沿用了希奈法益论中的现实主义视角,展开其法益探讨。其中,非利益社会指共有价值内在结合的社会状态,利益社会是各个个人利益的分立存在状态。在这一框架下,

---

① [德]哈贝马斯等:《作为未来的过去:与著名哲学家哈贝马斯对话》,章国锋译,浙江人民出版社2001年版,第122—123页。

② [德]汉斯·沃尔夫等:《行政法》,高家伟译,商务印书馆2002年版,第239页。

德国利益法学派即主张"法律的目的就在于以赋予特定利益优先地位",法益指"通过法的非利益社会承认具体的诸价值的,在法秩序人格的各个构成要件中描述一定现实关系的状况";在此基础上,推动利益平衡,尤其是"当法律承认和保护的各种利益发生冲突时",就需要进行法益衡量。① 与此同时,需要注意的是,在关于法益概念的论说中,哈赛默的超个人主义法益观并不是从集体利益角度出发进行的论述,而是强调"法益概念的个人主义内容",具有与个人法益密切相连的"间接的个人保护"的属性。而在共同体关系视角下,生态法益保护以共同体的存续及可持续发展为依归;在这一方面,希施贝尔主张法益关乎全部的个体的保护状态,而非对于某一个体的利益进行片面的保护,进而将个人利益与全体的利益维护相区分,认为"对个人来讲所具有的价值与对全体来讲所具有的价值"并不相同,而"立法者个人只有作为社会共同体的构成分子才有可能"确保"全部的法是人类共同生活的规范"。与此同时,法益内核需要"承认可以有个人与社会乃至国家之间的利益关系的重复",但亦须关注新兴法益内核的形成和发展。②

　　从利益维护的角度来看,生态共同利益是生态共同体的重要基础。这一建立在共同属性基础上的利益范畴,在"价值取向上放眼人类长远利益和生态系统整体利益";新兴法益即建立在这一基础上,将人的社会存在与自然存在紧密结合起来,将人类作为生态系统的有机组成部分,维持人类社会的存续和发展。③ 在此基础上形成的生态法治,在一定程度上超越了传统部门法对于人类利益的关注和强调,以新兴法益拓展为路径,推动传统法学理论的创新,从人类社会存续与发展的要求出发,保护生态共同利益的实现。④ 而以人类利益为中心的传统法律理论则局限于人类社会关系的范围,从这一角度出

---

　　①　衣淑玲:《国际人权法视角下〈TRIPS 协定〉的变革研究》,厦门大学出版社 2010 年版,第 289 页。

　　②　[日]伊东研祐:《法益概念史研究》,秦一禾译,中国人民大学出版社 2014 年版,第 91—92、255、294、309—311、320—321、324 页;张明楷:《法益初论》,中国政法大学出版社 2000 年版,第 36—37、41、66、70—72、79、81—82、108、124 页。

　　③　李爱年等:《法治保障生态化　从单一到多维》,湖南师范大学出版社 2015 年版,第 74—75 页。

　　④　陈泉生:《可持续发展与法律变革:21 世纪法制研究》,法律出版社 2000 年版,第 265 页。

发进行的社会关系调整与个体行为规制,在一定程度上会加剧人类社会发展与生态环境保护之间的矛盾和冲突,因此亟须实现传统法学理论向新兴法益保障的变革。这场变革要求"重新调整人与自然的关系",推进相应的利益维护与法律生态化进程①,"将环境法的重心由生存权的保障向环境权的保障推移","并围绕可持续发展的伦理观","确立人与自然、环境与经济、当代人与后代人的可持续发展的价值取向"。②

三、生态法益是不同于"法益三分法"的新兴法益内容

关于法益内核的争论贯穿权利侵害说、"财(如公共财概念)侵害说"、法益侵害说的演变过程,并在这一过程中实现了从自由主义、社会利益向生态利益保护的进阶,逐步形成了以国家法益、个人法益、社会法益为核心的"法益三分法"理论。在具体的法律部门实践当中,学者以法益为标准将刑事犯罪类型归为侵犯个人法益的犯罪、侵犯社会法益的犯罪、侵犯国家法益的犯罪,认为侵犯个人法益的犯罪包括侵犯财产罪、侵犯公民人身权利或民主权利的犯罪③,侵犯社会法益的犯罪包括破坏社会主义市场经济秩序罪、危害公共安全罪、妨害社会管理秩序罪等④,侵犯国家法益的犯罪包括危害国防利益罪、危害国家安全罪等。其中,个人法益是最基本的法益内容,"社会法益是社会不特定或者多数人所公有的超越个人利益的法益",国家法益是指"与国家作用和国家存立有密切联系的法律上的利益"。⑤ 在法律理论发展的过程中,法益承担着从实定法角度对个体利益与集体利益作出正确的识别与判断的功能。在法治文明发展的过程中,最初的法益观以个人主义与自由主义为核心,强调个人利益至上;随着绝对的个体自由下国家秩序与社会稳定受到危害问题的凸显,法益理论逐步转向对集体性的公共利益的关注和重视,强调离开了公共利益的维护,个人利益亦将无所依托。

---

① 陈泉生等:《宪法与行政法的生态化》,法律出版社 2001 年版,第 84 页。
② 陈国新主编:《中国特色社会主义理论新贡献》,云南大学出版社 2005 年版,第 63 页。
③ 阎二鹏:《侵犯个人法益犯罪研究》,中国人民公安大学出版社 2009 年版,第 5 页。
④ 李永升主编:《侵犯社会法益的犯罪研究》,法律出版社 2014 年版,第 9 页。
⑤ 李永升主编:《侵犯国家法益的犯罪研究》,知识产权出版社 2012 年版,第 5—6、8—9 页。

　　然而,"法益三分法"的论证仍然局限于人类社会的范围,以处理人与人、人与国家、人与社会之间的关系为核心内容,而未在人与自然生命共同体的层面确立具有特殊性的生态法益概念。从总体上来看,在"法益三分法"下,法益的个人、国家、社会内核之间的对立调和呈现出良性发展的趋势,法益的内核在从传统法益论到第二次世界大战后 20 世纪 70 年代的法益论说的发展过程中不断丰富和完善,但亦表现出了较大的局限性,如马克斯论证了个人法益、公共法益与风俗法益的区分,认为个人法益是法益类型化理论的核心范畴,公共法益必须还原为各个个人的法益,而更具宽泛性的风俗性法益则仅是自我实现的目标,只有在"个人与法秩序、社会全体的利益关心一致的时候,法益才能考虑成立"。事实上,这三个层面的法益内容并不相同,它们之间存在着相互矛盾、相互冲突的现象,而且不能够涵盖新时代制度文明建设的全部要求,如上文所述生态法益很难严格地归于个人利益、国家利益或社会利益。与此同时,关于生态法益及生态论域独立性的争议也一直存在。

　　严格来讲,生态法益论说以承认个人之外的主体利益保护为前提,但其并不能够完全等同于具有公法属性的国家利益保护或是具有社会福利属性的社会利益保障,而是呈现出独有的特征。从本质上来看,国家利益与社会利益均可归属于人的利益,其与个人利益的区别在于是多个个体的利益集合还是单个个体的利益界分,因此有学者将国家利益与社会利益称为超个人法益。但生态法益在一定程度上更超越了人的利益范围,肯定自然生态、自然资源的独立价值,只是在法律调整的过程中,需要通过人与人的关系界定来实现对生态价值的保护。

　　因此,生态法益成为传统法益内核之外的新兴论域,生态法益保护成为私法、公法、社会法之外的第四法域的核心任务。但这里的新论域主张并不是要割裂生态利益实现与个人利益、国家利益、社会利益保护之间的关系;恰恰相反,从唯物辩证法的角度来看,生态利益的实现是国家利益维护的前提,而其最终会惠及个体的利益维护,呈现出公共性特征。正因为如此,埃泽尔提出法益保护应当从社会承认的根本层面出发,将宪法法律的精神及法律价值秩序贯彻落实到立法的全过程,确立基本的程序保障,并实现法益内核的动态发展与健全完善。在环境危机日益凸显的现代社会,生态价值及相应合法权益保障应当被纳入法益体系当中,形成维护生态整体利益的生态法益论说。

在这一过程中,不同的学派之间呈现出相互融合的趋势。自然法学将法律视为"规则、原则和政策的有机统一",强调"法反映或应当反映人的本质要求";分析法学从法的形式方面进行法的本质辨析;社会法学从法的内容、法的目的和作用方面对法的本质进行的客观描述,均在不同的侧面推动着生态保护目的、价值与手段的统一。具体而言,自然法学派"从法的价值和理想出发考察"为法的本质研究"提供了一套价值尺度和标准","为批判、改进和完善法律现实找到一个完满的参照系统";分析法学关注法存在的命令性本质内涵;社会法学在法与社会联系的基础上进行考察,较充分地揭示了法的社会本质,如赫克的利益法学主张、庞德关于法的利益权衡和平衡问题的思考,从"法的目的和作用"层面,通过"利益的主体、利益的矛盾和冲突"分析揭示法的"阶级属性和社会本质",并将法的目的视为对人的特定需求的满足。在此基础上,形成了综合法学主张,强调要对法概念及相关范畴作出整体性的把握,论证自然理性与人类利益秩序的契合性特征。① 但需要注意的是,"不管是近代的、现代的或当代的各种理论,也不管是古典自然法学派、分析法学派、哲理生态法学派、社会法学派、综合法学派、经济分析法学派",作为上层建筑组成部分,这些学派的发展最终都是由特定的社会发展阶段所决定的。② 从这一整体性视角出发,马克思主义法学与马克思主义的生态观为生态法益学说的科学发展提供了重要指引;生态法益的理论发展及其实践过程需要坚持历史的、联系的观点,从内容、属性、功能,以及价值、事实、规范层面的有机结合出发,推动生态法益的全方位保护与全面实现。

可见,不同的法益概念论说具有整合的可能性,法益既不是不受价值指引的纯粹物质化的客观实际,也不是纯粹非物质的价值范畴本身,而是呈现出非物质化价值、社会存在与法的规范性的统一。法益的来源具有社会实证的属性,是社会实际存在的利益内容;在法律识别哪些利益能够被纳入法律保护范围时,即在价值判断与规范确认层面完成利益的分类与筛选,形成相应的法益

---

① 吕世伦:《当代西方理论法学研究》,中国人民大学出版社 1997 年版,第 62—63、65、67—69 页。

② 李龙:《人本法律观简论》,《社会科学战线》2004 年第 6 期。

体系。这一整合趋势亦体现在学者的著述当中,如法兰克福学派将法益侵害与伦理价值阻碍、规范违反紧密结合起来;威尔泽尔在规范实证层面细化区分了结果事态和规范妥当状态、纯粹规范和制裁规范,同时亦论述了法秩序的伦理价值基础与目的论框架下自然法再生的重要意义,强调法益的价值属性及人类存在的价值层次构造;希奈指出法益概念是现实存在与价值侧面的有机结合;麦耶更强调法益是具有价值性的及社会性拘束力的秩序规范的发生;瓦尔贝格将法所保护的生活或事实状态与法秩序、社会伦理判断联系起来,从而通过"应然"与"实然"的沟通维度的审视,在自然法的理念探寻与实证性的经验实践之间架起沟通的桥梁,促进对于新兴法益概念认识的深化和发展。

第三章　生态利益法律确认的逻辑起点与逻辑结构:新兴法益确认的基本路径

生态法益的逻辑证成反映新兴法益确认的基本路径。新兴法益的逻辑起点、逻辑结构与建立在自由主义基础上的传统法益存在差别。从历史演进角度看,传统法益理论在有效应对利益冲突方面发挥着重要的作用,其逻辑起点最初以经济人假设为核心,形成了以人与人之间的矛盾的解决为主要内容的逻辑结构,而随着环境危机的加深,新兴法益理论对于生态利益与经济利益、个体利益与共同体利益之间的矛盾和冲突的调整逐步得到确立,生态法益即是这一发展过程的产物。从根本上看,生态法益是在法律调整范围和调整方式的拓展过程中逐步得到确认的。从更深层次上看,生态利益的确认事实上经历了从伦理道德认可到法律确认的渐进发展过程;在这一过程中,生态法益理论得到确立和完善。2004 年,欧盟第 2004/35/EC 号指令形成了预防和救济"自然生态系统不利变化"或生态功能损害的基本框架,在"伦理道德层面的生态利益"规约基础上,"法律层面的生态法益确认"逐步得到实现。①

第一节　生态利益法律确认的逻辑起点:"生态人"假设

"生态人"假设是生态法律体系建设的逻辑出发点,是生态利益法律确认

---

① 柯坚:《破解生态环境损害赔偿法律难题——以生态法益为进路的理论与实践分析》,《清华法治论衡》2012 年第 2 期。

的逻辑起点。"理性生态人"逻辑模式"坚持整体主义的方法论",从人与自然、人与人之间的关系协调,以及当代人与后代人的利益维护出发,追求经济效益、社会效益、环境效益相统一。① 这一理想要求与具体的社会生态人形态相结合,以清晰而具有可行性的标准设定,共同推进生态利益的法律确认,实现人与自然的和谐共生。

一、"生态人"假设的产生

以利益为逻辑原点的人的模式探讨不一而足,从最具代表性的"经济人""社会人""政治人"假设到"管理学上的复杂人假设""伦理学上的道德人假设",这些假设在不同的领域内产生了深远的影响,并且,呈现出从个人主义向团体主义(社会公共利益维护)、"从自然意义的生物人向社会意义的社会人"转变的趋势。随着人类社会所面临危机的内容从经济危机、社会危机向生态危机演变,经济发展与环境保护之间的矛盾和冲突不断加深,"生态人"假设应运而生,并成为承载经济、政治、文化、社会可持续发展的重要基础。从历史演进过程上看,关于"生态人"的假定和预设晚于"经济人""社会人"概念的产生。"经济人"概念产生于近代私法发展的背景下,由斯图亚特·穆勒和亚当·斯密阐述和论证,以经济利益理性衡量为核心;经济人模式将个体的经济利益作为核心价值追求,从而造成个体经济利益与人类生态利益之间难以调和的矛盾,"经济人"假设在一定程度上忽视了"固有的利他道德本能",因此无法在生态伦理的层面形成应对生态危机的科学路径。随着人类社会的发展,法律理念也在由个人本位向社会本位转变,出现了社会人模式;"社会人"概念产生于19世纪末20世纪初自由经济向垄断资本主义转变的背景下,以社会公共利益的维护和保障为核心。但这一模式仍然局限于当代社会中的人与人之间、个体与社会之间关系的调整,强调人所处的社会环境,而未将人与自然间的关系纳入法律考量的范围,更"忽视了当代人与后代人的和谐发展"。因此,生态人模式从弥补"经济人""社会人"假设局限性的角度,形成了

---

① 蔡守秋:《调整论——对主流法理学的反思与补充》,高等教育出版社2003年版,第310—314页。

以生态哲学观为指引,以生态伦理道德为支撑,以人类对大自然的依存关系为内容,以作为一个整体的生态系统存续为目标,以生态价值相关的人与人、人与自然的关系的调整为路径的基本逻辑①;"生态人"概念产生于 20 世纪 60 年代环境危机背景下,这一时期的法律理论探讨及制度实践围绕"生态人"及其法律规定展开,至 21 世纪初法国《环境宪章》的颁布首次将环境权利写入宪法性文件当中,被视为"人道的生态的道路"的开启②。

从更为深层次的角度看,"生态人"的典型标志是处于人与自然和谐关系当中的"现实的个人",从而成为新兴法益论域的重要逻辑起点,更为人的自由与全面发展奠定坚实基础。有学者指出,这一和谐关系的维护以生态本位的确立为前提,认为生态本位框架下的法治建设,是对于"个人本位法制和社会本位法制"的超越,在保护个人合法权益与社会基本权利的同时,将自然利益纳入法治建设的内容,在可持续发展的第一层含义即满足当代人之需要的基础上,发展出第二层含义,即不对后代人满足其发展需要的能力构成危害,"是人类法制更高层次之整合";在这一法制基础上,形成了具有独立性和特殊属性的人的理论的四个向度,私法视角的人的理论即商人理论和市民理论,公法视角的人的理论为公民理论,社会法视角的人的理论为社会人理论,生态法视角的人的理论则为生态人理论。其中,生态人不同于市民,即他并不以追求经济利益为唯一的目的,而是将生态利益视为经济利益实现的基本前提;生态人也不同于公民,即他并不将政治权利与政治人身份视为核心的目的,而是更加关注生态权利与生态人实践的推进;生态人不同于社会人,即他所追求的不是局限于人类社会的一般的社会利益,而是将视野扩展到了人与自然的关系领域,将追求生态利益,捍卫生态平衡作为至上的价值追求。与此同时,生态法视角的人的理论也在影响着"私法、公法、社会法上的人的模式"及其理论的发展,如在私法领域出现了"充分考量市民、商人的生态利益追求的倾向",在公法领域出现了"注意公民追求生态利益的政治性行为",在社会法领

---

① 陈泉生等:《科学发展观与法律发展:法学方法论的生态化》,法律出版社 2008 年版,第 175、182、184—186、189—190、200 页。

② 吴贤静:《"生态人":环境法上的人之形象》,中国人民大学出版社 2014 年版,第 62、90—91 页。

域出现了"注意消费者、劳工的生态利益要求"的主张等。①

"生态人"假设对生态法学的人文关怀的追寻,实现了本质的回归;"生态人"承载着对于人与自然关系的终极关怀,在避免法律、自然、人自身的异化中具有重要作用,并推进对于人类存续的反思及深层的内在方面的综合考量。从这个角度上看,生态人理论不同于古典自然法片面、抽象的理性与人性的分析,而是建立在生态实践的坚实基础上,避免法的抽象化价值理解的弊病,克服自然法理论"从应然到应然的价值判断"的先验性悖谬。但任何理论建构的同时亦面临着批判的思考;有学者指出,对于"生活赖以为凭的知识生产的性质"与"生活于其间的社会生活秩序之性质"所展开的反思视为理论生命的开始。② 因此,在否定之否定中得出关于生态法益的尽可能正确的结论,成为深化生态法益研究的重要使命。③ 虽然我们并不主张通过纯粹的生态价值分析来实现对生态法学独立学科地位的论证,但不可否认的是,生态人理论确实在价值维度上奠定了与规范、事实的沟通基础,且其本身亦建立了不同主体在生态实践中的沟通之维。

二、生态人格论说

法律上的人格是法律对人的存在的肯定,新兴论域的人格理论关乎法律上的人的假定和预设。④ 从总体上看,传统法益论域的人格以生命、健康、尊严为核心内容,至信息时代的到来,逐渐扩展到隐私保护、信用及公开权的范围,而新兴法益论域的人格论说是对于传统法益论域人格理论的延伸和发展,将自然生态利益纳入生态文明与制度建设的范围。根据唯物辩证法的基本观点,法律人格的历史发展由生产力所决定;人格理论是随着社会历史的发展而不断完善的,"它与社会的文明发展程度相适应",与社会的发展要求相协调,

---

① 郑少华:《生态主义法哲学》,法律出版社 2002 年版,第 52、62、81—82、85 页。

② 邓正来:《中国法学向何处去——建构"中国法律理想图景"时代的论纲》,商务印书馆 2006 年版,第 269 页。

③ [德]考夫曼等主编:《当代法哲学和法律理论导论》,郑永流译,法律出版社 2002 年版,第 15 页。

④ 马洪:《法律上的人》,《上海财经大学学报》2000 年第 3 期。

"表达着一定社会的文化传统内涵、伦理道德及价值取向"。在自然经济发展的阶段，人与人之间的依赖关系并未被打破，从而导致了古代法的身份法属性；梅因在《古代法》中指出，"使法律和社会相协调"的动力，不断改变原有法律中内生的旧有价值①，并决定了身份法中的法律人格的不完整性。直至近代从身份法到契约法的转变，才萌生了以自由商品交换为基础的私法自治与自由人格，以《法国民法典》与《德国民法典》的意思自治原则为基础，以自由、人权、平等为核心的人格状态得到法律的确认。黑格尔主张，"只有当人意识到自我的存在，人格概念才能成立"；此后，学者对于人格的探讨不断深化，强调"人格具有能动性和自我统一性的特性"。② 从这一角度出发，生态法益论域的主体性和谐取决于人的社会本性与客观的法益实现条件③，生态人格更强调人类社会的发展与自然环境保护的有机统一④，从而对新兴法益理论的创新发展具有积极意义。

生态人格是指"具有生态和环境意识以及生态智慧的人格"。生态人格论说建立在上述"生态人"假设基础上，以"从生存人到生态人"的进阶为路径；生态人格的外化表现为敬畏自然，尊重自然规律，关怀人类赖以生存的自然环境，"以一种整体和关系存在的眼光认识和理解事物"，将人类社会的存续和发展置于生态系统的整体维护之中。其中，"生存人"假定与福利人、生产人相同，均将自然生态视为维持人类生存的重要资源，从人类中心主义出发进行开发和利用，而生态人的出现，则使人类从生存资源的利用者转变为生态环境的维护者，将低资源消耗与高生态价值作为约束自身行为的重要准则。从客观角度看，自然资源与自然生态并不是"为了满足人类的需要而存在的"，其本身亦有独立的存在价值，并且"是自然世界所有生命共享的"。从生命共同体的角度出发，对生态利益进行维护是生态人的

---

① ［英］梅因：《古代法》，沈景一译，商务印书馆1959年版，第15页。

② 冯春萍主编：《跨越与传承：中国·芬兰环境与资源保护法律制度比较研究》，中国科学技术大学出版社2017年版，第62、70页。

③ 李连科：《人·主体·价值》，黑龙江教育出版社1989年版，第50页。

④ ［苏］彼得罗夫斯基主编：《心理学文选》，张世臣译，人民教育出版社1986年版，第376页。

重要追求。①

　　可以说,生态人格是在环境危机出现的背景下,人民对于美好生态的需求日益增加的外在表现。从法律作为普遍适用的规则角度看,生态人格以对于人的自然特性的本质反映,成为法律理论与实践的新的起点。将生态人格引入生态法治建设具有重要性和必要性,一方面,生态人格与经济人、社会人视角下的人格论说并不相同,经济人、社会人视角下的人格论说以社会性、主体性为突出特征,而生态人格则在自然属性与社会属性相统一的层面,为主体性和谐的实现带来重要契机;另一方面,生态法治建设领域的主体性和谐,与生态伦理学、心理学(前者是德域分析本身、后者是科学理性的视角)概括性的人格论说不同,其以具有现实作用的"社会建构"为基础,以具体人格论说为主要特征②,并与建立在法律规则之上的法律理论解释与科学思辨相结合,共同构成生态法益论的严密逻辑体系。

　　更进一步分析,生态人格的现实基础仍然是社会秩序;这种社会秩序是人从自然本性出发"但又以其理性确认的"。与此同时,需要注意的是,"个体那里的秩序和人格体那里的秩序是根据不同的图式发生的",个体性视角的秩序是打上了个体需求烙印的秩序观,而人格性视角的秩序则是"一个应该由规范来烙印的秩序观";人格体具有突出的社会集体属性,其"起始于作为政治性生物"的存在特性,并在生态文明建设阶段成为生态共同体发展的重要载体。也有学者指出,个体性视角的秩序与人格性视角的秩序存在共同性,以诸多个体的共同价值追求为基础,"当诸个体的活动能够被理解为人格体的活动时",即"能够根据一个当为的秩序来解释时",就出现了个体性视角的秩序与人格性视角的秩序的统一。从这个角度来看,"人格体不是从自己的决定中产生的","某一人格体在某一群体内拥有某一角色,也就是说具有某一通过规范性相互理解所获得的形态";生态人格正是在这一形态上获得其现

---

　　①　张国状:《生态人——人类困境中的希望》,中国社会科学出版社 2010 年版,第 118—119、163 页。

　　②　[德]古斯塔夫·拉德布鲁赫:《法律智慧警句集》,舒国滢译,中国法制出版社 2016 年版,第 142、152 页。

实性基础的。① 因此,在关注民生、反映民意、重视民情的生态人格视角,以生态价值观、生态世界观为指引,化解生态治理领域的矛盾和冲突,成为保障生态法益,促进秩序、平等、自由等价值实现,维护生态平衡的重要要求。② 从本质上看,这也是基本人权与人格尊严的维护的重要体现。生态人格源于对人的自然存在价值的高度认可;生态人格论强调生态的独立价值,重视人作为自然存在物的价值属性,从而与人格主义法益论区分开来。与生态人格论说不同,人格主义法益论是从人类中心主义出发形成的理论主张,其以环境价值对于人类生命健康与财产利益维护的有益性、有用性为核心价值追求。事实上,离开了人的自然存在的社会有益性的论述即无从谈起,离开了人的社会存在的自然权利的保障亦会失去现实的依托。因此,生态人格应当在自然生态与人化自然的维度得到确立和维系,生态法益应当在自然属性与社会属性的有机结合层面得到推进。

三、生态法的人性分析

从历史溯源的角度看,法律人性分析源于自然法学派的学说,体现着自然法理论的法本质观,并以自然法与实定法之间的关系论证为核心脉络。学者指出,古代自然法思想是"人的本性"的体现,从柏拉图、亚里士多德永恒的自然法追寻,到斯多葛学派系统理论体系的构建,形成了以理性法(指导制定法的准则)为核心的自然法主张;中世纪神学自然法学说则将法视为"神的意志",奥古斯丁推动了神学自然法发展,托马斯·阿奎那展开了法律的神学解释③,至启蒙运动时期古典自然法的出现,理性主义自然法回归到人性分析的领域,从格劳秀斯、洛克、卢梭、孟德斯鸠、普芬道夫对人性(理性)的弘扬,到经历了低潮(实证主义的思想支配时期),后于 20 世纪初的复兴,在韦基奥、惹尼、德尔、施塔姆勒、麦斯纳(自然道德法)、布伦纳、达班、罗尔斯(正义原则)和德沃金等学者的努力下,现代自然法理论经历了从抽象人性到具体理

---

① [德]京特·雅科布斯:《规范·人格体·社会:法哲学前思》,冯军译,法律出版社 2001 年版,第 1—2、36、41—43、51、63 页。

② [美]艾尔·巴比:《社会研究方法》,邱泽奇译,华夏出版社 2004 年版,第 181 页。

③ 吕世伦主编:《现代西方法学流派》下卷,中国大百科全书出版社 2000 年版,第 950 页。

性衡量的发展,形成了人性分析方法、关于人的地位的事实性阐述与价值性阐述等一系列主张。① 这些主张为生态法律的人性分析提供了思路。

生态法的人性分析是法律人性分析的重要组成部分,其通过对人们的行为方式及追求的生态价值终极目标的深度分析,在证明社会制度的实然合理性或应然善性方面发挥着积极的作用。正因为如此,有学者将人的问题视为法律领域的根本问题,将人性分析视为制约法律发展的关键要素。② 在这一层面,西塞罗以普遍的永恒的自然理性展开法律分析,其在《论法律》中指出理性的稳定、充分的发展即为法的形式本身,芝诺指出主体据以安排自己生活的"自然法即理性法",恩斯特、利维从更为特定的具体分析出发,主张"理性的人类利益秩序"实际上将法律对利益需求的规制表达于外,拓展了法律人性分析的具体情境考量方法,并在施塔姆勒相对自然法主张、弗朗西斯科·德·维托雷的自然法论述中,发展出了通过理性建构法律体系的路径,认为法律呈现了理性的自然指引的要求。这一"正当理性的命令",成为以生态理性思考法律的本性的重要切入点,霍布斯即以理性分析阐述了"自然法则"利益衡量的观点,将利益衡量可看作人性需求的外化形态。此外,普芬道夫所论法是正确的理性的命令、弗里德里希·卡尔·冯·萨维尼对法的"内在"力量的考察、约瑟夫·斯托雷的法律由"人之理性发现的"主张,均对生态法的人性分析产生了重要影响;而卡瑟赖所述通过理性达至法律合理性状态,黑瑞赫·罗曼关于法与人的需要的关系论述,雅克·马利旦有关法的理性发现及与价值目的的关联性论说,以及雷加森斯·西克斯有关法之为主体人格发展的论说,将法律视为理性的反映,奠定了法的生态人性分析的基础。

生态法的人性分析拓展了法律分析的视野;"生态文明与人性密不可分,人性异化是生态危机的根源"。③ 生态法的人性分析,以人性关联推动人与自然的和谐共生,在这一过程中,法律起着重要的作用。伊曼努尔·康德将法律

---

① 　[英]彼得·斯坦等:《西方社会的法律价值》,王献平译,中国法制出版社 2004 年版,第 21 页。

② 　吴贤静:《"生态人":环境法上的人之形象》,中国人民大学出版社 2014 年版,第 27 页。

③ 　林美卿等:《生态文明建设的人性思考》,《山东社会科学》2016 年第 4 期。

视为主体本身意志自由与主体间意志"相协调"的条件之和，虽然其论说具有明显的先验唯心主义色彩，并且否定了观念的经验性，但是，在主体性层面上，其确实反映了法律的存在当中的人性关联。正如康德《判断力批判》所述，制定法是主体自身内在力量在外物上的反映。与康德观点不同的是，生态人性分析并不以道德"律令"为先验的存在，而是以马克思主义为指引，坚持马克思主义的生态观，坚持历史的、具体的观点，从现实的人出发，将人民对于美好生态的需求贯彻落实到实践当中，在人与自然、人与人、人与社会关系的各个方面，为生态文明建设提供理论上的支持。

第二节　生态利益法律确认的 逻辑结构：三层次论说

　　生态法益理论属于新兴法益理论的重要内容；其在本体论、认识论、方法论层面表现出与传统法益理论不同的特征。在本体论层面，生态哲学倡导整体论的世界观，以动态性、和谐性、共生性、有序性为出发点，"强调有机整体内各要素不能孤立存在"，而只能在"各种要素、各部分、各环节、各层次相互联系"的整体中发生相互作用；在认识论层面，"当代生态科学和生态哲学要求从旧的认识模式转化到新的生态学认识模式"，强调认知的整体性与相互联系的重要性，而"传统的机械唯物主义对地球生态系统的认识"，则"把整体性因果网络联系抽象掉了"，将生态系统"高级运动形式还原到低级运动形式，并按照低级运动形式的规律加以认识"；在方法论层面，"生态方法的最主要特点是其实践性、运用性和可行性"，即用生态学的方法（系统循环转化、动态平衡、网络因果联系等）去分析解决社会实践中出现的各种问题，确保绿色化、可持续发展。这就与传统的分析理性方法区别开来，后者将"一切认识都归结为对认识对象的分析、分解和还原"，在一定程度上忽视了对生态系统的整体分析与认知。①

------

① 刘本炬：《论实践生态主义》，中国社会科学出版社2007年版，第192—193、197、199页。

一、本体论层面:生态法律规范承认与保护的生态利益

生态法益的本体构成是经过生态法律规范调整、确认、保护的生态利益;生态法律规范以生态利益维护为导向,对人们的行为进行规制,成为生态价值框架下"人与人之间实现交往、确定关系及秩序的最重要途径"。① 因此,生态利益的法律确认,需要以广泛的生态价值社会认同为前提;以之为基础,生态法益在个体法律人格与集体法律人格、抽象法律人格与具体法律人格相统一的层面,获得自己的合理存在空间。需要注意的是,在生态法益的形成过程中,生态法律规范的内容限于国家制定和认可的规定;其中,既包括专项环境法律法规,也包括散见于其他法律部门的环境条款及单行规定。但在生态法益的实现过程中,则要充分发挥法律规范与社会规范的积极作用,从多层次多领域出发推动生态法益的规范化保护。

对于生态法益的法律规范确认,从实质正当化和形式正当化两个方面推动生态法律制度的健全和完善。在生态法律系统及其运行过程中,生态法益保护表现为"实践理性的一种存在方式";生态法律规范本身即"具有社会实践性",其存在于特定社会中的人们的生态价值共识当中,"基于信息和沟通的理论进行法制度的实质性正当化"。与此同时,通过实质正当化和形式正当化两个层面的有效衔接,从整体上推动"制度的正当性从实质和形式这两个方面得到保障"。② 从内生性的层次角度看,生态法律规范体系建设"通过预设一个基础规范"及静态的生态伦理道德体系,逐步发展为完整的以强制力为保障的规范体系,并与动态的法律实施与监督体系相结合,共同推动生态法益的法律保护。③

在这一层面,生态法益的法律确认具有其特殊性,在从传统法益向新兴法益的进阶过程中,人们对生态法益的认识随着社会的变迁不断发展和完善。由此,学者将生态法益确认分为两个方面的内容:一是"规范保护的环境生态

---

① ［德］京特·雅科布斯:《规范·人格体·社会:法哲学前思》,冯军译,法律出版社 2001 年版,第 2 页。

② ［英］麦考密克、［捷克］魏因贝格尔:《制度法论》,周叶谦译,中国政法大学出版社 1994 年版,第 4—6 页。

③ ［法］米歇尔·托贝:《法律哲学:一种现实主义的理论》,张平译,中国政法大学出版社 2011 年版,第 45、47 页。

价值利益",即环境生态法益,其旨在维护生态系统最基本的结构体系功能;二是综合了"自然人环境权益、法人组织环境权益和国家所有及管理权益"的非环境生态法益,涵盖自然人享有的健康适宜和良好生活的环境权益,"法人组织享有的在适宜的环境中利用环境资源的权益",国家享有"资源管理权益和对资源的处理与监督权益"。① 在这一框架下,由于生态法益侵害行为(如向居民饮用水源排泄废渣造成环境污染)的危害性可能不会立即显现,甚至表现为"行为和结果之间的间接性",因此生态法律规范对生态法益进行确认和保护要体现这一特殊性。现行的《环境保护法》第1条关于立法目的的修订,《刑法修正案(八)》第46条对《刑法》第338条规定的修改,以及《刑法》第343条法益保护范围的扩大等,均体现了生态法益保护特殊性,成为以生态法律价值追求为目标的重要生态法益实践,贯彻保护环境的国家基本国策,并在法律完善当中为生态法益提供切实有效的保护。正因为如此,学者指出我国的法律规范体系建设"日益突出对生态法益的保护,强调人与自然和谐相处"。②

二、认识论层面:主体间性下的人与自然和谐共生

与其他学科不同,生态法学的认识论"具有多样性和层次性"特征③,而生态法益认识论分析对于人与自然关系的认识构成了主体调节自身行为,以避免有违"本性的幸福"的基础;其对于主体间性的强调,以通过人与人之间关系的调整,促进人与自然关系的和谐为核心内容。④ 毕达哥拉斯学派即将和谐作为其哲学格言⑤;和谐性是在差异性当中实现的,反之,"若以同裨同",则和谐性与差异性均失去了存在的基础⑥。与上述社会环境范畴不同的是,生

---

① 中国环境科学学会编:《中国环境科学学会学术年会优秀论文集》,中国环境科学出版社2008年版,第1603—1604页。

② 赵秉志等主编:《中国刑法改革与适用研究》,中国人民公安大学出版社2016年版,第293页。

③ 陈红兵等:《生态文化与范式转型》,人民出版社2013年版,第1页。

④ [德]鲁道夫·奥伊肯:《生活的意义与价值》,万以译,上海译文出版社2005年版,第2页。

⑤ 李君如主编:《社会主义和谐社会论》,人民出版社2005年版,第15页。

⑥ (春秋)左丘明:《国语》,齐鲁书社2005年版,第253页。

态法益视域的"主体间性"强调借由调整人与人之间的关系,完成对人与自然之间关系的调整;其强调通过主体之间的沟通达至主体间的理解,形成了具有客观性、现实性的共识性认知,推动生态价值的社会认同。这一认知路径奠定了人与自然相互依存、共同发展的重要基础。正因为如此,沃格尔指出"主体间性"理论模式应当扩展到自然与社会公共领域的相互作用方面;这对于推动人与自然的和谐发展具有积极意义。但需要注意的是,除了社会领域与人类相互作用的自然力之外,原始自然生态与自然资源同样具有其独立的价值,而不能将上述理论模式过度引申为超越生态系统整体性的建构主义主张。

主体间性主要在两个层面使用:一是突出共有空间的交互性,如"舒茨的现象学社会学集中关注主体间性",试图回答"一种交互性视角何以可能",认为"一个主体间性世界不是一个私人世界,它为人所共有,它存在,因为我们在其中生活,就像一些人在另一些人中生活一样";从这个意义上讲,"主体间性存在于鲜活的当前","这种共时性是主体间性的本质",而与"胡塞尔将先验自我作为他的首要关注点"不同,"舒茨将现象学外转,关注主体间性的社会世界","还明确认识到文化领域的要素能够而且常常在个体之间发生变化",并将其"作为人们彼此主体间性地关联的方式";①二是强调语言的作用及其与社会环境之间的关系,如"社会符号学理论的主要特征之一在于它的主体间性","符号的主体间性的后果在于"关注语言在现实社会构建中的重要作用,剖析社会中的个人的及"作为活生生的、口头的、主体间的社会符号的"人的存在,而其中的社会人概念包含了与整体相对的人与他人的关系,由此即"从物理的视角转移到人类环境的视角"。②

从认识论的层面看,生态法益的确立是新兴法益实践的重要成果,是运用整体论的观点,来分析生态系统各要素之间相互关系及发展规律的结果;其通过主体间共识的达成推动人与自然的和谐发展。从这个意义上讲,主体间性的协商维度与生态法益的现实转化有着密切的关联。由此,学者将生态法益

---

①　[美]乔治·瑞泽尔:《古典社会学理论》,王建民译,世界图书出版公司北京公司2014年版,第432—433页。

②　丁建新:《叙事的批评话语分析:社会符号学模式》,重庆大学出版社2014年版,第10—12页。

定义为"法律机制表达或实现的、包括人在内的各种生态主体对生态要素及生态系统的利益需求",突出了人之外的生态主体独立的价值追求与利益需求,并指出法律规制以"维护整个生态系统可持续发展"为目标,从而有效遏制地球环境的恶化,保障"生物多样性等涉及人与自然和谐发展的核心利益",具有重要性和合理性。但在现有的法治发展阶段中,将非人类存在物也纳入生态法律关系的主体范围则值得商榷。① 事实上,对于多样化生态主体的利益进行保护,需要在不同的维度得到实现;就生态法律关系维度而言,其是从主体间性的视角去认识和保障生态法益的。在这一维度当中,生态法律关系仍以人与人之间的关系为内容,人与自然之间的关系需要通过对人与人之间关系的认识、理解和调整来实现。

需要注意的是,主体性和谐的实现与客观和谐、主体间性和谐密不可分;与此同时,主体性和谐的关注缺失,将会导致整体性和谐的难以实现。而从集体主义到个体权利关注的转变,导致如果离开了主体性和谐本身的考量,个体与社会的沟通及利益平衡亦难于找到现实的依托。因此,法律理论及社会实践一旦缺失对主体性和谐的关注,即会直接导致法益论域悖谬的出现;对于主体间性的强调绝不是在忽视主体能动性及相应的积极价值的实现。从 17 世纪法律的个人利益保护定位、18 世纪法律的"绝对的、永恒的和普遍的自然权利"保护定位,到康德的人的"意志自由"的实现、19 世纪"个人自我主张最大化"(如柯勒的人"尽最大的可能性发展自己的力量")的观点,再到詹姆斯·马菲"自然主义认识论的实在论"的认识论重构过程中,我们看到了描述性事实联系的规范性特征②,亦显示了主体性立论本身的关键所在。在客观和谐方面,我们关注到了人与自然、人与社会之间的问题在法律领域的解决,生态法律规范的制定及其实践取得了卓有成效的进展。具体而言,主体间性维度以协商共识为基础;在主体间性和谐层面,也已经关注到了人与人之间冲突解决方式的转换,显示了思维自主客体二分向主体间性路径转变的趋势。这在费希特的《自然法权基础》有关"理性人的自我"的论述中,亦可看出客观和谐

---

① 焦艳鹏:《刑法生态法益论》,中国政法大学出版社 2012 年版,第 45—46、57 页。
② 任姣婕:《自然主义认识论背景下的规范性重建》,浙江大学 2008 年博士学位论文,第 12 页。

并不必然地反映主体领域的和谐,而后者却具有通过规范与预测功能切实促进前者实现的力量。

三、方法论层面:法学研究方法的生态化

根据古希腊语的释义,方法是"通向正确的道路",是"为达到一定目的而采取的行动、手段或方式"。从功能上看,方法范畴可以分为构建概念和理论体系的方法,研究原则、技巧的方法与适用解释、推理的方法。[1] 法学方法论(methodology of jurisprudence)是对方法进行系统研究形成的理论概括。1965年,考夫曼在《类推与事物本质——兼论类型理论》中,从自然法形而上的思考出发进行了法学方法论论述;在这一时期,"法学方法论成为欧洲法学思想的主流"。19 世纪 70 年代中期以后,继承"伽达默尔解释学的法学方法论学派"受到了"以分析哲学和商谈理论为方法基础"的新兴理论(如法律论证理论)的质疑,并进行了理论完善,逐步形成了当下的法学方法论分支:一是对于法学研究过程进行深度反思的方法论成果,二是作为法学理论、概念和体系形成的手段和逻辑前提的方法论成果。[2] 法学研究方法的生态化对于生态法益论的完善具有基础性意义。在研究范式与研究方法的关系方面,库恩对后经验主义的论述反映了研究范式的重要性,认为研究范式决定研究方法,并决定论据的使用方式、作用及论证(证立与证伪)的结论。但是,作为一种同样关涉路径趋向的范畴,研究范式与研究方法是具有共性的论题。在生态法益论说中,研究对象与研究方法之间存在密切关联,二者之间关系的兼容性具体由两个方面构成:一是同构关系,二是包含关系,从而使研究方法实际上成为研究对象架构的反映,从价值、规范、社会等因子,到权利、文化、程序,再到具体的法学研究对象"法和法律现象",皆呈现明显的内在关联状态。[3]

以生态世界观为指导,如何通过生态方法论的转型提升生态法治对生态价值的保护效能,成为法学研究方法生态化的核心议题。从总体上看,生态法

---

① ［德］阿·迈纳:《方法论导论》,王路译,生活·读书·新知三联书店 1991 年版,第 5—7 页。

② 胡玉鸿:《法学方法论导论》,山东人民出版社 2002 年版,第 105—108 页。

③ 李龙主编:《法理学》,人民法院出版社、中国社会科学大学出版社 2003 年版,第 4 页。

学方法论"是一种具有实践功能性的"研究程序与叙述方式①,是体现生态哲学立场,建立在"整体论世界观或生态世界观范式基础上的方法"②。具体而言,"马克思主义处理人与自然关系的方法论是人对自然有所作为和有所不为的统一"③,其将人与自然的关系同人与人、人与社会的关系结合起来进考量,形成符合生态系统演化规律与人类社会发展规律的生态法律制度体系,并对传统的法学方法论进行补充,指引人们认识世界和改造世界,推动人与自然的和谐发展。

法学研究方法生态化在最具基础性的层面构成生态利益法律确认的重要前提;法学研究方法生态化即是"运用生态学的系统论、整体论、协调发展的理念","指导法学领域具体研究方法,在原有理论基础上将人与自然协调发展规律运用于其中"。从更深层次上看,法学研究方法的生态化与法律的生态化紧密相连,其不仅要求对于传统法律立场进行改革和整合,而且将法律生态化的要求贯穿到方法论发展的全过程,在推动法律生态化的过程中,也实现法学方法论的生态化发展。同时,还必须对传统法律论域作出超越,以环境时代的生态法治建设为导向,进行法学方法论生态化创新。从法学方法论发展的历史层面看,"传统法学方法论的认识论基础为主客二分理论","将物质世界分为人类社会和自然界",一个是主体,另一个是客体;在这种方法论的引导下,人们为了眼前利益,"放任毫无节制地对自然界的索取"。因此,法学方法论的生态化成为解决人与自然之间矛盾的重要契机,"在法学方法论上引入生态学的系统论、整体论与协调发展的理念",成为破解环境危机困境的必由之路。④

法学研究方法生态化的核心在于研究视角的转变,即将人与自然视为生态系统的组成部分而非相互对立的两极;从人与自然这一生命共同体出发,探讨法律对生态利益进行有效维护的方法。而对法学方法论生态化的思考,需

① 胡玉鸿:《关于法学方法论的几个基本问题》,《华东政法学院学报》2000年第5期。
② 蔡守秋:《法学方法论生态之要旨》,《东南学术》2005年第5期。
③ 孙道进:《马克思主义环境哲学研究》,人民出版社2008年版,第122—125页。
④ 陈泉生等:《科学发展观与法律发展:法学方法论的生态化》,法律出版社2008年版,第21、45、53、56页。

要通过生态法益论的分析，并与本体论、认识论的思考关联起来，呈现从方法论反思到生态法益研究的理性综合考察，分析以何种逻辑形式来确立什么为生态法益理念承载的方法论形态。而生态化的调整路径与方法的"重要表现和典型代表是生态系统方法"，尤其是环境资源生态法制建设中的综合生态系统管理方法；这一管理方法，为自然生态环境与自然资源的统一管理提供了重要的战略办法，从综合对待生态系统保护框架下的社会、经济、自然（包括环境、资源和生物等）发展需求出发，"综合运用行政的、市场的和社会的调整机制"，解决生态系统退化问题，推动人与自然的和谐共处。① 这一方法论的转型在具体的生态立法实践（如《加拿大环境法》）中得到了充分的体现②；国家生态法治发展不仅关注了生态系统独特的价值内容，而且高度重视生态系统方法的独特性。

需要说明的是，法学研究方法的生态化，并不是要打破以人与人之间的关系调整为内容的法律关系框架，而是探讨经由调整人与人之间的关系实现对人与自然之间关系的调适的方法。事实上，由于自然无法作为自由表达意志的主体参与到协商进程中来，因此它并不是适格的权利主体；与此同时，社会与自然进程亦不能够等同。因此，环境民主等程序的推进仍然是以人与人之间的交流和沟通为特征的，但在这一协商性共识达成的过程中，亦引入了生态独立价值保护的内容，从而使人的行为更加符合自然生态与自然资源保护的合理预期，并达到人与自然之间的和谐发展。

第三节　生态利益法律确认的逻辑进路：生态法范式转换

生态文明建设不仅关涉环境治理理论与实践创新，而且涉及经济发展方式、生活方式、价值导向的转型，在范式转换层面呈现突出的特征。党的十八大明确将生态文明建设列入"五位一体"总体布局，指出要"把生态文明建设

---

① 蔡守秋：《生态文明建设的法律和制度》，中国法制出版社 2017 年版，第 149 页。

② Ralf Buckley，"Current Issues in Canadian Environmental Law"，*Environmental and Planning Law Journal*，1992，9，p.149.

放在突出地位",并且将生态文明理念贯彻落实到经济、政治、文化、社会建设的各个方面,"实现中华民族永续发展"。① 从来源上看,范式是托马斯·库恩提出的基础性研究范畴,并形成了观念范式(metaphysical paradigms)、规则范式(sociological paradigms)、操作范式(artifact paradigms)的类型划分。② 在具体的逻辑进路层面,生态法范式转换构成了新兴法益确立和保护的逻辑路径。

一、从中心主义到共同体视域的新兴法益逻辑转换

人与自然之间的相互依存关系并不是机械的,而是具有能动性、互动性和协调性特征。在这一前提下,新兴法益与生态法范式转换首先要完成从机械的中心主义论到辩证的共同体视域的转变。在传统的研究范式下,人类价值是唯一的保护目标,但生态共同体是一个完整的系统,不论是人类还是非人类存在物均有其独特的价值,任何一个物种的消失均会对生态平衡产生影响,因此人类与非人类存在物的和谐共存具有十分重要的意义,其构成了生态环境系统的整体和谐发展的基本前提。与此同时,人类的生存与发展有赖于生态环境的支持,也与非人类存在物息息相关;生态系统中的每一个存在物均有其自身的独立价值,并通过相互依存、相互促进共存共生。这就要求从人与人、人与自然、人与社会协调共生出发,推动生态共同体的良性发展。

首先,人类中心主义(anthropocentric)是机械论世界观的表现形式,以墨迪、帕斯莫尔为代表,学者将人类视为"唯一的伦理主体和道德代理人",将其他存在物视为客体,具有突出的工具理性色彩③;其以环境对于人类的工具性价值为出发点展开保护活动,被视为浅层生态学的重要表现。从生态伦理学的角度看,人类中心主义将人类利益作为一切理论和实践的核心,认为人类的发展建立在最大限度地控制、利用自然的基础上,从而导致了人与自然之间剧烈地矛盾和冲突,导致了环境污染与生态破坏的后果,忽视了人对环境的依存关系。洛克指出,"土地和其中的一切,都是给人们用来维持他们的生存和舒

---

① 王玉庆:《把生态文明融入四个建设》,《人民日报》2013年7月19日,第7版。

② [美]库恩:《科学革命的结构》,李宝恒等译,上海科学技术出版社1980年版,第36、99—103页。

③ 曹明德:《生态法原理》,人民出版社2002年版,第2页。

适生活的",自然所供应的一切物品,以对于人类的有用性而具有相应的内在价值。① 这种机械世界观无疑具有片面性。

其次,非人类中心主义是对人类中心主义进行反思的结果,以辛格、施伟泽、罗尔斯顿、雷根、莱奥波德的主张为代表,形成了动物权利、生物中心主义(深层生态学)、生命平等与生态中心主义等主张。但生态中心主义与生态整体利益主张存在差异,生态中心主义以生态价值的实现为核心,反对唯人类利益至上,凸显平等性,却忽略了人的主观能动性与特殊性,这种特殊性是在自然界物竞天择规律的作用下形成且自然存在的客观事实,充分发挥人的主观能动性对于实现人类发展与生态保护的有机协调具有重要意义。事实上,生态中心论在脱离了人类中心主义的困境之后,又走向了另外一个极端,以人类对于非人类存在物的绝对道德义务为核心,将人与自然置于相互对峙的地位。可以说,中心主义的视域在一定程度上违反了客观的自然规律及人类社会运行规律;以中心主义为指导,人类陷入凌驾于自然,或是被动地顺从自然的非此即彼的逻辑当中,这与唯物辩证法的思想并不相符。

再次,共同体视域不同于人类中心主义、生态中心主义、生命中心主义;生命共同体主张以系统观与整体观及人与自然平衡为基础。从更为根本的层面看,生态系统是由人类和非人类存在物构成的完整整体,其中既包括生物体,也包括非生物体,在不同物质之间的能量循环与物质交换过程中,生态平衡得到有效的维护,从而为生态系统中的不同物种提供良好的生存空间。因此,共同体视域在承认非人类存在物的独立价值的同时,强调生态利益的实现需要建立在人与自然和谐的基础上,从生态系统的整体利益维护出发开展人类与非人类存在物的保护。在此基础上,相应的评价体系与评价标准亦不再以主体与客体二分法为基础,也不以人类中心主义、生命中心主义或生态中心主义为视域,而是在强调整体性基础上生态共同体的整体和谐与整体利益的实现。

最后,从中心主义向共同体视域的转变为新兴法益的实现奠定了基础。由于经济利益追求造成自然生态破坏,使得环保主义、激进环保主义、后环保主义(倡导以创新代替节约路径)对"主客二分"观念进行了否定,将客观实在

---

①　[英]洛克:《政府论》下篇,叶启芳等译,商务印书馆 1964 年版,第 18 页。

的自然界纳入新兴法益的考量范围,避免机械论的弊端,在一定的社会发展阶段上形成生命共同体的文化整体;这种具体的、历史的、完整的统一体①,在将人与自然相联系的哲学逻辑层面,克服中心主义及主体与客体之分离的悖谬,推动法学方法论的生态化,将法益理论放在人与自然共同体的视域展开论证。但需要说明的是,这里的论述与康德在《判断力批判:美学共同体》的共同体主张存在着本质的差异,后者是从身份认同视角"通过判断的共识性的同意,或通过一致的行动","寻找着个体从共同的困难中解救出来的办法",其依赖于事物之间的相同性和最低限度的多样性②;而前者则是从生态共同体的视角出发,强调对于生态系统多样性、生态价值的维护和对于生态法益的全面保护。

二、从二元论到整体论的新兴法益逻辑转型

新兴法益逻辑转型不仅是方法论层面的转变,而且意味着治理理念、内在价值、技术选择的转型。在新兴法益框架下,生态文明范式主要由技术范式与理论范式两个方面组成。在新时代生态文明建设的背景下,这两个方面的范式转型以二元论到整体论的转变为核心。生态文明范式从历史与逻辑相统一的角度,彰显生态价值的独特性,以及法学范式生态化转型的特殊作用;其以新时代中国特色社会主义生态文明建设为指引,以实现生态文明时代的理论范式转型为使命,找准人与自然生命共同体的法理定位与理论基础,为健全和完善生态法律体系,推动中国生态文明建设,以及中国生态文明理论范式与技术范式国际辨识度的提升提供智力支持。③

从历史层面看,主客体二元对立的思维方式是一定历史阶段的产物;在这一阶段,"人与自然的分化与分立"成为主要的思维方式,社会发展以战胜自然、利用自然资源为核心脉络。因此不能够实现"人与自然的融合与平衡",无法以和谐统一的基本立场处理人与环境、生态的关系。"如果我们对人与自然的关系进行历史的考察,就可以看出,人与自然的关系是一个动态发展的

---

① 蔡俊生等:《文化论》,人民出版社2003年版,第100页。
② [英]鲍曼:《共同体》,欧阳景根译,江苏人民出版社2003年版,第79、179页。
③ 邓永芳等:《环境法治与伦理的生态化转型》,中国社会科学出版社2015年版,第2页。

历史过程,在不同的历史时期,呈现出不同的面貌。"在远古时代,人们对"天"的崇拜和畏惧,把自然力量的神秘化;在农业社会,"农业生产的季节性特征,是与自然界的变化节律是一致的","人类生产活动和社会活动都要受到自然力量的统治";近代工业文明的出现和科学技术的进步,"打破了人类生产、生活的变化节律与自然界的变化节律的平衡性"[①],也强化了人与自然之间的对立和冲突,在这一发展逻辑下,二元论逻辑得到确立和巩固。

从学理层面看,二元论是机械论世界观的基础,以笛卡尔为代表;其实质是否定人类对于自然的依存关系,强调自然的工具属性与人类战胜并主宰自然的地位和状态,从而被"用来为征服自然和统治自然辩护"。[②] 从理性主义(理性至上)、经验主义哲学到现代主义的认知路径发展,呈现出了主体与客体对立的特征。正如有学者所论,一方面,主体与客体二元对立间存在的缺陷引发了诸多负面效应,于理论层面,出现了割裂人与自然依存关系的现象,成为生态环境破坏的根源,更于现实层面导致经济与环境之间的矛盾和冲突;另一方面,客观自然规律与人类社会发展规律之间的衔接与沟通的缺失,亦成为人类深入认知自然与社会、自然规律与社会规律的障碍的所在,这种割裂甚至会导致认识本身的谬误。

以二元论为基础,传统法律以主体和客体二分为逻辑出发点,强调主体的权利保护及其对客体的支配性。对于这一悖谬的反思,直接导致了将动物及其他环境要素纳入法律主体范围主张的出现,认为只有通过客体的主体化,才能够实现对生态环境的有效保护。[③] 这一主张实际上是在形式层面解决已有环境问题,但没有抓住问题的根源,更没有在基础逻辑与基本价值理念层面实现更新与发展。在现有的法治发展阶段,如果将非人类存在物纳入法律主体范围,那么包括食用在内的一切的利用皆属违法;这在一定程度上存在巨大的逻辑悖谬,亦不符合自然生态运行的基本规律。而以二元论到整体论的转变为逻辑出发点,推动人类与非人类存在物的和谐共存与可持续发展具备理论

---

① 杨权利等:《马克思主义哲学专题研究》,厦门大学出版社 2016 年版,第 127、136 页。
② [美]麦茜特:《自然之死》,吴国盛等译,吉林人民出版社 1999 年版,第 235—236 页。
③ 江山:《法律革命:从传统到超现代——兼谈环境资源法的法理问题》,《比较法研究》2000 年第 1 期。

与实践上的合理性。

从二元论向整体论的转变，一方面，意味着对于生态独立价值的承认，也即自然生态与自然资源有其独立的存在价值，避免落入不是主体即是客体的非此即彼逻辑当中，以自然的价值秩序为出发点，缺少了生物、非生物等任何一个要素，生态系统的平衡都会受到干扰；另一方面，这一转变确立了评价行为的正当性与合法性的基本进路，及从人与自然生命共同体与生态整体利益视角看，法律不应当从绝对的人类自由或经济发展利益出发进行评价、强制和预测，而应将生态系统中的诸要素视为一个整体，从共同体的存续和发展出发作出行为评价。

三、从代内公平到代际正义的新兴法益逻辑转向

新兴法益论域的公平正义，在一定程度上突破了传统的视域；其中最典型的表现即是生态法益从代内公平向代际正义的拓展，即不仅考虑到同代人之间在环境资源的分配利用上的横向公平性，而且保障历代人之间在有限的自然资源的限制下的纵向公平性，在满足当代人生存与发展的同时，约束自身的行为，以避免对后代人的利益造成损害，赋予"后代以公平利用自然资源的权利"。从新兴法益逻辑转向视角看，生态法范式的特殊性成为论证生态法律制度独立性的重要基础，学科独立性论证即是从研究对象与研究方法的特殊性展开的。生态法学以生态法研究范式为主要方法，将当代人与后代人的共同利益纳入法益考量的范围，为从系统观层面推进生态法益保护奠定了重要基础。①

在方法论层面，代际公平拓展了原有的法益分析方法，以更为广阔的视域推动生态法律理论与新兴法益保护实践的发展。罗尔斯提出的"节约原则"与威森伯格的"节制原则"主张，通过限制当代人过度的资源开发利用行为，推动代内与代际主体之间生态利益的公正分配。罗尔斯在《正义论》中指出，"正义是社会制度的首要价值"②，维持真正的正义需要遵循两个原则，"第一

---

① 李爱年等：《法治保障生态化 从单一到多维》，湖南师范大学出版社 2015 年版，第77 页。

② ［美］约翰·罗尔斯：《正义论》，何包钢等译，中国社会出版社 1999 年版，第 17 页。

原则是平等且自由的原则,第二原则是等级差别原则",从解决"社会的和经济的不平等"问题出发,使社会成员获得最大的利益①。其中,差别原则能否在代际正义探讨中适用,则存在两种截然不同的观点:一是主张当代人与后代人之间"没有互惠的利益交换",也"不发生补偿的问题",因此,差别原则不能在代际正义探讨中适用;二是以储蓄原则为指导,认为"代际正义的问题,即前代人如何为后代人储蓄的问题",致力于"找到一个不计时间地同意一种在一个社会的全部历史过程中公正地对待所有世代的方式"②,认为"正义的储备原则是与社会最低受惠值有着内在关系"。在此基础上,罗尔斯进一步区分了功利主义与差别原则下的代际关系维护的差异,指出"从功利主义原则提出的储备原则仅仅看到更大的储备有利于将来世代,将在未来世代产生更大效率但因此而更多地牺牲了当代人的利益","这种使一些人的所失与另一些人的所得相平衡的利益计算,在代际之间看来更难得到辩护"。需要注意的是,上述两种观点均忽视了罗尔斯的正义论是从代际正义的经济维度出发进行原则性设定,而生态领域的代际正义则是以"消耗"行为规制,而非"储蓄"范畴为出发点的。③

从根本上看,生态法益论域的公平正义观念源于人类对自身与自然关系的反思。④ 包括代内正义与代际正义在内的生态正义的实现,以系统论、整体论为基础,"对人与自然之间公平、公正的关系作出解读和适用,其内容涵盖人际内部、种际之间"的关系,从而在方法论生态化层面上确立了基本的规范路径。从历史发展角度看,关于生态正义的理论反思,产生于20世纪80年代的美国;这一时期北卡罗来纳州出现了环境正义运动,以防止在非裔美国人社区附近建造污染物填埋场为主要诉求,直接导致此后美国国家环境保护局确立不论种族、收入等差异的全民环境法治参与原则;生态正义成为容纳"人群中环境分配的正义"、当代人与后代人之间的环境利益分配正义、"人类与自

① ［日］小川仁志:《完全解读哲学名著事典》,唐丽敏译,华中科技大学出版社2016年版,第133—134页。
② 尹松波:《理性与正义:罗尔斯正义论管窥》,电子科技大学出版社2014年版,第93页。
③ 龚群:《罗尔斯政治哲学》,商务印书馆2006年版,第190—192页。
④ 廖小明:《生态正义:基于马克思恩格斯生态思想的研究》,人民出版社2016年版,第30页。

然界关系的正义"等内容的范畴,从而为良好的生态秩序的维系奠定公平、公正的基础,以确保人与人、人与社会、人与自然之间关系的和谐。① 生态正义理论逐渐由群体保护转向了自然生态保护。②

　　根据马克思主义的基本观点,公平正义的实现以社会关系为基础;在此基础上,代际之间的经济关系与环境关系,成为生态正义思考所面临的重要问题。其中,在代际之间的经济关系领域,以现代工业生产力为基础,追求经济利益的活动,不可避免地对自然生态与自然资源产生影响,而由自然资源的不可再生性决定,当代人追求经济利益的行为需要受到规范和限制,在为后代人的生存与发展奠定良好的物质基础的同时,也为后代人的生态利益维护提供保障;在代际之间的环境关系领域,不论是当代人还是后代人,其生存与发展的基础都是地球生态系统,当代人对于自然资源的开发利用会导致后代人失去对特定区域资源的利用可能,因此,生态法益保护需要将维护后代人的生存环境纳入考量范围,通过推动可持续发展,平衡代内公平与代际正义。与此同时,"代际正义是把一整代人看作是一个单位,把不同的世代看作是不同的单位",这就出现了与传统法益论域的主体间性的差异,呈现出新兴法益特征。③

---

　　① 秘明杰:《环境正义视角下的环境权利及其法律实现》,中国政法大学出版社 2018 年版,第 15—16、18、26 页。
　　② 刘卫先:《美国环境正义理论的发展历程、目标演进及其困境》,《国外社会科学》2017 年第 3 期。
　　③ 龚群:《罗尔斯政治哲学》,商务印书馆 2006 年版,第 190 页。

第四章　生态法益的法理分析:新兴法益对传统法益的内容拓展与功能延伸

　　生态法益的法理分析反映了新兴法益对传统法益的超越与拓展。法益是法律承认与保护的利益①,其源于国家对于特定价值与秩序进行法律保护的要求。作为应对新兴风险的产物,新兴法益在内容、属性、功能方面实现了对于传统法益的延伸和扩展,并形成了其独特的法益价值论断。生态法益即是在这一背景下,对人与自然共同体中的生态价值进行法律确认而形成的特定保护状态。关于生态法益的最大争论在于主体范围是否应扩展至非人类存在物,持赞成态度的学者提出了动物权利论、大自然的权利等观点,持反对态度的学者则强调法律关系是人与人之间的关系,人与自然之间的关系需要通过人与人之间的关系来调整。笔者赞成否定说,在现有的法治发展阶段,人与自然之间关系需要通过调整人与人的关系来实现。正是从这个意义上,学者指出人与自然之间的关系不管有多么重要,"但它总是人与物之间的关系",而无法变成人与人之间的法律关系。② 而在生态法益保护领域,从个人权本位、社会权本位、发展权本位转变的过程,亦是通过国家对环境义务、社会环境责任的履行,实现对人与自然关系的调整,体现主客观条件相统一。③

　　在联系方面,新兴法益保护的实现与传统法益一样,以立法、执法、司法为路径,并面临可操作性与可行性的现实要求,其内在逻辑的展开以人类行为(如意思表示)为脉络,维护与人类生存息息相关的生存利益;而从联系的角

---

　　①　[德]李斯特:《德国刑法教科书》,徐久生译,法律出版社 2000 年版,第3—6页。
　　②　王灿发主编:《环境法教程》,中国政法大学出版社 1997 年版,第18—22页。
　　③　吕世伦等:《权利义务关系考察》,《法制与社会发展》2002 年第 3 期。

度看,人类生存利益与生态独立价值保护并不相互矛盾,前者反而是生态系统保护的重要组成部分。以之为前提,生态法益的主体以个人、国家、社会为边界,自然界(包括人类之外的动物与非生物)因其并不能够做出法律上的意思表示行为,并且无法承担法律上的责任,故而不具有被纳入法益主体范围的现实可行性。正因为如此,现有法律制度将自然事实(如自然灾害)作为不可抗力免责事由。在此基础上,本章沿着唯物辩证法的基本逻辑来分析生态法益的内容、属性与功能状态。

第一节　生态法益的基础内容

生态法益的确立是新兴法益理论与实践发展的成果,是社会发展到一定阶段的产物。在这一发展过程中,生产方式决定着主体对于所生活世界的认知,而社会生产与共同劳动将人们联结成为稳固的整体。在原始自然生产中,个人的生产行为限于使用自然界现成的东西;在自然经济发展阶段,人的生存和发展仍以自然条件(如土地)为依托,呈现出劳动本身与劳动的物质前提的天然统一。这种状况随着商品经济的出现而发生改变,工业革命极大地提高了人类利用和改造自然的能力,自然不再是自为的力量,而是附属于物质生产的全面变革,土地亦变成纯粹依存于社会集体性关系的间接生存源泉,以市场交换为基础,完成了生产方式的根本变革;在这一背景下,社会历史的进程将人从自然的源泉中分离出来,社会成员间的普遍联系、相互依存与平等协作成为社会化大生产发展的重要基础,以人类战胜自然为核心推动经济社会的发展进步。随着发展的推进,这种模式的弊端逐渐显现,生态利益及其独立价值日益受到人们的重视;相应地,作为调整社会关系、维系社会秩序的社会规则,法律对于生态利益的确认和保障成为世界各国立法的趋势,以生态法益的确立为基础,自然生态利益与自然资源保护成为经济社会发展的基本目标。

一、生态整体利益的法律确认

新兴法益与传统法域所立基的利益属性不同。在新兴法益论域,整体性的生态利益维护是生态法律体系建设的关键所在,而传统法域归属与调整机制导致"权利主体个体化和义务内容碎片化"现象的出现;与此同时,"内部融通与有限改良已无法应对生态法治的这种系统性危机",只有从生态整体主义的角度出发推动整体性生态利益法域归属的重置,以生态优先原则为基础,为整体性的生态利益保护提供良好的法治环境,形成生态整体利益法律确认的坚实保障,才能够避免生态失衡状况的出现。从根本上看,生态文明及其法治发展的载体是生态系统统一整体;这一整体由无机环境、生物群落等诸多要素构成,并在不同生态要素之间展开能量流动、物质循环。因此,对生态系统内部任何要素的损害,都会影响到生态系统的整体性平衡。① 根据《环境保护法》第 2 条的规定,法律保护的环境包括了人化自然与天然自然两个方面,其涵盖了大气、土地、海洋、草原、森林、湿地等各种环境要素只要是对人类生存和发展产生影响的各种环境因素都应当被纳入法律保护范围。② 从生态整体利益的角度看,人类是生态系统的组成部分,应当从系统观的角度出发,推动整体的自然生态与自然资源的保护和发展,实现人与自然生命共同体的和谐共生。

在新兴法益框架下,生态整体利益与传统利益范畴既相互区别,又相互联系。一是传统利益强调满足人类对于外界环境的需求,其将人类与非人类存在物对立起来,视为相互冲突、此消彼长的两极;这种利益需求最早出现于原始的自然状态,以自然需求为核心,其后随着生产力水平的不断提升而不断扩大,呈现出社会化的趋势。二是传统利益范畴以客体对主体需要的满足为主要内容,强调客体对主体的有用性和有益性,以及利益的社会形式与社会关系为基础,并以一般社会主体的认识为正当性来源;其内容既包括精神利益,也包括物质利益,既包括个人利益,也包括超个人利益,并主张超个人利益最终须还原为个人利益而产生实际意义。而从生态整体利益的视角看,人类与非人类存在物处于相互联系、相互依存的关系当中,对于非人类存在物(包括人以外的其他动物及自然资源、自然生态)的损害最终必然导致对人类生存与发展的危害。与此同时,生态整体利益与传统利益范畴在基本属性层面仍是

---

① 邓海峰:《生态整体主义视域中的法治问题》,法律出版社 2015 年版,第 5—9、11 页。

② 《中华人民共和国环境保护法》,中国人大网,见 http://www.npc.gov.cn/wxzl/gongbao/1989-12/26/content_1481137.htm,最后访问时间 2017 年 9 月 20 日。

一致的,也即在利益的表达、维护、救济及对侵害利益行为的制裁与惩戒方面遵循着共有的规律。因此,在生态整体利益的法律确认方面,由于非人类存在物并不能够表达其对于外界的利益需求,甚至不能够对其利益需求作出明确的法律识别与判定,无法将非人类存在物纳入法律主体的范围之内;法律规制的行为局限于人类行为的范围,非人类存在物的存在价值保护,需要通过法律对人与人之间关系的调整来实现。在这一方面,新兴法益与传统法益保护遵循着相同的路径。

生态整体利益的法律确认奠定了生态法益分析的基础。由此,生态法益分析围绕生态法律部门所关注的核心利益展开,通过法律制度设计实现利益平衡、利益保护的目的;生态法律部门正是在平衡、协调"生态利益与其他利益的冲突、矛盾纠纷和价值对立"当中逐步发展和完善的。生态利益维护是生态法律产生的根源,生态利益维护既是生态法律部门产生的原因,也是其根本的使命和价值目标。基于此,有观点认为生态利益是"环境资源与生态系统服务功能为客体的各种经济性利益和生态性利益的总和",这种生态性利益是"为了满足人的基本生存和发展需要、安全和良好的环境需要"而形成的,并且在此基础上,提出生态利益属于环境利益的组成部分,"生态利益与资源利益的冲突是当代环境问题产生的利益根源",生态法治建设的主要任务即在于对生态利益与资源利益进行平衡,强调要综合环境利益的经济属性与生态属性,保护"第一性的以保障生态安全为需求的生态宜居利益,以及第二性以追求良好优美环境为需求的生态精神利益"。① 这一主张存在两个方面的问题:一是从环境与生态的关系角度看,环境范畴强调人与外部空间和条件之间的关系,而生态则是从整体的视角将人类与非人类存在物视为生态系统的必要组成部分,因此相对于生态利益而言,环境利益是属概念;二是第一性与第二性的法理界定问题,第一性的权利是指主体所享有的利益内容,而第二性的权利是由于第一性权利受到干扰、侵犯或破坏而产生的请求权,从这个意义上讲,生态利益本身应当属于第一性的权益范畴。

---

① 史玉成:《环境法的法权结构理论》,商务印书馆 2018 年版,第 52、61、66、77、93、95 页。

二、生态安全与生态平衡的法律保护

生态系统是生物群落与生态环境之间物质循环的完整体系,处于这一统一整体之中的生物与非生物要素处于相互依存、相互联系的动态平衡之中。一旦生态系统所受到的干扰、侵犯或破坏达到了一定程度,即会出现生态失衡,危及生态安全,危害生态系统中的生物的生存与发展。从这个意义上讲,生态法益的核心内容与基础性要件即是生态安全与生态平衡;离开了对于生态安全的保障与生态平衡的维护,生态系统的可持续发展将无从谈起。学者亦将生态安全法益保护视为协调人与自然关系的关键因素,并将其内容细化为生物安全、生态系统安全与生态环境安全。①

在应对生态危机的探索中,对于如何充分发挥法律的作用的思考,促成了生态法益范畴的形成和发展。根据以上分析,生态法益实现的核心内容即是生态安全的维护及生态平衡的恢复,这两个方面对于生态独立价值的确认和巩固而言,具有基础性和关键性的作用。生态安全与生态平衡的法律维护的核心在于,以"科学合理利用生态要素,保护生态平衡和生态安全"为核心价值目标,建立和完善生态法律制度体系。其中,生态平衡的法律维护以生态系统处于平衡关系与稳定的良性状态为核心,生态安全的法律维护以生态危险尚未突破生态系统的生态阈值极限为前提;对生态平衡和生态安全进行法律维护,是"依据生态风险阈值和生态健康标准对生态系统的完整性、稳定性、平衡性、不良性风险"进行法律规制的过程,以防范该风险突破生态阈值(自然生态系统对人口、社会、经济的生态容载力)造成生态损害。而这一价值目标的实现是通过生态法对生态相邻关系的调整实现的,生态相邻关系与传统的民事相邻关系并不相同,其在一定程度上突破了"传统的相邻关系以不动产为媒介的二维相邻界限",并且,将大气、水、通风、日照等以生态要素为媒介的三维相邻关系纳入法律调整的范围,这种生态要素媒介基于地理的整体性、环境的生物性、生态的连锁性而形成,不仅包括不动产媒介,而且包括生态物与生态空间等关系媒介,不仅关涉当下相邻不动产所有权人或使用权人的

---

① 邓国良等:《生态犯罪的惩治与预防》,法律出版社 2015 年版,第 78—79 页。

利益,而且影响到"生态媒介所及的所有当代或未来全部权利主体"。① 以之为基础,在对个人、社会、国家的生态利益进行保护的同时,要关注"自然环境免受人为和自然因素造成的威胁"②,有效应对传统安全与非传统安全问题,促进生态平衡的恢复和保持。在这一方面,我国在第三十五个世界环境日提出"生态安全与环境友好型社会"的主题,将保障生态利益作为首要任务,以整体的视角推动生态安全与生态平衡的法律维护,对不同领域、不同区域、不同个体、不同群体的生态利益进行有针对性的法律制度设计。可以说,生态安全与生态平衡是生态法益及相关制度设计的关键目标。

三、人与自然和谐的法律保障

生态法益是生态法律规范在调整人与自然之间关系的过程中逐步确立下来的,但其调整的具体方式则是经由对于人与人关系的调整来实现的,在法律主体权利与义务的界分基础上,促进人与自然关系的和谐发展。在理想的生态社会状态下,法律生态化为人与自然之间关系的协调提供保障,同时人与人之间的和谐关系同人与自然之间的和谐状态相辅相成、相互促进。而在资源消耗和环境恶化的背景下,人与自然之间的关系则处于紧张与对峙的状态,人类从经济利益出发最大限度地对生态系统进行利用,致力于解决地球的有限性与发展的无限性的矛盾,从而导致生态被污染、环境被破坏,产生全球性的生态危机,甚至直接威胁人类社会的存续和发展。至20世纪,以应对生态危机为核心的生态主义伦理观逐步形成与确立。生态主义是人类"重新思考并审视人与自然关系的成果",也是对人与自然之间的关系进行法律调整的重要立足点;生态主义的核心是促进人与自然的和谐发展,其要求国家法律制度设计符合绿色化、生态化的发展趋势,在立法、执法、司法的过程中,必须考虑和体现生态环境保护的需要,在生命共同体内形成和谐共生、平等互惠的协调关系。在这一过程中,生态系统所固有的内在价值与人类基本生存利益是一致的,维护生态系统本身即是在捍卫人类的生存利益,并且,这一生存利益内

---

① 陈文:《21世纪生态保护立法趋向研究》,黑龙江大学出版社2015年版,第70—71页。
② 姜振军:《俄罗斯非传统安全问题研究》,黑龙江大学出版社2016年版,第177页。

容涵盖了当代人与后代人的利益维护。而由于生态法益侵害具有累积性、潜在性、长期性特征,因此生态法益保护必须预防为先,有效防范、减少、避免不可逆转的生态损害的发生,使人与自然关系调整的重点从事后恢复治理向事前预防性保护转变,从源头上防止生态危害的发生。①

人与自然和谐的法律保障是生态利益法律确认的最终依托。其建立在生态学的均衡范式基础上,改变最初的环境法发展以保护和增强人类利益不断扩张为核心的状态。从总体上看,在人与自然和谐的法律保障过程中,生态法益的实现需要满足以下三个条件:一是生态道德和生态立法的基础在于生态系统的独立价值,这一价值独立于人类社会而存在,而随着工业革命的发展,在征服自然的导向下,生态系统的价值成为人类社会理性实践的附属品,“人类凭借着工业化所锻造的力量”,创造了大量财富,也严重地破坏了生态环境,并给人类带来了诸多灾难,以反思工业文明所带来的人类与自然冲突问题为路径,确立保护“生物群落共同体的整体性、稳定性”的基本行为准则,成为生态规范的重要内容;二是人与自然法律调整的重要准则是维护可持续发展,强调尊重自然运行的规律去推动人类社会的发展,联合国在其千年宣言中即申明了这一主张,强调人类社会的存续,必须尊重可持续发展的规律,尊重所有生物、自然生态与自然资源的独立价值,将人与自然和谐共生作为基础性的发展理念,以保护当代人与后代人的生态利益为前提,推进经济社会管理,以自然生态的承载能力为界限,规制人们的生产生活行为;三是坚持生态法的基本原则,即维护生态平等与正义,维护生态自然循环与生物多样性,保护人类的自然本质,处理好人类与自然的关系、生态条件相关的当代人与后代人的代际关系、不同群体与不同地域之间的关系。这成为人与自然关系的法律保护的集中体现。②

第二节 生态法益与传统法益

法益的实质是法律予以现实保护的对象和客体。法益的内容随着时代要

---

① 张霞:《生态犯罪研究》,山东人民出版社 2013 年版,第 58、61、63—64 页。
② 徐显明主编:《和谐社会构建与法治国家建设》,中国政法大学出版社 2006 年版,第 115—118 页。

求的变化不断丰富和完善,呈现传统法益向新兴法益进阶的趋势,可以预见会有更多的法益内容被纳入法律保护的对象范围中。传统法益立足国家安全与社会成员利益保障,强调对于人身、财产安全的公法及私法维护,但随着生态危机的出现及人与自然矛盾的激化,这一以人类中心主义为核心的传统法益内容表现出了较大的局限性,出现了生态法论域的法益论说。学者将生态利益与社会利益视为公共利益的内容;事实上,社会法与生态法的法益保护内容并不等同,前者强调对人类社会福利与幸福的促进,后者侧重环境与生态利益的维护和发展,从而奠定了新兴法益拓展的基础。

一、生态法益拓展了传统法益的外延

生态法益将传统法益的外延从人类中心主义的价值追求拓展到了生态独立价值。以之为导向,法律客体的范围由人身与财产权利保护扩展到生态法益维护;在具体的部门法发展中,民法典绿色化及侵权责任立法趋势,亦体现了对资源节约与环境保护价值的法律确认,对于污染环境的行为进行法律干预。

从内容上看,传统法益指受到法律保护的人的生活利益;在这一框架下,生态法律制度设计的根本目的不是保护生态利益本身,而是对因生态污染导致的人身、财产权益侵害进行救济;而对于仅造成环境危害,并未对传统的人身、财产权益造成侵害的行为则无法进行干预。这一法律制度设计在调整人与自然的关系方面表现出极大的局限性。在这一层面,传统法学以人类的利益为根本出发点,强调人的尊严与权益保障;传统法律框架下的公平正义适用于代内人之间关系的调整,法律所保护的利益主体是个人、社会、国家。而生态法律制度设计则致力于实现从保护人的利益到保护生态的利益的转变,推进利益观与法益观的转型,形成了具有特殊属性的生态价值观;在这一背景下,各国立法正在推进从保护传统法益到保护新兴法益与生态利益的发展,"清洁的环境已变得和健康、财产利益一样重要"。①

不同于传统法益论的人身、财产利益内容,生态法益的内容扩展到了作为

---

① 蒋兰香:《环境犯罪基本理论研究》,知识产权出版社 2008 年版,第 39—40 页。

人的利益实现基础的生态环境保护,并且在个体法益与组织体法益层面,实现了传统法益的生态化转型。生态法益保护的个体维度与组织体维度均属于生态整体利益的组成部分,二者相互联系、密不可分,对于个体法益的侵害会给组织体法益的实现带来阻碍,对于组织体法益的侵害则会间接导致个体法益的损害。与此同时,个体法益与组织法益又不完全相同,从不同主体的视角看,生态法益的来源与实现的侧重点是不同的,个人法益源于自然人的需求,组织体法益则源于组织利益。相应地,二者在传统法益向新兴法益的转型中表现出不同的特征。

在个体法益层面,传统法益以人身利益与财产利益为核心;其中,人身利益具有不可转让的专属性,财产利益则以产权制度为基础完成其利益归属。在生态法益框架下,法益的外延不再局限于人类所享有的具有社会属性、个人性及直观性的人身保护与财产保障,而是扩展到了人类社会以外的具有自然属性、公益性并且往往容易为人们所忽视的环境要素保护。

在组织体法益层面,传统法益以财产利益为核心;在传统法益框架下,营利性组织与非营利性组织的财产利益均须通过积极作为实现,并且,这种通过积极的行为来实现财产正向增长的状况,明确地将财产利益归属于特定的组织体,该组织体对由此取得的财产利益享有排他性的所有权。而在生态法益论框架下,生态价值的保障实际上以防范干扰与破坏为核心,具有消极行为特征。组织体的生态利益既包括资源循环利用与发展生态经济所带来的经济效益与生态效益的统一,也包括节约能源、减少污染物排放所享有的环境政策性利益,以及免于遭受处罚与降低污染物处理对价支付等方面;在组织体受益的同时,人类及非人类存在物均会由此而受益。而在这一方面,公益性环保组织的生态利益更呈现出突出的公共属性,其所展开的环保活动、公益诉讼,并不是以自己组织的受益为目的,而是以生态法益的实现为追求;在更广泛的层面看,组织体生态利益的实现是国家的生态安全与生态发展的基本内容。

更进一步分析,生态法益仅将人类环境利益作为其中一个组成部分,此外还将部分生态环境利益纳入其考量范围。但生态法益与环境法益并不是完全相同的概念。从总体上看,环境法益侧重外在于人的环境利益保护,而生态法益则将人与自然视为一个系统的整体,强调生态整体利益的维护和发展。这一整体利益的确立经历了一个渐进发展的过程,在传统法益视野内,资源环境保护的根本目的在于人身与财产利益维护,自然环境未被视为独立的保护对象,如日本的《公害罪法》确立了"保护人体健康,防止公害"的立法目的;随着生态危机的爆发,自然生态的独立价值逐渐得到重视,"环境对于人类的价值,不仅限于财产价值,环境及其要素对于保持人类的基本生活条件、维持生态平衡、保证社会的长期稳定发展等具有不可替代的意义",因此"洁净的水和空气、优美的居住环境、稳定的生态系统、有保障的生态安全等"都成为人类社会法律制度设计的最基本的要求。"这种新的利益要求,在法律上体现为对享受良好环境的权利的保护",将空气、土壤、动物、植物等生态系统的组成要素作为独立的保护对象,强调作为载体的生态环境价值的维护和发展。而在生态文明与法治文明的进一步发展过程中,人们逐步从生态系统整体性的角度去看待人类与非人类存在物的共同内在价值,法益保护实现了人类利益与自然利益的统一,相应的违法性认定也扩展到了资源环境是否受到侵害的范围,即便是没有造成人身财产利益损害的行为,亦有可能成为法律规制的对象;生态法益保护扩展至"个人以外的人群、其他生物或者生态环境",将人类的环境利益与外在环境本身的价值作为生态系统的整体利益加以维护。①

二、生态法益是与公法、私法、社会法所保护的法益内容相并列的新兴法益形态

传统"法益类型"所确立的法益形态,以国家法益、社会法益、个人法益为核心;从这一角度出发,生态法益很难归入其中的任何一个法益形态。与此同时,生态法益与"法益三分法"又呈现出相互融合的状态,在形式上,生态法益的实现不能脱离国家法益、社会法益、个人法益范畴;在内容上,生态法益实际上在生态安全、生态权益、生态正义三个层面与国家利益、社会利益、个人利益的实现紧密相连。

第一,在生态安全层面,生态法益保护成为国家安全与稳定的核心要义。

---

① 彭俊:《环境资源刑事立法研究》,武汉出版社 2009 年版,第88—90页。

在生态危机日益凸显的今天,生态法益的实现不仅关系到一个国家的稳定秩序及可持续发展,而且成为关涉世界范围内的安全与稳定的重要因素;生态法益保护的缺失不仅会在一国内部造成环境危害甚至引发激励的矛盾和冲突,而且会经由世界范围内的生态循环,产生全球性的辐射效应。

第二,在生态权益层面,生态法益保护成为个人利益保护的现实基础。生态法益的这一定位源于自然生态与自然资源在人类生存与发展中的基础性作用,体现在离开了生态法益这一基础,传统的人身权利与财产权利保护将失去实现的可能;而在实有权利层面,生态法益保护最终会惠及个体的生存和发展,以良好的生态环境承载的人的自由与全面发展,在生态法益保护的基础上为个人利益的实现提供支持。

第三,在生态正义层面,生态法益保护成为维护社会生态公平正义的重要路径。生态法益保护要求有效防止区域性或代际性的生态利益失衡与不公正现象的发生,以平等、公正的价值理念,维护代内公正与代际公平;而在社会权利与公共利益的保障方面,生态法益内在的公共性、平等性价值追求,成为其与社会法益紧密相连的重要基础,损害生态法益的行为对于公共利益的危害不可忽视。

基于生态环境广泛的涵摄性,生态法益保护目标的实现,需要在环境行政、环境民法、环境刑法等制度的支持下,与公法法益、私法法益、社会法法益保护进程相结合,形成全面推进生态环境保护的合力。但需注意的是,公法法益、私法法益、社会法法益范畴有其独特的发展进路,生态法益保护合力的形成要在把握不同法益特殊性的基础上加以推进。其中,公法法益以秩序维护为核心,以维护公共利益与限制公权力为路径;私法法益以权利保障为要义,"以私人利益为本位"。① 生态保护关涉到的是集体性、公共性的利益,而对于私法而言,解决环境问题"并不是也不应当是其主要任务"。因此,私法在生态法益保护中积极作用的发挥往往与环境公私益损害救济相联系。② 根据《学说汇纂》的记载,公法调整的是政治关系,其关乎国家稳定目的的实现;私

---

① 伊媛媛:《环境权利可诉性研究》,中国社会科学出版社 2016 年版,第 69 页。
② 赵悦等:《〈民法典·侵权责任编(草案)〉"一审稿"生态环境公益损害民事救济途径辨析》,《南京工业大学学报(社会科学版)》2019 年第 3 期。

法调整的是个体之间的关系，以个人利益保护为目的，确定法定条件和限度。① 而公法法益与私法法益之间的区分主要考虑两个方面的因素：一是主体因素，观察"主体是否为代表国家行使公权力的组织或个人"，如果法律关系主体当中没有公权力的行使主体，则属于私法法益的实现问题；二是法律目的因素，"旨在维护私人利益的法律属于私法"，如果公权力主体站在与私人同样的法律地位时（如政府采购行为），其相应的行为属于私法行为，受到私法规制。而取得国家的公权的团体"与国家为法主体时同样属于公法"。与公法法益和私法法益相区别，社会法法益以社会公正的实现为关键。从历史发展的角度看，在以私法法益为核心的近代法治发展过程中，个人本位的法律原理将个人自由置于至上地位，从而导致了社会矛盾的激化；在这一背景下，社会法从人类的团体结合出发，修正个体本位主张，出现了以"具体的、社会化的人"为基础的社会法益理论，强调个体应当"负有维护社会公共利益的法律义务并独立承担法律责任"。②

　　严格来说，生态法益类型并没有沿用"法益三分法"的生成逻辑，而是属于公法法益、私法法益、社会法法益外的新兴法益类型；关于现代的法益结构发展为"国家法益—个人法益—社会法益—生态法益"四元法益结构的主张并不准确。生态法益以生态保护及其独立价值维护为核心，一方面，如果沿用"法益三分法"逻辑，则生态法益与人身利益、财产利益内容相并列，这三个方面从法益内容角度形成了人的正当利益保护全部整体，这一主张显然不具有周延性，生态利益并不局限于人的利益，而是扩充到了生态独立价值的范围③；另一方面，生态法益是法律确认的利益，并且属于第四法域的范畴④，生态法与公法、私法、社会法相并列。因此，生态法益的类型归属需要在不同于传统"法益分类"的法律论域展开。生态法益建立在生态法的保障基础上，以刑事领域为例，"在刑法中确立生态法益的独立地位，正是要将刑法的保障性

---

①　[意]彭梵得：《罗马法教科书》，黄风译，中国政法大学出版社1996年版，第7—10页。

②　赵红梅：《私法与社会法》，中国政法大学出版社2009年版，第16—17、44—45、93、115页。

③　焦艳鹏：《生态文明视野下生态法益的刑事法律保护》，《法学评论》2013年第3期。

④　郑少华：《生态主义法哲学》，法律出版社2002年版，第27页。

拓展到生态法,全面体现刑法的保障功能",这是继"第二次法律革命发生后,刑法的保障性被拓展为对公法、私法和社会法的保障"之后的又一次飞跃式的发展;在这一发展趋势下,"法律结构正在由以往的三元结构发展为'公法—私法—社会法—生态法'的四元法律结构"。① 相应地,对生态法的保障及生态法益独立地位的确立,正是与公法、私法、社会法相对应的第四法域的范畴,严格来说,这一范畴与国家法益、个人法益、社会法益之间并不是并列的关系,相反存在着交叉与重叠的现象。由此,也有学者从部门法角度作出的相应的法益分类,如刑法生态法益视角下的污染环境类生态法益、损害资源类生态法益、侵害动物类生态法益,以及生态系统法益、生态要素法益、生态管理秩序法益等。②

三、生态法益更新了传统法益保护的原则和方式

生态法益不仅在法益内容与形态层面对传统法益进行了拓展,而且在外化的保护方式层面实现了传统法益保护原则和方式的拓新。从总体上看,生态法益对传统法益保护路径的更新主要体现在三个方面。③

第一,传统法益保护以人身财产利益为核心,生态法益论域则确立生态环境优先保护原则。传统法益以人身利益与财产利益为内核,法益侵害形态多表现为直接导致人身与财产损害,如人身伤害行为、故意毁坏公私财物行为等。而生态法益则将生态环境介质作为法益的核心内容,一方面,即便主体的行为没有造成人身或财产损害,也可能基于对生态环境本身的损害而受到否定性评价;另一方面,在经由环境介质造成的人身财产损害方面,生态法益将传统法益的人身、财产损害限定在以环境为介质所间接导致侵害的方面。由此,学者将生态法益保护分为两个阶段:一是生态污染经由自然的净化能力自行治愈,在这一阶段,经过了科学证明的容忍限度内的行为是被允许的;二是环境污染已经超出了自然的净化能力限度,对生态系统的平衡与自然循环造

---

① 简基松:《恐怖主义犯罪之刑法与国际刑法控制》,国家行政学院出版社 2012 年版,第 123—126 页。

② 焦艳鹏:《刑法生态法益论》,中国政法大学出版社 2012 年版,第 167—168 页。

③ [日]大须贺明:《生存权论》,林浩译,法律出版社 2000 年版,第 194—195、205—206 页。

成损害,在这一阶段,应当从基本生存维护出发,确立生态环境优先保护原则,认定相应的法律责任。

第二,传统法益侵害说主张无侵害,即无介入,也即只要没有构成对法益的侵害,即便该行为已经违反生态价值秩序,也不能够进行法律介入与干预。而生态法益改变了传统法益"无救济,即无权利"的保护路径,不需要认定现实的生态损害或生态危害,只要认定存在生态风险,即便这一风险是尚不能够为现有科学技术所识别和确定的,同样可以采取相应的法律措施,以避免生态风险发生,从而将法律介入的时间极大地提前。这一转变的原因在于生态损害(尤其是环境健康损害)极强的扩散性与不可逆转性;其正当性基础在于一旦现实的生态损害发生,这一损害的影响不是定向作用于特定的个体或群体,而是具有广泛的辐射性,并且具有较强的代际传播性,并且,生态损害所造成的后果很难恢复到原有的生态良好状态,在特定情形下甚至带来不可控的巨大灾难。

第三,传统法益保护以侵害救济为原则,推动法益损害弥补及救济性保护。而生态法益保护则以"风险预防原则"为指导,推动预防性保护机制创新。事实上,环境公害所导致的危害,已经不再是医疗救济或损害赔偿能够弥补的,这就要求抓住生态风险产生的根源,从源头上根除生态破坏、环境污染的因素。从这一角度上看,"风险预防原则"的确立对于生态法益的实现具有至关重要的作用。由此,对于存在危害生态环境或妨碍享有良好环境的行为人,人们得以预防性权利的行使排除潜在的生态风险,即便这一风险要素尚不能够为当下的科学技术所证明。

此外,在利益分配与冲突解决方面,生态法益也呈现出不同于传统法益的特征。传统法益以个体或群体利益归属为出发点推动利益分配与冲突解决,相应的利益能够明确地划分、归属于特定的主体所有,这与生态法益以生态整体利益与秩序维护为出发点的特征存在差异。在生态法益框架下,相关的利益衡量与调适的成果会惠及全体人民,以生态整体利益的形式呈现,如致污企业与政府、群众的关系协调具有公益属性,在一定程度上超出了社会利益结构的范围,进入生态利益的考量范围;而基于生态系统的不可分性与整体性,该整体利益很难人为地进行分割,而是最大限度地以维护生态正义,防范歧视与不公的方式进行整体性的保护。在矛盾和冲突方面也一样,如果利益分配出现冲突,对于传统法益而言受到侵害的是特定的主体,而对于生态法益而言受到侵害的则是不特定的全体成员的利益;正因为生态利益所涉及范围的十分广泛,美国的《国家环境政策法》将"国家各种主要之自然、人为或改造环境之状态与情况"作为常态化报告事项。而这一规定在人类刚开始关注外部环境利益保护的阶段则未得到确立。环境利益保护最初是"是作为反对唯经济理性的经济利益至上而提出的",关注对自然生态禀赋与人化自然可持续发展的保护,"具有伦理导向与道德关怀情怀";随着深层次的社会矛盾显现,"环境利益立刻转向于社会结构的利益分层",关注"人与人之间因社会利益差异进而导致环境利益分配的不公与环境地位的差异",但其仍然以人类中心主义为视域。至生态法益整体主义保护路径的确立,生态系统观视角的利益衡量得到推进;生态利益从作为生态系统组成部分的人与自然关系出发,将国家、社会、组织及自然与生物程序相互作用纳入法益衡量范围,通过法律的利益诉求与利益增进,为维护生态法益提供积极支持。①

第三节　生态法益的概念辨析与关联论证

由生态领域广泛的覆盖性所决定,生态法益及其实现路径与其他范畴紧密相连。从总体上看,生态法益与生态效益、生态公益、生态权益存在联系,生态法益的良好保障状况能够促使生态效益的提升、生态公益的维护、生态利益的实现及生态权益的保护。但不能够将这些概念完全等同起来;通过分析范畴与生活的世界相联系,对其进行清晰的界定,成为生态法益论的重要内容。② 因此,本节从生态法益与生态效益、生态公益、生态权益的辩证分析出发,展开生态法益的概念辨析与关联论证。

---

① 杜健勋:《环境利益分配法理研究》,中国环境出版社 2013 年版,第 104、107、111 页。

② [美]彼得·弗朗奇:《分析哲学基础》,周继明译,上海译文出版社 1994 年版,第 104—105 页。

一、生态法益与生态效益

生态法益指在宪法秩序框架下人与自然共同体的整体利益,生态法益保护是维持生命共同体存续与发展的必要条件。正因为如此,在生态效益研究中涉及了生态法益的实现,但不能因此将生态法益与生态效益等同起来。

生态效益指生态系统在生态作用过程中所形成的调节功能与整体效益状态;从本质上看,生态效益是人们在生产生活中尊重自然规律,维护生态平衡,使自然生态与自然资源呈现出有益于人类生存与发展的良好状态。从经济学的效益衡量角度看,生态效益是对于生态系统的有用性和有益性作出相应的评价和计算。在生态效益评估中,区分不同环境要素,对其净化大气环境、固碳释氧、物种保育等生态价值进行计算,对节水型社会制度建设所带来的水环境和水生态的不断修复和改善进行生态效益评价[1],对于调节城市小气候,保持城市生态平衡具有多层次的生态效益价值[2]。不同于自然资源所产生的经济效益,生态效益侧重对于维护良好生态环境的实际效果,这一效果又以"'资源—环境'的纳污容量和自净能力的这种载体性生态功能",以及"涵养水源、防风固沙、净化空气、保持水土、调蓄洪水、调节气候等调节性生态功能"为核心。生态效益越高,生态系统中的生物体与非生物体、种群与个体之间的物质能量转化率就越高,自我调节的阈值范围越大,抗外来干扰能力也更强。[3]

在具体的效益衡量过程中,"生态效益的衡量可以用生态系统服务、自然资本价值评估以及条件价值评估法"。针对生态效益的"多样性、社会公益性、长远性、多层次性和不确定性",将人类生产生活中"经济系统和生态系统之间产生物质循环和能量转化"的过程纳入生态效益衡量范围,推动经济效益和生态效益相统一基础上的经济再生产,使"经济产出及生态产出与综合占用及耗费劳动(即劳动投入)"的比较值符合生态经济效益价值导向。[4] 生

---

[1] 张颖等:《生态效益评估与资产负债表编制》,中国经济出版社 2015 年版,第 237 页。

[2] 周初梅主编:《园林规划设计》第 3 版,重庆大学出版社 2015 年版,第 46 页。

[3] 李爱年:《生态效益补偿法律制度研究》,中国法制出版社 2008 年版,第 16、30—31 页。

[4] 赵玲主编:《生态经济学》,中国经济出版社 2013 年版,第 104 页。

态效益的实现以自然生态保护及自然恢复为主要路径,但人为因素在生态效益实现过程中也发挥着积极的作用,其前提是尊重客观的自然规律并以之为指导开展人类活动,如中央财政对国家级公益林的生态效益补偿、改善农田整体生态环境的土地整理、保护生物多样性和生态环境平衡的灾害损毁土地复垦等。在实践当中,经济效益与社会效益、生态效益之间的冲突长期存在,而在解决这一问题的过程中要避免陷入非此即彼的逻辑当中;事实上,对于生态效益的保障和支持是能够转化为经济效益的,并且以之为基础的经济效益增长具有长期性和可持续性特征。在这一前提下实现的经济增长,建立在生态环境诸要素功能维护的基础上,是以科学发展、绿色发展为坚实保障的经济增长与效益实现。而从生态系统对于人类生存和发展的基础性作用角度看,生态效益的实现奠定了社会效益、经济效益的实践基础;离开了生态效益,社会效益与经济效益的实现无从谈起。从这个意义上讲,政府、企业、社会的实践活动需要在维护人类赖以生存的生态环境功能的基础上,推动经济社会的可持续发展,提升产业、区域或国家范围内的生态综合效益。①

　　与生态法益的强制力保障不同,生态效益的支持和保障需要通过经济社会发展考核评价来推动。并且,生态效益是与经济效益、社会效益相对应的概念,其侧重客观上的实际效用;而生态法益则是与公法、私法、社会法所保护的法益内容相并列的范畴,侧重内在法律属性的界定。更进一步分析,生态效益状况成为环境政策制定的主要标准,环境政策具有相对特定的环境效果导向,以大气污染治理为例,通过环境政策实施排污许可,"当制定总排放最上限时,如果进行监管和强制执行,那么排放许可能够保证环境效益"②;在这一政策的导向下,"促进固体废物转化为再生资源的数量最大化"③,提升污染物减排的实际效能④,在实践当中,形成集聚发展生态效益,"以最小的环境影响获

---

① 蒋家东等:《宏观质量效益研究——理论、机制与路径》,中国质检出版社 2016 年版,第125 页。

② [英]查理德·托尔:《气候经济学》,齐建国等译,东北财经大学出版社 2016 年版,第56 页。

③ 郑凯:《建筑循环物流系统理论与实证研究》,北京交通大学出版社 2016 年版,第63 页。

④ 袁彩凤主编:《水资源与水环境综合管理规划编制技术》,中国环境出版社 2015 年版,第212 页。

得最大的经济社会效益,使生态效应得到放大"①。与此同时,生态法益与生态效益在生态产业的层面紧密联系、相互促进,二者共同支撑生态利益的实现。生态产业以解决生态利益供给矛盾为目标,形成以生态价值维护为基础的生态资源供给方式,将经济结构调整、科学技术创新、人类生产生活方式变革有机结合起来,形成捍卫生态法益与生态效益的重要力量。②

二、生态法益与生态公益

生态公益是以公平正义为核心,其现实基础是社会公平正义,即侧重社会主体对美好生态需求的平等实现,并为之提供相应的社会条件保障。生态法益与生态公益密切相连,由生态价值的公共属性所决定,公共生态利益与具有长期性影响的公共福祉相辅相成,共同构成生态公益的重要内涵。在这一方面,绿化社会福利即强调生态价值对社会福利的影响,形成"符合生态可持续性的社会正义"。从这个意义上讲,生态公益是生态法益的重要基础,生态公共利益维护是生态法益实现的基础性价值目标。在生态法益保护过程中,需要高度重视生态环境的公共属性、生态系统服务功能享用的非排他性等公共资源特征。在生态法益实践过程中,对于生态功能的维护和对生态公共利益诉求的满足,成为突破公众共用物治理困境的重要契机;只有在确保对于"公共精神和公共利益的尊重的前提下",才能形成充分保障生态法益的合作治理机制。③

但生态法益与生态公益并不完全等同。生态公益是福利国家社会公平正义价值追求的外化表现;福利国家是作为一个社会控制系统运行的,一个总体的共同利益的概念是为了确保平等主义的合法性得到普遍的接受,使国家福利的增长与工业和后工业的增速相协调。学者指出,这种为了增长而增长的

---

① 杨春光等:《聚焦区发展的理论与实践:以黔东工业聚焦区为例》,浙江大学出版社2014年版,第26页。

② 陆宇海等:《生态经济考核评价及生态产业发展研究》,江西人民出版社2015年版,第205页。

③ 洪富艳:《生态文明与中国生态治理模式创新》,吉林出版集团有限责任公司2016年版,第172页。

发展路径已经成为现代社会的利维坦;而不同的是,在生态法益论域下,共同利益必须反映出生态价值维护的必要性,而工业主义的逻辑不具有可持续性,因此必须得到根本性的修正。与此同时,生态公益更侧重于不同群体、不同地域之间的生态利益分配公正,而社会公平正义的实现并不意味着生态价值得到了充分的尊重和保护;从这个意义上讲,生态法益在维护生态可持续性方面具有更广的涵盖性,生态法益目标会对社会政策研究产生系统和全面的影响,通过绿色社会政策形成维护生态价值的合力。这构成了生态法益与生态公益基础性的差异。

不同于生态法益的第四法域论说基础,生态公益的形成和确立与对社会福利、社会政策的生态批判联系在一起,出现了绿化社会福利的趋势,发展出与生态价值相适应的社会公平正义理念。在工业社会的发展过程中,生产性福利模式居于主导地位,而从生态主义的视角看,这种福利模式并不能够可持续地加以推进,"因为在有限的世界里,增长是有限制的","一个依赖于增长的福利国家,在很大程度上刺激了对它的需求",反而会导致对于它所依赖的自然生态与自然资源的消耗与破坏。由此,以生态系统共同利益为基础的生态型福利模式出现;这一福利模式不同于生产型福利模式,其"以生态因素为中心的经济标准来代替生产模式下的经济标准",从而成为生态公益与后工业时期福利国家建设的重要目标。从这个角度上讲,生态公益对于维持经济增长过程中的生态公平及可持续发展具有关键意义,非经济主义的福利理念推动了经济指标(包括国内生产总值或国民生产总值)的绿色化,"进行调整后的国民产品的计量方法通过复杂的会计将人力资本、自然资本和维持能力考虑在内";与此同时,可持续性的生态经济福利理念通过绿色社会政策的推进,在社会中形成对生态政策必要性的共识①,以提供良好的公共服务为核心,在不造成生态退化的情况下获得和利用相应的资源,从而为生态法益保护奠定了重要的社会基础。

具体而言,生态法益建立在生态法律权利与法律义务的界定基础上,通过

---

① Tony Fitzpatrick,"The Implications of Ecological Thought for Social Welfare",*Critical Social Policy*,1998,Vol.1,pp.5,7-9.

明确的可为、应为、禁为模式规范人们的行为,从而达到维护人与自然和谐的目的;而生态公益建立在"义和利的关系"基础上,属于公共伦理秩序的重要范畴,具有公共利益内容的不确定性与受益对象的不特定性特征。① 由于人类对于经济利益的追求是造成环境污染、生态破坏的主要原因,生态伦理学从生态主义出发②,形成了最早的生态公益观念,即天人和谐观,倡导尊重和爱护人们所赖以生存的自然界。有学者指出,治国者要"对万物爱惜","促进万物生生不息";这种生态公益主张具有引导性特征。③ 而从生态法益的视角看,经过了法律确认的生态利益受到国家强制力的保护,人们应当履行维护生命共同生存的生态责任,"不能为眼前利益而牺牲长远生态利益,不能为个人私利牺牲生态公共利益",要正确处理个体经济利益与环境公共利益之间的关系④,否则即要受到法律的否定性评价。这是生态法益保护的重要体现。

三、生态法益与生态权益

权益是社会生活领域经常用到的一个概念,如老年人权益、消费者权益等,但在使用过程中不能将这一概念与权利、法益相混同;从内容上看,权益指经过法律确认的权利和利益⑤,其外延范围要远远大于法益范畴。具体到生态环境保护领域,生态法益及法定的生态权利共同构成了生态权益的内容;生态权益即是受到法律保护的生态权利及利益。在这一层面上,将权益等同于应当享有的权利的主张并不准确⑥,这种主张与权益理论存在冲突。权益理论主要分为两个分支,一是权益主体论,二是业主权论。"在主体论看来,所有者权益也可以视为企业对其所有者的一种义务或负债";业主权论则认为

---

① 傅剑清:《论环境公益损害救济 从"公地悲剧"到"公地救济"》,武汉大学 2010 年博士学位论文,第 19—20 页。

② [英]贝纳特等:《环境与历史:美国和南非驯化自然的比较》,包茂红等译,译林出版社2008 年版,第 119 页。

③ 《中国市场经济建设全书》编辑委员会:《中国市场经济建设全书》第 7 卷,山西人民出版社 1996 年版,第 627 页。

④ 万光侠等:《马克思主义人学视域中的思想政治范式转换研究》,山东人民出版社 2014年版,第 110 页。

⑤ 杨礼宾等主编:《简明廉政文化词典》,山东人民出版社 2015 年版,第 69 页。

⑥ 黄河清:《近现代辞源》,上海辞书出版社 2010 年版,第 618 页。

所有者权益由资产与负债之间的差额(净资产)构成,其中"资产代表企业对所有者的价值,负债则是所有者所要承担的一种义务"。① 由此,主体论与业主权论从不同的视角而进行相关权益衡量与利益评价。从权益理论的角度看,"人们的生态权益问题虽然表现为人与自然的利益关系问题,但本质上反映的是人与人的利益关系";这种利益关系受到特定社会发展阶段的生产关系的影响和制约。② 因此,应当"充分考虑到人的利益和创造性,从人类的根本利益出发来谋发展、促发展,切实保障人们的生态权益,实现人的自由全面发展"。③ 而生态法益即是生态权益范畴中利益主张的重要体现。

从理论性层面看,在生态整体利益的框架下,生态法益侧重于对生态独立价值与生态利益进行法律保护。不同于传统法学范畴的"法律仅仅将财产利益和人身法益作为保护法益",生态利益成为法律所保护的新兴法益,并被视为关系人类生存与发展的基础性利益与重大利益,是辩证分析人与自然的关系的重要成果;与此同时,对于生态利益进行法律确认的过程,是通过调整人与人之间的关系来调整人与自然的关系的,人类被视为生态系统有机整体不可分割的重要组成部分,人类社会中个体之间、个体与群体之间的关系始终以人与自然的关系为基础,人与人之间的关系状态又反作用于人与自然之间的关系调整。因此,生态法益保护不能忽视自然生态利益,同时又要充分考量人们的利益需求,而对于非人类存在物的利益关注实际上直接关乎人类利益的实现。④

从技术性层面看,生态法益突破原有二元论基础上的利益论说,推动了新兴法益的现代化发展进程,呈现人类利益与生态利益、公共利益与个体利益、认识理性与技术理性的统一。⑤ 但生态法益保护实践仍是在生态权益框架内

---

① 钱健:《会计权益理论研究》,福建科学技术出版社 2014 年版,第 27—28 页。

② 方世南主编:《马克思恩格斯弱者权益保护思想》,生活·读书·新知三联书店 2012 年版,第 216 页。

③ 刘建伟:《中国生态环境治理的现代化》,西安电子科技大学出版社 2016 年版,第 152 页。

④ 韩德强主编:《环境司法审判区域性理论与实践探索》,中国环境出版社 2015 年版,第 51—52 页。

⑤ 李龙等:《论法律渊源——以法学方法和法律方法为视角》,《法律科学》2005 年第 2 期。

展开的,表现为通过人与人之间关系的调整来推动人与自然的和谐发展。学者指出,生态法益指向的客体是"以多数人为主体""以生态环境为载体"的环境公共利益①;而非人类存在物因其无法作出法律上的意思表示且无法承担相应的法律责任,不能要求其遵循社会化的生态权益保护行为准则,因此不能对非人类存在物进行生态确权。一方面,对于非人类存在物进行生态确权事实上违反了自然界优胜劣汰的运行规律,反而会导致生态失衡现象的出现;另一方面,亦不具备生态确权的现实可操作性。在这一方面,生态法益与生态权益具有高度的统一性。

从逻辑性层面看,生态法益与生态权益之间存在逻辑归属与包含关系。典型的表现是国家对于本国的生态环境与生态资源所具有的权益,其超出了生态法益的利益保护要求,而属于主权国家的生态权益的内容。在全球性的生态危机背景下,生态权益"是一个国家生存与发展的最基本权利",是有效应对发达国家生态霸权,维护发展中国家合法权益的重要武器。学者指出,"在当代国际政治中,生态虽无国界,但资源是有主权的","生态权益是民族国家主权的不可缺少的组成部分";②生态权益的形成以人与自然的紧密联系为基础,是调整人对于自然生态与自然资源的最为基本的权利和最为根本的利益范畴。在生态权益保护框架下,人类占有自然环境资源、利用自然环境资源、享受自然环境资源的各项权利和各种利益,不能够超出生态价值保护的范围,而生态法益则是承载生态价值保护的重要利益基础。③

但从唯物辩证法的角度看,生态法益亦具有不同于生态权益的独特属性。生态法益归属于利益范畴,而生态权益则归属于人权范畴。以影响人自由而全面发展的生态环境要素分析为基础,生态权益被视为"与人的生存权、发展权和社会权紧密关联着的重要权益",并且,从生态正义的角度看,"生态权益方面的非均等性和不公平性也是导致强者与弱者分化的重要因素",在弱势

---

① 柯坚:《破解生态环境损害赔偿法律难题——以生态法益为进路的理论与实践分析》,《清华法治论衡》2012年第2期。

② 靳利华等:《生态与当代国际政治》,南开大学出版社2014年版,第245页。

③ 傅守祥:《文化正义:消费时代的文化生态与审美伦理研究》,上海人民出版社2013年版,第60页。

群体保护中,生态权益实践具有基础性的意义和作用。① 在实践过程中,生态法益的实现以生态法域为核心,而生态权益则是"泛利益相关者生存权的最直接的实现方式",因此多通过将生态权益"控制效果作为企业环境业绩评价的核心指标",来实现对生态权益的"变化额进行循环控制",从而在社会实践中切实维护生态价值的实现。从这个角度上看,生态权益"是为了进行环境控制而设计的指标,目的是让企业应在关注财务业绩的同时,密切关注其环境行为,力求使得生态权益保值增值";②而生态法益则与法律规制密切相连,在生态利益的实现层面对主体设定相应的行为规则,生态利益经过法律确认即成为生态法益。从这个角度看,生态法益是人在安宁、洁净的生态环境中生活的权利或利益的主张,混淆了生态权益与生态法益,并且存在逻辑归属层面的谬误。

第四节　生态法益的特殊属性

从整体论的角度分析生态法益的特殊属性有利于科学认知新兴法益转型的逻辑进路。③ 在上文对法益所具有的法律性、有益性、确定性共性特征进行分析的基础上,本节对生态法益的特殊属性进行分析。就生态法益本体而言,呈现出个体属性与共同体属性、自然属性与社会属性、法律属性与道德属性相协调的特征;就生态法益保护过程而言,呈现出生态法益损害的长期累积性与潜伏性、自然垄断的合理性及科学论证的相对滞后性特征。这两个方面的特征分析奠定了生态法律部门发展的独立性基础,生态法律部门表现出与其他法律部门不同的特征。对于民事法律部门而言,法益损害具有直接性,通常在较短时间内会有明显的表现,在人身伤害方面多在特定时间限度内显现损害后果,并且这种后果具有医学鉴定上的可估测性,而生态法益损害则多在长期的累积转化中呈现间接性特征;对于经济法法律部门而言,垄断是需要施加法

---

① 方世南:《美丽中国生态梦》,生活·读书·新知三联书店 2014 年版,第 102 页。
② 姚圣:《环境会计控制问题研究》,中国矿业大学出版社 2010 年版,第 66、79 页。
③ 马春晓:《现代刑法的法益观:法益二元论的提倡》,《环球法律评论》2019 年第 6 期。

律管控的对象，而对于生态法益保护而言，自然垄断则能够避免经济私益对于生态公益的干扰或破坏；对于行政法法律部门而言，需要基于科学已经证明的危害或危险作出行政处罚或采取其他行政措施，而生态法律实践则允许对于科学尚不可确定的环境风险采取有效的防范措施，并将"风险预防"确立为生态法律部门的基本原则。在本节当中，我们重点从生态法益本体论层面，对其特有属性进行分析。

一、个体属性与共同体属性的有机统一

生态法益不仅关系到每一个公民的生态权利保障，涉及个别人的合法权益，而且在集体权益保障层面呈现共同体属性特征。这里的共同体属性以生态利益整体性为基础，"又表现为民族性、地域性、群体性等特征"，并容纳与涵盖了具有多元性、根本性的，涉及生活方方面面的生态环境价值内容，以及"与人类的生存及生存密切相关的诸多范畴"。由生态法益的共同体属性所决定，其"在整个利益格局中具有基础性地位"，任何对于生态法益造成侵害的行为，都会导致"对国家利益、社会利益和个人利益的严重威胁"；生态法益是承载国家利益、社会利益、个人利益实现的重要基础。[1]

在这一方面，同时出现了其他两种主张：一是认为生态法益是超越个人法益与社会法益的范畴，学者认为"存在一种超越社会法益和个人法益的重要法益，即生态法益，它在风险社会中是如此脆弱，一旦受到侵犯其所导致的危害结果往往具有毁灭性，就时间而言可能影响数代"[2]；二是认为生态法益属于社会法益而非个人法益，其理由是"从社会契约观念出发"，社会是包含了当代人与后代人的人类整体，社会法益的主体是由个体组成的公共社会，社会法益本身具有公共利益属性，这就与生态系统中生态利益的整体性、不可分性、非排他性相一致，对于生态环境利益的损害实际上损害了"人类作为一个群体的利益"，其中包括了当代人和后代人的利益在内。[3] 这两种观点并不准确。从唯物辩证法的角度看，生态法益实际上与个人法益、社会法益的保护密

---

① 蒋兰香：《环境犯罪基本理论研究》，知识产权出版社 2008 年版，第 42 页。
② 刘鹏主编：《刑事法学研究》第 5 辑，中国人民公安大学出版社 2012 年版，第 145 页。
③ 刘彩灵等：《环境刑法的理论与实践》，中国环境科学出版社 2012 年版，第 43 页。

切相关;人、社会均是生态系统的组成部分,个人法益与社会法益保护均以生态法益的实现为基础,与生态有关的个人法益(如相邻权)、社会法益(如社会公平正义)保护,又会反过来促进生态法益实践的发展。因此,生态法益具备个体属性与共同体属性相统一的特征;在"环境法益人本主义、生态主义与秩序主义的定位纷争"中,生态法益被视为个体法益与超个体法益的"集合法益",也被称为"生态环境体系性法益";其中,个体法益具备目标属性,超个体法益具有基础属性。①

对于生态法益保护而言,超越个体属性与共同体属性相对立的传统哲学逻辑,以协商性、协调性推动人与自然的和谐发展具有十分重要的意义②;个体属性与共同体属性的有机统一,为生态法益论域个体因素与社会因素的整合奠定了基础。"个体性与共同性相辅相成,共同构成个人结构特征与他人结构特征的异与同"③;在这一基础上,"合作是以关联为尺度、以意图为导向的"④,从而为生态公共利益与个体权益之间的平衡提供支撑。其中,共同体属性表现为在整体性与个体性相统一框架下的共时性和历时性两个方面,一是在同一时间段表现为一个群体、一个地域、一个民族、一个国家层面的生态法益整体性,二是在不同时间段表现为生态法益的代内公平与代际公平维护。由此,生态法益在个体性与社会性统一的基础上,从社会利益结构出发推动法益结构的优化⑤,从而使应然权利、法定权利及实有权利在理性与德性的有机结合层面达至一致⑥。

从更为根本的层面看,生态法益的个体属性与共同体属性相统一,源于生态利益的个性与共性相统一。"生态利益具有个性与共性的双重属性",基于生态利益的共性特征,一旦生态环境受到污染和破坏,整个人类社会都会受到影响,因此生态利益包含需要提供所有的国家和公民共同的行动来实现;而基

---

①　陈章:《环境法益应界定为生态环境体系性法益》,《检察日报》2017 年 11 月 7 日,第 3 版。
②　马梦菲:《超越个体性与共同性对立的理论构想》,《理论与现代化》2016 年第 5 期。
③　苏富忠等:《心理学的沉思》,济南出版社 2001 年版,第 239 页。
④　周红辉:《合作与自我中心:言语交际的社会认知语用研究》,中南大学出版社 2014 年版,第 34 页。
⑤　简基松:《论生态法益在刑法法益中的独立地位》,《中国刑事法杂志》2006 年第 5 期。
⑥　吴光主编:《当代新儒学探索》,上海古籍出版社 2003 年版,第 79 页。

于生态利益的个体属性,每一个个体的行为都有可能对全球整体生态利益造成影响,如果个体行为把自己的经济利益放在首位,则会对生态机制造成干扰、侵犯和破坏。从更为宏观的层面看,人类社会是基于复杂的内部多样性的结构,并处于自然与社会规律的交互作用当中;人的利益本身具有复合性特征,其涵盖了经济利益、政治利益、文化利益、社会利益和生态利益等在内。在这一利益体系中,不同的利益内容的地位和作用亦不相同,其中"生态利益是人的自由而全面发展中最为基础性的、也是最为根本的利益",人与自然之间关系演变即反映了"人的自由而全面的发展与人的生态利益维护之间的交互作用关系",只有"切实保障人的生态利益,才能促进人的自由而全面的发展",维护和巩固人与自然共生系统。①

其中,生态法益的个体属性与生态利益的公共利益本质并不矛盾,生态法益的个体属性与生态法益的共同体属性是对立统一的两个方面。生态整体利益的实现以对生态共同体的维护为前提,需要从生态系统的整体保护出发,为人类与非人类存在物的存续与发展提供基础性条件,保护自然资源与自然生态环境;与此同时,生态利益最终也会在每一个个体的利益层面充分地得到体现。生态法益的共同体属性以"生态共同体的整体和谐"为主要特征,以整体主义哲学观为基础,"强调人类应当维护生态共同体的稳定、和谐、美丽"。在这一方面,利奥波德的生态共同体整体和谐主张"改变了人在自然界中的地位,是对人类中心主义的摒弃",强调人类应当在尊重自然的前提下推动发展;②环境伦理学者更进一步指出,"不仅社会关系和情感关系是拥有道德地位的根据,生态关系也是拥有道德地位的根据",并出现了大地伦理学主张,强调道德义务本身由人类与共同体的关系领域产生,作为生命共同体的组成部分,人类对生态系统当中的其他成员(如动物、植物、山脉河流等)及生态系统本身负有道德义务;③社会生态学者主张,生态环境保护与社会发展密不可分,通过"创建生态共同体和使用生态技术来建立与非人类自然之间创造性的互动关系",推动经济、政治、文化、社会发展的生态化,是从根本上解决人

---

① 靳利华等:《生态与当代国际政治》,南开大学出版社 2014 年版,第 94 页。

② 杨建政:《走出人类中心主义的藩篱》,复旦大学出版社 2013 年版,第 109、117 页。

③ 杨通进:《环境伦理 全球话语 中国视野》,重庆出版社 2007 年版,第 256 页。

与自然之间矛盾和冲突的必由之路①,从而在人与自然有机联系的生命共同体当中,实现人与自然的互惠共生、和谐发展、协同进化②。

二、自然属性与社会属性的有机结合

生态法益的产生是自然生态危机与风险社会要素综合作用的结果,具有自然属性与社会属性相结合的特征。其中,生态法益的自然属性是指"先天的或自然形成的所有特性",这一自然属性在"后天的社会实践活动中本质上是不能改变的";生态法益的社会属性是"指后天的或在社会实践活动中逐渐形成的所有特性",这一社会属性在后天的社会实践活动中是可能不断发生变化的。③从自然生态系统运行规律与社会运行规律的角度看,"环境生态法益是人类根本利益与生态利益的统一",具有自然属性的环境生态利益的严重破坏,必然会导致人类社会根本利益的严重损害;只有在人类利益与生态利益协调一致的发展中,人类社会的存续才具有可持续性,"必须将社会的发展、自然的利用限制在环境生态所能承受的范围之内",才能够真正履行对于环境负有的共同责任,实现生态环境保护的一体化。由此,基于生态法益的自然属性,我们需要关注生态人格的法律衍生,维护自然生存空间下生物体与非生物体的存续和发展;基于生态法益的社会属性,生态法律制度设计以维系自然与社会活动空间的秩序为核心,展开生态利益的调整与规制,并取得社会确认与支持。④

从辩证逻辑的视角看,自然与人类、社会与个人之间的关系是有机统一的,人类是自然生态系统的产物,也是其重要的组成部分;随着人类社会的发展,人类活动对自然生态系统的能量流动与物质循环产生影响,形成自然与人类协同进化的生态系统循环规律,并在人类对自身生活环境进行改造的过程中,通过对再生性与非再生性资源等对象性的存在物的合理使用,"节制、克

---

① 王正平:《环境哲学 环境伦理的跨学科研究》,上海教育出版社 2014 年版,第 211 页。

② 管向群主编:《社会主义核心价值观研究丛书 和谐篇》,江苏人民出版社 2014 年版,第181 页。

③ 彭和平:《制度学概论》,国家行政学院出版社 2015 年版,第 164 页。

④ 刘彩灵等:《环境刑法的理论与实践》,中国环境科学出版社 2012 年版,第 43—44 页。

制、有序地对待自然",实现人类社会发展与自然生态保护的有机统一。① 由此,生态法益的实现以充分尊重自然规律及人类社会的发展规律为前提;生态法益不仅在自然属性层面规制着治理进程,而且需要符合社会属性及生态文明建设的时代需求,为人与自然的和谐发展提供全面支持。

更进一步分析,生态法益的自然属性与社会属性相结合的特征,源于社会与自然、人的自然存在与社会存在的本质统一。其中,自然环境奠定了人类社会存续的自然基础,社会环境奠定了人类生存与发展的社会基础,只有"将自然生态和社会人文紧密地结合起来,才能推动人的自由而全面的发展"。② 从根本层面看,生态法益的自然属性与社会属性相结合的特征是由自然规律与社会运行规律决定的,是自然关系与社会关系交互作用的结果③;立基于自然结构和社会结构的统合,亦形成了生态理性与生态道德建设的论证路径④。在生态理性与生态德性相统一的框架下,马克思在《1844 年经济学哲学手稿》中指出,"只有在社会中,人的自然的存在对他来说才是人的合乎人性的存在,并且自然界对他来说才成为人"⑤。由生态法益的属性所决定,在自然属性与社会属性、群体性与个体性相结合的基础上,从"自然—精神—社会"论域相统一出发,形成生态法律制度建设的基础性支撑,对于实现主体性及主体间性和谐价值,推动作为社会调控途径的法律存在而言至关重要。这一自然属性与社会属性相结合的路径,也构成了实现生态法律部门发展的重要基础。正因为如此,学者指出人类作为自然存在物与社会存在物的有机统一,呈现出自然属性与社会属性相结合的特征,由此,推动"自我生存和类的生存"之间冲突的调和⑥,形成了深入经济社会发展结构的、主体所愿意遵循的活的规则。

---

① 刘珍英:《辩证逻辑 资本批判的利器》,上海人民出版社 2016 年版,第 213—214 页。
② 靳利华等:《生态与当代国际政治》,南开大学出版社 2014 年版,第 95 页。
③ 《简明伦理学辞典》编委会编:《简明伦理学辞典》,甘肃人民出版社 1987 年版,第 9 页。
④ 张志伟等:《西方哲学问题研究》,中国人民大学出版社 1999 年版,第 289 页。
⑤ [德]马克思:《1844 年经济学哲学手稿》,中共中央马克思恩格斯列宁斯大林著作编译局译,人民出版社 2018 年版,第 79 页。
⑥ [波兰]莱泽克·科拉科夫斯基:《马克思主义的主要流派》第 2 卷,唐少杰等译,黑龙江大学出版社 2015 年版,第 35 页。

三、法律属性与道德属性的有机协调

生态法益是生态法律与生态伦理综合作用的结果,其既反映生态法律理性及其基本原则的要求,亦体现对于生态独立价值的德性关怀。从产生的根源上看,生态法益本身是人类对于自然共同体的道德关怀的产物;在生态伦理的支撑下,生态法益取得了其正当性与合理性的基础。道德一词源于拉丁语"mos",意指习俗、习惯;① 在托马斯注释亚里士多德的《尼各马可生态伦理学》中,指出道德是关于评定正义与非正义等观念、原则和规范的总和,是以人的本性为基础的共同的观念和行为准则,归根到底,道德是由特定社会阶段的物质生活条件所决定的,并受到社会习俗与舆论观念的制约。这从现实的具体的维度,在人性的法律实现层面,凸显了法与道德之间的相互关联。② 在这一方面,哈贝马斯将法律与道德视为"不同的实践话语类型",是传统伦理解体后产生的"两种塑造社会秩序的力量"与"社会精神";③黑格尔从国家视角出发论述了法之为"伦理生活"现实的有机体现的主张;康德的《实践理性批判》从意志自由与规则的统一性出发,对道德情感论的法律适用进行了论述;狄骥对法规范是符合道德规则进行了论证;富勒提出了"可能的道德"的法律解释及其八项条件;杰罗姆·霍尔将道德性视为法律的实质属性;此外,彼得拉任斯基对法与道德的功能分析、埃德蒙·凯恩对法过程的伦理内涵的强调、西塞尔对"有害的法规"的否定及博登海默在对科勒的法目的研究进行批判过程中作出的法的伦理价值服务判断等,均关注道德在作为法律存在的评价标准和推动力量方面的重要作用,从道德作为法律的合理性基础的判断出发,避免法益论说出现"应然"与"实然"的分离,甚至是否定"应然"而导致"恶法亦法"的悖谬。在中国古代,也有关于法律与道德关系的论述,如先秦的《尚书·吕刑》有"典狱""惟讫于德"的记载,《左传·成公十六年》论述了"德以施惠(以宽服民),刑以正邪".④ 尽管需要对其中的人类中心主义因素进行辩证分析,但从价值目标角度看,道德规范为法益保护提供了重要的支

---

① 卓泽渊主编:《法学导论》,法律出版社 2003 年版,第 82 页。
② 周旺生:《法理学》,人民法院出版社 2002 年版,第 109 页。
③ 汪行福:《通向话语民主之路与哈贝马斯对话》,四川人民出版社 2002 年版,第 190 页。
④ 陈瑶等主编:《从政语录》,九州图书出版社 1998 年版,第 511 页。

持。具体到生态法益保护过程,从生态人性分析出发,生态道德建设与生态理性为生态法益法律属性与道德属性的统一奠定了基础。

具体而言,生态伦理"在社会上确立了一种道德观点",即认为损害生态利益、破坏生态环境的行为是不道德的,也就意味着道德规范对该行为作出了否定性的评价,从而在社会群体的内心认同层面形成一定的约束,推动生态利益的保护和实现;而在这一实现过程中,生态法益呈现了突出的道德属性,生态法益保护的基础与关键在于生态伦理层面的社会意识,因此可以说生态伦理道德是社会意识的一种形式。与之相区别,生态法律对于新兴的法益进行确认和保护,生态法益的法律属性得以凸显,而生态法律规范与生态理性的确认"光靠社会法律意识中存在的一定的观点与信念是不够的,还必须由国家按照制定法律规范的适当程序来制定出一个新的法律规范",从而为新兴生态法益内核提供强有力的保护和支持。①

生态法益领域法律属性与道德属性的有机协调,突出表现为法律规范与社会规范在生态法益保护中的重要作用。从中国古代的文化渊源上看,法律规范与社会规范共同承载着权益与秩序的维护;这一路径有其深刻的历史渊源。学者在分析现代法的概念(法的制度与规范、法的学理与理念)时指出,中国古代的"礼"体现着"法的精神",严复翻译孟德斯鸠的《法意》时即区分了道德与法律的功能,强调"礼防未然,刑惩已失";《唐律疏议》也有"德礼为政教之本,刑罚为政教的适用"的论述。这一区分对于以"礼"为法体系主导的中国古代法律发展而言,具有开拓性的意义;自夏商西周的"礼治"、春秋战国时儒法"礼""刑"之辨、"汉代之后的礼法并举(以礼为主)",到汉至清代"儒法合流"(礼法一体),道德规范一直是中国古代治理的核心依据。由此,也形成了不同于西方的中国法制传统;在"古代宗法伦理的社会特性"下,它形成了"引礼入法,礼法结合"的调控状态。② 但现代法治框架下的社会规范与古代礼法之论有着本质的差异;其以维护人民根本利益为目标,体现法律意志与人民意志的有机统一。与此同时,由生态环境要素广泛的影响性所决定,

---

① [苏]卡列娃:《社会主义社会的法与道德》,李樵等译,中国人民大学出版社1955年版,第91页。

② 张晋藩主编:《中国法制史》,高等教育出版社2003年版,第1页。

仅仅依靠国家制定或认可的法律规范不能够实现对于生态法益的全面保护,而需要与生态伦理规范等社会规范相结合,最大限度地凝聚各个主体、各个领域的力量,集中力量为人类生态文明建设与可持续发展服务。从世界范围内的理论发展上看,出现了关于"法律人格"和"道德人格"的关联性论证,以及法律义务与道德义务的相关性论说;米尔恩主张"普遍最低道德权利",认为普遍道德是法律权利产生的源泉,在康德伦理学法律思想论述中,也有关于"普遍的道德戒律"的论述,并且,强调"没有人的道德本性或实践理性,也就没有自由意志行为"。① 以此观之,生态法益的法律属性与道德属性不仅体现在范畴本体方面,而且在生态法益保护实践中,具有重要的作用,从具体的、历史的生态人格论说出发,在现实的自然与社会关系基础上,发展出维护和发展生命共同体利益的科学路径,在共同道德与法律确认的普遍适用性层面②,形成全面认识生态法益及生态保护社会责任的有效路径。

第五节　生态法益目的论与功能论

从外在形式角度看,目的论与功能论存在共性,二者均直接关系到法益的现实转化。正因为如此,德国法学家施维格指出,法益问题与法律部门的目的机能是同一个问题,生态法益范畴分析与概念界定的核心即是其目的论与功能论构成。

从内在构造角度看,目的论与功能论有着不同的侧重,目的是价值的追求,功能是现实的作用,前者的"核心是行为概念与行为主体的概念",后者的"核心是系统概念与系统问题的概念"。正如威尔泽尔的法的两机能与两论域说(法秩序与法价值)所指出的,目的论侧重价值分析,功能论侧重实证分析。从这一角度出发,生态法益的目的分析"以确保人之共同生活条件以外的环境为目的规范",从而实现资源利益与生态人格利益的有机统一;生态法益的功能分析则反映社会系统的控制机制与规范功能变迁,以社会功能与生

---

① ［英］米尔恩:《人权哲学》,王先恒等译,东方出版社 1991 年版,第 233 页。

② 刘富起等:《西方法律思想史》,吉林大学出版社 1985 年版,第 217 页。

态功能的衔接与整合,应对社会变迁背景下解决矛盾与冲突的现实需要,实现社会生态系统的相互协调、相互配合,并防范妨害社会系统存续的反功能现象的干扰、侵犯或破坏。①

一、生态法益目的论:资源利益与人格利益相协调

从目的论的角度看,生态法益及其制度建设是物质层面的资源利益保护与精神层面的人格利益保护的有机结合。沃尔夫提出人格主义的法益论说,从"法共同体形成的积极参加能力的视角规定了法人格",从法的人格性出发,强调行为人不是纯粹的自然的精神的或存在,而是由法共同体的人格构成的,人本身即产生于从自然的历史的条件中所形成的目的与价值关系;由此,产生了以人格论与法律价值论为基础的法益目的论学说。②

生态法益目的论包含了两个方面的含义:一是生态法益的确立是生态法律体系建设的目的所在;二是生态法益的目的内涵,即生态法益确立的目的在于维护自然生态、资源利益与人格利益的协调,其中对于环境资源利益的强调以自在自然为重心,而生态人格利益则侧重人化自然的论域。事实上,人的生存是由外部的物质生活与内部的自我体验组成的综合体③,生态法益目的论应当在资源利益与人格利益相结合的层面,从物质与精神、自在自然与人化自然、主观与客观的有机统一出发,实现"经济人"与"生态人"理性的相互协调,为人的自由和全面发展提供自然性与社会性层面的全面支持。

生态法益确认的资源利益保护目的,以环境资源利益平衡为原则性要求。自然生态与自然资源领域的最初立法以资源开发和利用为核心;随着经济发展进程的推进,环境危机日益加剧,环境资源利益平衡的重要性凸显,并在应对多种矛盾和冲突方面发挥着积极的作用。在对于自然资源进行开发利用的过程中,坚持环境资源利益平衡原则,意味着人们的社会活动"应该由国家在充分结合考虑环境自然资源的分布状况、承载能力及社会经济需求的基础上,

---

① [日]伊东研祐:《法益概念史研究》,秦一禾译,中国人民大学出版社 2014 年版,第 110、216 页。

② 张明楷:《法益初论》,中国政法大学出版社 2000 年版,第 62—63、131—132、135 页。

③ 戴茂堂:《人性的结构与伦理学的诞生》,《哲学研究》2004 年第 3 期。

对环境自然资源开发利用的范围、方式和程度等方面的问题作出合理的安排和规划"，并在此基础上，解决人与自然、经济发展与环境资源利益之间的矛盾和冲突，兼顾不同群体、不同地域、不同层次的利益需求，推进环境资源的合理配置，保障生态正义的实现。在这一过程中，重点要解决的是"自然资源分布的地域性差异制约与自然资源满足国家发展的总体需求"问题，解决"环境资源多功能性及开发利用的多目标性所导致的潜在利益冲突"；而基于自然资源功能多样性所形成的自然资源社会关系的广泛性，导致环境资源开发利用中所涉及的矛盾与冲突十分复杂，其中既包括不同法律主体之间的利益冲突，也包括不同地域或不同层次的生态利益主张（如资源供给与需求的矛盾）之间的冲突。因此，需要以环境资源利益平衡原则为指导，"通过在总体上的合理规划填补不同地区之间自然资源的需求与供给之间的巨大落差，促进和维持一国之内自然资源的总体供求平衡"；"在合理分配自然资源的同时协调和平衡各种不同的利益主张，在最大限度上实现自然资源配置的社会公平"。①

生态法益确认的人格利益保护目的，以生态人格论为基础，以人的尊严与舒适生活为侧重点，以对人与自然、自然资源利益与生态人格利益之间关系的反思为脉络，强调"人生活在自然环境和社会环境中"，适宜的生存环境保障是对人之存在的价值和尊严的尊重；基于此有学者提出了民法典环境人格权保护思想，指出法律应当保护主体的环境人格利益，并在此基础上，维护主体的完整生态人格。与传统人格论不同，生态人格论强调环境资源是人获得主体资格的前提和基础，是人类存续的基本条件，在物质与精神两个方面为主体完整人格的取得提供支持。这就区别于传统的人格权论。从传统的人格权论角度看，其侧重"人与人之间的直接关系中所体现的主体性"，但却忽视了主体人格的另一个侧面，即经由环境介质所形成的人与人、人与社会之间的间接关系中所体现的主体性，从而极大地制约了对于主体人格论进行的全面考察。而生态人格论则不仅从一般人格的角度出发，对人类社会的交往关系进行分析，而且强调"完整、获得充分保护的环境人格"；环境人格构成了主体人格完

---

① 王文革主编：《环境资源法》，中国民主法制出版社 2015 年版，第 97、100 页。

整性的重要基础;这一人格的完整性体现在人与人、人与自然、人与社会的交往关系当中。与此同时,与传统民法对于生态利益的保护不同,生态人格利益保护不再局限于健康权保护范围,而是对于自然生态环境的独立价值进行充分的关注,只要对于清洁、优美、宁静的环境造成侵害,即便没有造成人身权利损害,仍可基于环境质量标准对环境污染与生态破坏行为进行惩戒,以维护主体的生态人格。从民法理论角度看,在通常情况下,环境人格权的主体只能是自然人,而不包含法人和其他组织,表现为自然人在良好的环境中生活所享有的,"身心健康不受威胁、不受损害"及"享受和欣赏自然环境的利益",涵盖环境安全权与环境适宜权两个方面的内容。基于这一主张,《中国民法典学者建议稿及立法理由(人格权编·婚姻家庭编·继承编)》把环境权益列在具体人格权之外的法益内容当中,作为需要保护的人格利益加以规定;其主要侧重于生态环境污染对于人的生活环境与身心健康造成的损害,从人的完整人格的损害出发,推动人格尊严保障。而环境人格利益则从生态环境的利益与人的自然属性、自然人格基本逻辑展开①,构成了其他人的尊严与价值体系的基本前提和基础,也是实现一般人格利益的最直接的途径②。

二、生态法益功能论:社会功能与生态功能相衔接

关于法益的功能分析存在不同的主张。帕多瓦尼更指出法益本身具有多重功能。其中,既包括概念的"注释—运用"功能、系统界定功能,也包括实践中的系统分类功能与政策功能。也有学者主张法益的功能包括分类功能与方法论功能,前者指法律体系可以划分为对于个人法益、社会法益、国家法益的侵害类型;后者指从形式的方法论法益观角度看,法益概念关注指导法律规范的目的论解释,并且在作出违法性判断上具有重要作用,违法性的实质即是对于实体法益的威胁或侵害。需要说明的是,法益不是刑事领域的特有概念,恰恰相反,法益可以表示不同法律部门所保护的利益,而由于法益本身所涉及内容的广泛性与利益的复杂性,即便是相同的法益内容,也可由不同的法律部门

---

① 刘长兴:《环境利益的人格权法保护》,《法学》2003 年第 9 期。

② 周林彬主编:《民商法的法律适用 人格权法与商法制度的完善》,暨南大学出版社 2013 年版,第 474—476、480—481 页。

从不同的视角出发共同进行调整和保护。①

从功能结构上看,生态法益及其法律保护路径的确立,具有重要的社会生态意义;生态法益不仅具有重要的生态功能,而且需要在社会功能层面,实现生态文明时代的法律转型。从实践论的角度看,功能论以法益保护机能论证,为生态法律规范运行与生态价值的实现提供现实支持。在这一方面,功能论在社会实践的层面展开,以实证主义为基础,观察法益论的社会实际效用。

生态法益确认的社会功能主要包括两个方面的内容:一是生态法益的界定对于生态法律规制具有重要意义,通过对于违法行为进行法律认定,对于违法阻却事由进行法律界定,从形式合理性与实质合理性相结合出发,对于侵害生态法益的行为作出否定性评价,并将更高一层级的价值(如司机为避让行人而导致的污染物泄露)列入违法阻却事由,避免为了保护生态利益而损害到更具危急性的基本生命健康权益,在此基础上,将生态法益的法律认定贯彻到法律制定、法律解释、法律适用的全过程,以生态独立价值为指引,推动生态法益目的论与功能论的有效衔接;二是在法律教育层面,通过对于社会生态保护意识的积极引导与强化,促进全体社会成员作出有利于生态法益保护的行为,并通过生态法益的确认对生态政策进行积极的正向的引导。在这一方面,为进行生态治理而采取的措施所导致的新生环境污染问题,要区分具体的情形作出处理;如果是在现有的技术发展水平上无法预测会出现更大范围的污染,但随着时间的推移其对于生态的破坏效应逐渐显现的情形应归入违法阻却事由,如果是由于行为人的故意或重大过失而导致的污染事件则不应成为违法阻却事由。与此同时,生态法益说在价值秩序维持方面表现出与传统法益论不同的特质。传统法益论的伦理价值秩序维持机能,表现为对这一秩序的人为维护与恢复;而生态秩序则具有自然属性,生态法益保护的重点在于防范生态破坏的发生,对于已经出现的污染现象进行事后治理与恢复的难度极大。因而,从生态法益确认的社会功能出发,生态法治建设确立了不同于传统法益保护的风险预防基本原则。

---

① 韩轶:《法益保护与罪刑均衡　法益保护之优先性与罪刑关系的合理性》,中央民族大学出版社 2015 年版,第 4—5 页。

生态法益确认的生态功能主要体现在自然生态系统的独立价值保护。从根本上看,对于人类而言,环境资源的价值远远不止于为人类提供经济性产品,或是满足人类的经济利益需求,而是具有更广泛的价值涵摄。自然生态系统所具有的服务功能(如净化环境)与调节功能(如调节气候),使人类能够在良好的生态与生活环境中存续和发展,减缓可能导致生物体灭绝的灾害的发生,为人类社会的可持续发展提供不可替代的资源环境基础。但在这一生态功能主张下,在现有的法治发展阶段,不能够将非人类存在物列为法益的主体,因此,笔者并不赞同山村恒年在《环境行政法的理论与现代的课题》中所提出的,环境行政法保护的法益包括"个人益""企业益""地方益""国益""人类益""地球益"等。这就将法律关系的主体与价值目的、功能论域区分开来,尽管自然生态系统具有独立存在的价值,我们应当围绕这一独立价值保护目的进行相应的制度设计,但环境功能利益的主体只能是人,"环境要素本身不能成为法律关系的主体"。①

---

① 傅学良:《刑事一体化视野中的环境刑法研究》,中国政法大学出版社 2015 年版,第115 页。

第五章 生态法益保护的理论基础与指导思想

新兴法益的理论溯源在不同的维度有不同的体现,但这些维度相同的是皆以创新性、开拓性的方式推进传统论域的现代转化,并形成具有独特性的新时代法益保护理论。从根本上看,新兴法益理论的形成以传统风险治理向新兴风险治理的转向为背景,尽管新兴法益所涉及的范围十分广阔,利益诉求千差万别,但其中的共性在于不能够与生态保护要求相违背,而是要积极回应绿色发展战略要求,在本质上体现共同体利益整体价值维护与利益平衡,实现法益理论的现代化转型。

第一节 文化渊源:古代自然观念

中国古代的自然观念在天、地、人之间关系的探讨中展开,形成了具有广泛而深远影响的"天人合一"思想,蕴含了对于自然承载基础上的万事万物之间相互依存、和谐而生的不懈追求。中华法系形成了世界上较早的生态文化,出现了关于渔猎砍伐的禁止性规定,以及对于损害环境行为人的严厉处罚,在经典著作及律令格式规定中皆有体现。而一定的文化是一定社会的政治和经济在观念形态上的反映①;从社会发展与理性变革的规律角度看,需要从继承与发展、传统性与现代化的关系融合出发,推动生态法益观念的创造性发展。在这一层面上,对于生态文明理论范式的研究而言,历史与逻辑相统一这一重

---

① 《毛泽东选集》第 2 卷,人民出版社 1991 年版,第 694 页。

要的唯物辩证法研究方法发挥着不可替代的作用,也构成了当代中国生态治理的本土资源与文化渊源。①

一、"天人合一"思想的启示

"天人合一"是古代自然观的精髓所在,也是正确处理人与自然的关系,促进当代社会生态法益保护的文化渊源;"天人合一"观念奠定了生态伦理思想的重要基点。从总体上看,"天人合一"思想将人类及人之外的生物与非生物体视为平等的存在,并且抽象出其中共同的规律,以期达至人与自然的和谐共生。在这一思想基调上,不同学派将对于天、地、人、法的思考融入其毕生的抱负当中,形成了具有突出特点的观念和学说,并付诸实践,如《周礼》中确立的"天地官"制度即"渗透着对生态秩序的认知",在这一制度下,自然生态秩序成为贯穿社会实践终始的重要价值基础。②

儒家关于人与自然之间关系的论说是安邦定国思想的重要组成部分,强调通过治理领域天、地、人之间的沟通,以及人对于天地万物的伦理道德关怀,形成"天人一理"的基本路径;并且,注重通过"仁民而爱物"的道德教化的推行,达到和谐共生的良好状态,将对于自然的破坏与不合理利用视为违反"德礼教化"的行为。从这一角度出发,《论语》记述"子钓而不纲,弋不射宿",并将其视为重要的行为准则③;《孟子·尽心上》强调"仁民而爱物";《孟子·公孙丑上》更指出"无恻隐之心,非人也"④;《荀子·王制》指出,"群道当则万物皆得其宜,六畜皆得其长,群生皆得其命";《荀子·礼论》将"上事天,下事地,尊先祖而隆君师"视为"礼之三本",《荀子·天论》更将生态秩序描述为"天有其时,地有其财,人有其治",形成了通过人类治理而参赞天地的观点⑤。可见,儒家的自然关怀是君子"仁人之心"的重要体现,而其以"中和"为核心的天地万物共存相生的观念,亦为"天人合一"思想的确立奠定了基础。正是从

---

① 苏力:《法治及其本土资源》,中国政法大学出版社 1996 年版,第 6、8—9 页。
② 周延良等:《〈周礼〉的自然生态观》,海天出版社 2015 年版,第 11 页。
③ 《论语》,中州古籍出版社 2005 年版,第 91 页。
④ 《孟子》,中州古籍出版社 2007 年版,第 75、247 页。
⑤ 《荀子》,中华书局 2011 年版,第 127、266、303 页。

这一角度出发,学者指出从朱熹的"天人一理"到王阳明的"以天地万物为一体"的主张,再到张载的"因明致诚,因诚致明,故天人合一"的论证,"儒家从人道出发",主张"天道就在人道之中",形成了以伦理规范与秩序维护为核心的,经由人道达到人与自然和谐的独特路径。①

与儒家的伦理人文关怀不同,道家崇尚自然中心与自然至上,强调"天道之自然"②,并将"道"视为万事万物产生、存在、发展的依据,强调从整体性当中把握生态秩序,并以之为出发点去观察和分析事物,初步形成了综合考量当代人与后代人利益的基本观点,如《太平经》的《解承负诀》篇论述了"后人递相承受先人的过失之责或功德之祐"的规律,《解师策书诀》篇进一步指出,"承者为前,负者为后","乃先人负于后生者",即描述了后代人承受当代人行为后果的现象。③ 从本质上看,道家的"道法自然"观将人、地、天视为自然的组成部分,尤其强调以平等("天均")为基础的万事万物之间的紧密联系;并且,在一定程度上确立了行为限度论主张,指出人要按照自然运行的规律约束自身的行为,以"慈心"善待人及非人类存在物,从而达到和谐的状态。道家对于"玄德"及当代人行为对于后代人产生重大影响的论述,对于当代社会的自然资源与自然生态合理利用具有重要意义。《老子》第25章提出"人法地,地法天,天法道,道法自然";第42章强调"万物负阴而抱阳,冲气以为和";第44章有"知止不殆,可以长久"的论述,即强调人的行为要在合理的限度内展开。④《庄子·天道篇》记载了"天道运而无所积,故万物成",强调要重视万物的独立价值,"于大不终,于小不遗",从而实现和谐共生的价值目标;《庄子·齐物论》有"天地与我并生,万物与我为一"的论述;在这一视角下,《庄子·马蹄》指出,"夫至德之世,同与禽兽居,族与万物并";《庄子·知北游》强调"原天地之美,而达万物之理",凸显了自然生态的基础性地位;《庄子·秋水》"以道观之,物无贵贱",强调万物的平等性;在此基础上,顺应天理、应时

---

① 余正荣:《中国生态伦理传统的诠释与重建》,人民出版社2002年版,第51页。
② 胡适:《中国哲学史大纲》,东方出版社2012年版,第55页。
③ 《太平经》上册,中华书局2013年版,第90、250页。
④ 《老子》,中州古籍出版社2008年版,第79、101、103页。

而为,以自然规律为依据实现四时万物的和谐发展。①

与以"道"为基础建构其生态秩序观,阐述万事万物之间的共存共生关系的"无为而治"观点不同。法家将对自然资源的管理提升到政治与法律的高度,并形成了通过严厉的律令惩处,推动对于山泽林薮的有效管理和合理利用的规定,强调通过规范的约束,避免生态秩序遭到破坏,遵从客观的生态法则,维护生态平衡与和谐。与此同时,将自然资源管理状况作为考核评价当政者的重要标准,指出不能够实现对自然资源的良好管理的人,是不可立政为王的;并且,确立了和谐价值追求的重要地位和作用,形成了"不和不生"的思想。《管子·地数第七十七》记载了"苟山之见荣者,谨封而为禁。有动封山者,罪死而不赦";《管子·轻重甲第八十》提出"不能谨守山林菹泽草莱,不可立为天下王",从政治与法律的高度推动资源管理;《管子·内业第四十九》有"天出其精,地出其形,合此以为人,和乃生,不和不生"的论述;《管子·立政第四》更指出"敬山泽林薮积草,夫财之所出,以时禁发",从法律规制的角度,强调尊重自然生态与自然资源存续和发展的规律,在合理限度内进行管理和利用。②

此外,还有兼采儒墨,集合众说的杂家,形成了具有早期生命中心主义色彩的天人关系学说。《吕氏春秋·贵生》有"圣人之虑天下,莫贵于生"的论述;《吕氏春秋·孟春纪第一》记载"始生之者,天也","立官者,以全生也"③,强调生命形式是天地之灵,对于生命应当进行平等的尊重和维护。不同于儒家关于自然(如"利于庶物"说)及生灵的守护主张,这里的行为准则主要集中于针对生命的态度方面,在一定程度上反映了以生命中心为基础的价值追求,强化对于自然规律的尊重与遵循,并通过颁行政令、设立机构等方式确保这一价值追求的实现。

二、关于生态保护的禁止性规范

关于生态保护的禁止性规范以自然生态系统中万事万物的相互作用、相

---

① 《庄子》,中华书局 2014 年版,第 20、94、136、146、180、250 页。

② 《管子》,上海古籍出版社 2015 年版,第 20、333、443、455 页。

③ [战国]吕不韦编:《吕氏春秋》,中州古籍出版社 2010 年版,第 11、25 页。

互联系为前提,强调通过"以时禁发"的行为规范确保对于自然生命的关怀。
《虞书》记载了早在上古时期,即依照天地运行规律确立了"五刑五官"制,并
将其作为规约人的行为的基本德礼秩序。至春秋战国时期,《孟子·梁惠王
上》明确提出"斧斤以时入山林",且"数罟不入洿池"①,以明确的禁止性规
定,"把自然资源保护同国家政治联系起来","在获取最大的生产量的同时,
又能使生态系统得到最大的保护",增强生态系统恢复和调节能力,从而实现
人与自然的协调发展②;《荀子·王制》有"洿池、渊沼、川泽谨其时禁","斩伐
养长不失其时",并将这种禁止性的规定视为"圣王之制"的重要表现,强调
"圣王之制也,草木荣华滋硕之时则斧斤不入山林","鼋鼍、鱼鳖、鳅鳣孕别之
时,网罟毒药不入泽"③。古代关于自然资源与自然环境的禁止性规范设定
(包括禁渔、禁猎、禁伐规定),是保障合理开发利用的行为准则;其以古代自
然观念为基础,以"不绝其长"为目标,反映了自然经济下人与自然的共生(风
调雨顺、万物生长)状态,也为当代生态社会建设提供了重要参照。

在具体的规范层面,《月令》是典型的维护生态的律令,强调天、地、人的
和谐一体,以及顺时、因时而为的重要性。与此同时,在"天人合一"思想的指
导下,古代社会产生了保护林木、鼓励造林的法规政令。以自然生态系统与人
类社会农业系统的有机统一为基础,《月令》对耕耘收藏、林木动物保护作出
了细化的规定,如"不得倾覆鸟的巢穴,不准杀戮动物幼虫";"孟春之月,禁止
伐木";"仲春之月,不准把川泽、池塘的水放干,竭泽而渔";"季春之月,不准
砍伐桑柘";"孟夏之月不准砍伐大树",亦不可对猛兽进行大规模的田猎;"季
夏之月""不得斩伐树木"④;此外,"神农之禁""禹之禁"等规定中亦有特定季
节禁伐、禁猎的规定。其后,《逸周书·聚篇》记载在周代,有《野禁》和《四时
之禁》的明确规定,强调"早春三月,三林不登斧,以成草木之长;夏三月,川泽
不网罟,以成鱼鳖之长"。⑤ 至秦朝,《田律》被视为保存最完整的古代环境保

---

① 《孟子》,中州古籍出版社 2007 年版,第 29—30 页。

② 李春秋等:《生态伦理学》,科学出版社 1993 年版,第 68 页。

③ 《荀子》,中华书局 2011 年版,第 128—129 页。

④ 李永峰等主编:《生态伦理学教程》,哈尔滨工业大学出版社 2017 年版,第 62—63 页。

⑤ (晋)皇甫谧:《逸周书》,辽宁教育出版社 1997 年版,第 31 页。

护立法,其中有对禁苑的规定,从而达到保护生态环境的目的,从法律层面规定"春二月,毋敢伐林木山林雍(壅)堤水。不夏月,毋敢夜草为灰"。这种禁止性规定延续到汉代时期,出现"不涸泽而渔,不焚林而猎","草木未落,斤斧不得入山林,昆虫未蛰,不得以火烧田"的主张;至唐朝时期,政府划定了为禁猎区与禁伐区,即最早的自然保护区,这一设置在生态环境保护中发挥了重要作用;宋元时期颁布了多项环境资源保护方面的禁令,几乎涵盖了所有的环境要素保护对象;明清时期沿用唐律,以推动环境保护的法律化。正是在这一趋势下,确立了保护生态环境的官府禁碑(地方禁令)与民间规约(奉官示禁),通过强制性规范与经过官府认定的民约内容,共同调整人与自然之间的关系,推进生态环境保护立法的实施。①

三、对于生态破坏的严厉惩戒

在古代的自然经济格局下,对于自然运行规律的尊重,以及对人与自然的和谐共生的维护,是直接关系到生存的要务所在。因此,对于破坏环境的行为,古代法采取了严厉的惩处措施。学者指出,"人与自然的和谐共生思想是中国古代法律传统的独特价值之一",由此形成了将人与自然、环境与社会相结合,实现"天人合一"的中国立法路径。② 在这一法律框架下,对于生态环境保护基本价值的违反,会受到法律的严厉惩处。

古代自然观对于生态破坏的严厉惩戒具有坚实的逻辑基础;这一逻辑基础在于通过良好治理和规范行为,实现自然资源与自然环境持续利用,善于运用自然规律与社会运行规律展开治理;而"天行有常","应之以治则吉,应之以乱则凶"。从这一角度出发,在殷商时期更有刑弃灰于道的规定,对于破坏生态的主体适用残酷的肉刑予以惩处,以儆效尤。③ 在这种自然规律的先在性框架下,通过善治达到人与自然的和谐状态的过程中④,如果出现了应为而

---

① 沈守愚等:《生态法学与生态德学》,中国林业出版社 2010 年版,第 284、287 页。

② 张锋:《通往自然之路:人与自然关系和谐化的法律规制》,中国环境科学出版社 2010 年版,第 69 页。

③ 《荀子》,中华书局 2011 年版,第 265 页。

④ 朱坦等主编:《环境伦理学理论与实践》,中国环境科学出版社 2001 年版,第 44 页。

不为或不应为而为之所导致的生态破坏情形,会导致产生的严厉惩处;通过严厉的惩处来确保对于自然生态价值的尊重。

作为最早的环境保护法令,《伐崇令》明确规定了"毋填井,毋伐树木,毋动六畜",否则"死无赦"。并且,通过设置了专门的自然资源和自然生态保护机构,确立了虞衡官(山虞、林衡)制度,在秦朝以前"山虞掌山林之政令,物为之厉,而为之守禁;林衡掌巡林麓之禁令,而平其守";秦汉时期,"虞衡转称少府",并有"林官、湖官、苑官"等对具体的环境要素进行分管;隋唐时期,虞部掌管的事项扩大至山林苑囿、污水排放、草木碳薪供顿、城市绿化、田猎等方面,《唐律》更详细地规定了违反自然生态保护守则的惩处措施与处罚标准;至宋朝,开始由工部负责环境资源保护工作;到了清朝,除虞衡官制度设置外,还设有专管水利的官员。这些制度设计与惩戒规定在生态环境与自然资源的保护方面发挥着重要的作用。其中,惩处的来源不仅限于明文的律令(如地方禁令、帝王诏令)规定,而且扩展至民约规范(如族规族训、帮规行规)层面,通过多层次多领域的环境规约,保障生态价值的实现;从本质上看,民间规范是"天人合德""取之有度"的道德规范,通过禁止乱砍滥伐、保护水源等的民间规约,从深入人们内心的约束层面形成惩罚性和否定性评价预设,并在一定程度上具备外化的行为规制与约束力。①

第二节　理论基础:马克思主义的生态观

从上文法益学说的梳理来看,割裂法益学说之间相互联系的做法会导致悖谬的结论,或将法益保护等同于伦理道德保护,或出现纯粹思辨的、形而上视角的法益论说,或强调实在法是法益论说的唯一来源;这些主张并不能够准确地反映实际的法秩序及法律运行状态。在法益论分析过程中,既不能割裂道德、法律、事实之间的联系,亦不能将这些领域相混同,而需要从唯物辩证法出发,客观分析法益的学说发展,得出具有时代性、科学性的结论。这一科学进路的确立和巩固有赖于马克思主义理论的指引。

---

①　沈守愚等:《生态法学与生态德学》,中国林业出版社 2010 年版,第 283—285 页。

马克思主义生态观是在对资本主义社会及其社会生态矛盾的批判中形成的,经过《1844年经济学哲学手稿》《德意志意识形态》等经典著作的分析和论述,逐步确立了马克思和恩格斯的生态思想定位。从内容上看,马克思和恩格斯的生态思想由异化劳动批判切入,以人与自然的能动性为脉络,形成了关于人对自然的依赖性与社会历史性辩证分析的角度,并以此用全面的、发展的观点来分析人与自然之间的关系,逐步形成成熟和完善的理论系统。从总体上看,一方面,马克思主义生态观坚持唯物主义的自然观,以劳动实践作为客观分析人与自然之间关系的基本立足点,批判资本主义制度导致人与自然关系的异化,从人与人、人与自然之间的关系出发,分析了"人同自身以及同自然界的任何自我异化"的表现形态,到了作为自由人联合体的共产主义社会,这一异化状况会随着"自然、人、社会和解"而消除,代之的是"经济中的生产资料公有制和按需分配,政治中的阶级消灭,观念中的生态理想取向",并在此基础上,实现人的解放,也即"把人与自然、社会、自身的和谐关系归于人自身",实现人的自由与全面发展;另一方面,马克思和恩格斯的生态思想十分重视人的能动性的充分发挥,强调人与自然的相互促进作用,表现为"环境的改变和人的活动或自我改变的一致",因此当代人的物质生产与交换活动,需要"靠消耗最小的理论,在最无愧于和最适合于他们的人类本性的条件下来进行",从而为后代人提供必要的生存资源,维护生态的可持续发展。[①] 具体而言,马克思主义生态观在生态整体主义、自然共同体理论及与马克思主义法学思想的有机结合中,为生态法益的保护实践奠定了理论基础。

一、新兴法益保护的整体主义论域与自然共同体理论

马克思主义生态观的确立,以人与自然的界分为基础。马克思将自然分为人化自然与自在自然两个方面,指出"一个存在物如果在自身之外没有自己的自然界,就不是自然存在物",而自在自然不是天然地与人的存在联系在一起的,而是通过人类改造自然的实践活动,使自在自然向人化自然转化,成

---

① 董强:《马克思主义生态观研究》,人民出版社2015年版,第40、42、46、53、63、77、92、156、167页。

为"人的自然存在物"。① 在这一过程中,为避免无秩序的、不可测的混乱状态,使系统整体表现出极大的在自然进程层面的规则性、统一性,我们需要通过法律制度设计,使人化自然与自在自然在相互协调和相互补充中克服各自的局限性,创造一种可预测的、稳定的甚至是可计算的环境。这就意味着不能够把人的存在与自然存在等同起来,二者在保护和发展过程中呈现出不同的特征,应当按照其所遵循的规律推进相应的法益保护。

正是在这一界分的基础上形成了生态整体主义与自然共同体理论。学者指出,马克思主义的生态世界观与其他自然观的最大区别在于,其建立在唯物主义的坚实基础上②,关注共同体的不断发展,具有社会历史性特征③;马克思主义生态观是在对资本主义的批判及对其工厂制度下的生活状况和环境进行揭露的过程中,逐步确立的。马克思和恩格斯在《德意志意识形态》中指出,"在自然形成的生产工具的情况下,各个人受自然界的支配","主要是人和自然之间的交换";而在文明创造的生产工具情况下,工业发展"主要是人与人之间进行的交换","这种生产力已经不是生产的力量,而是破坏的力量"。④ 事实上,"只有在共同体中,个人才能获得全面发展其才能的手段"。⑤ 从辩证唯物主义的角度对人与自然之间的关系进行分析,在资本主义工厂制度下,人类对于自然资源进行开发利用的能力不断得到提升,同时河流等环境要素遭受了重大的污染。

在此基础上,马克思主义生态观确立了自然优先论,恩格斯强调"没有外部的自然界,就不会有人","自然价值是人的价值实现的基础"。⑥ 恩格斯在《自然辩证法》中从自然规律出发对生态共同体的内在联系进行了分析,强调

---

① ［德］马克思:《1844年经济学哲学手稿》,中共中央马克思恩格斯列宁斯大林著作编译局译,人民出版社2018年版,第103—104页。

② ［美］福斯特:《马克思的生态学:唯物主义与自然》,刘仁胜等译,高等教育出版社2006年版,第2—5页。

③ ［德］施密特:《马克思的自然概念》,欧力同等译,商务印书馆1988年版,第11—14页。

④ ［德］马克思、恩格斯:《德意志意识形态》,中共中央马克思恩格斯列宁斯大林著作编译局译,人民出版社2018年版,第35,49页。

⑤ ［德］马克思、恩格斯:《德意志意识形态》,中共中央马克思恩格斯列宁斯大林著作编译局译,人民出版社2018年版,第65页。

⑥ 李宏伟:《马克思主义生态观与当代中国实践》,人民出版社2015年版,第19页。

"自然条件到处决定人的历史发展"。生态共同体处于普遍的联系当中;在这一基于系统内在联系的发展演化过程中,"我们不要过分陶醉于我们人类对自然界的胜利;对于每一次这样的胜利,自然界都对我们进行报复","我们决不像征服者统治异族人那样支配自然界,决不像站在自然界之外的人似的去支配自然界——相反,我们连同我们的肉、血和头脑都是属于自然界和存在于自然界之中的"。① 马克思在《黑格尔法哲学批判》中指出,"自然是作为许多人、作为许多主体而存在的"②;在人类历史发展的过程中,"第一个需要确认的事实就是这些个人的肉体组织以及由此产生的个人对其他自然的关系","任何历史记载都应当从这些自然基础以及它们在历史进程中由于人们的活动而发生的变更出发"③。

与此同时,马克思主义的共同体理论成为生态整体利益保护的重要支撑。马克思主义的共同体观点包括政治共同体与自然共同体两个方面;自然共同体与政治共同体在生态法益实现过程中皆发挥着重要的作用。其中,自然共同体提供生态法益实现的生态基础,《1857—1858 年政治经济学批判手稿》的"资本主义以前的各种形式"部分指出,"在这种土地所有制的第一种形式中,第一个前提首先是自然形成的共同体"④,并从该自然共同体的群体基础与物质基础出发,对其进行了深刻地剖析,指出"自然共同体的生产,如果抛开其狭隘的民族的、宗教的和政治性的规定,那么,这种生产和再生产体现了为人的属性和为人的全面发展性"⑤;而马克思在《论犹太人问题》中指出,在政治共同体中,"人把自己看作社会存在物",以"现实的个人"为基础⑥,人与人之间的社会联系成为政治共同体存在的重要基础,而正是在这一社会联系当中,出现了从习惯、习惯法到法律的历史演进,由此为生态法益社会保护奠定了现实基础。事实上,政治共同体在维护生态公正和生态民主方面同样至关重要,

---

① [德]恩格斯:《自然辩证法》,中共中央马克思恩格斯列宁斯大林著作编译局译,人民出版社 2015 年版,第 61、98—99、313—314 页。

② 《马克思恩格斯全集》第 3 卷,人民出版社 2002 年版,第 32 页。

③ 《马克思恩格斯选集》第 1 卷,人民出版社 1995 年版,第 67 页。

④ 《马克思恩格斯全集》第 30 卷,人民出版社 1995 年版,第 466 页。

⑤ 邵发军:《马克思的共同体思想研究》,知识产权出版社 2014 年版,第 155 页。

⑥ 《马克思恩格斯全集》第 3 卷,人民出版社 2002 年版,第 4、172—173 页。

"生态民主就是在健康的政治共同体中","将生态利益作为最高诉求"而进行的良性互动治理。①

二、新兴法益保护要充分反映社会与自然的依存关系

马克思主义生态观以唯物辩证法为基础,形成了社会与自然在依存关系中协同进化,以及在共产主义社会人与自然之间的异化关系消除的观点。从这一角度出发,自然环境与自然资源作为生产力的重要组成部分,既关系到社会经济的增长与社会的发展进步,又受到社会经济的影响;而社会与自然的依存关系状态,由特定社会的具体生产力状况与生产关系所决定,并随着社会发展而处于动态的变化过程中。②

从总体上看,马克思主义关于社会与自然关系的主张,同人与自然的关系分析紧密相连。这一主张主要表现在三个方面:一是社会运行的内在自然规律,马克思在《资本论》中指出,"一个社会即使探索到了本身运动的自然规律","它还是既不能跳过也不能用法令取消自然的发展阶段",而资本主义的生产及其技术与社会体系的发展,则在一定程度上打破了原有的人与自然之间的关系状态③;二是人的行为的自然基础,人的行为受到自然规律的约束,亦离不开自然界与自然条件的支持,马克思在《1844年经济学哲学手稿》中指出,"人的肉体生活与精神生活与自然界相联系","人对人来说作为自然界的存在以及自然界对人来说作为人的存在,已经成为实际的、可以通过感觉直观的"④,人的普遍性表现为"把整个自然界——首先作为人的直接的生活资料,其次作为人的生命活动的对象(材料)和工具——变成人的无机的身体"⑤;三是人的自然属性,恩格斯在《自然辩证法》中描述了从猿到人的转变过程,

---

① 高建中:《生态思维与生态民主》,《北京林业大学学报(社会科学版)》2010年第1期。

② [英]佩珀:《生态社会主义:从深生态学到社会正义》,刘颖译,山东大学出版社2005年版,第93—95页。

③ 《资本论》第1卷,中共中央马克思恩格斯列宁斯大林著作编译局译,人民出版社2004年版,第9—10页。

④ [德]马克思:《1844年经济学哲学手稿》,中共中央马克思恩格斯列宁斯大林著作编译局译,人民出版社2018年版,第52、89页。

⑤ 《马克思恩格斯全集》第3卷,人民出版社2002年版,第272页。

马克思在《黑格尔辩证法和哲学一般的批判》中描述了自然界的物质性①,在《1844年经济学哲学手稿》中指出"人直接地是自然存在物",并且是"自然界的特殊的、有意识的存在物"②,强调人是自然的产物与人的自然属性。

与此同时,社会与自然的依存关系主张并不否定自然的独立价值;相反,社会与自然的共生关系是建立在二者固有的、独立的内在价值基础上的。马克思在《论犹太人问题》中强调,人的世界和自然界尤其固有的价值,"没有自然界,没有感性的外部世界,工人什么也不能创造"③;人、动物、植物、水、空气等都是生态系统的组成部分,人类社会的发展与自然生态和自然资源密不可分,并且实际上处于生态体系演化的框架之下。而近现代资源环境破坏及社会矛盾的激化,这一"问题本身并不在于资本主义生产的自然规律所引起的社会对抗的发展程度的高低"④,而在于其生产违反了自然规律本身,破坏了自然与社会的依存关系,从而使生态破坏与社会矛盾的激化成为必然。

从更为根本的层面看,马克思主义关于法律、社会与自然关系的观点植根于法的关系的物质基础当中;"人的生活共同体就是由人、自然、社会三者相互作用形成的生活世界"。马克思在《政治经济学批判》中指出,"法的关系正像国家的形式一样","根源于物质的生活关系"⑤;在《关于新闻出版自由和公布省等级会议辩论情况的辩论》中指出,"只是当人的实际行为表明人不再服从自由的自然规律时,自然规律作为国家法律才强迫人成为自由的人"⑥。而自然的决定作用,是唯物辩证法物质决定论在自然生态领域的具体体现。从历史发展的层面看,在对"人的依赖""物的依赖"社会历史发展阶段的反思基础上,生态独立价值受到了高度的重视,包括了"人类对自然的生存依赖性和自然作用于人类的因果影响"在内。在生态独立价值维护的过程中,"我们不仅要克服自然控制和技术控制状态下的生存困境,而且应当努力推进当代

---

① [德]马克思:《黑格尔辩证法和哲学一般的批判》,贺麟译,上海人民出版社2012年版,第49页。

② 《马克思恩格斯全集》第3卷,人民出版社2002年版,第324、678页。

③ 《马克思恩格斯选集》第1卷,人民出版社1995年版,第42页。

④ 《资本论》第1卷,人民出版社2004年版,第8页。

⑤ 《马克思恩格斯全集》第31卷,人民出版社1998年版,第9页。

⑥ 《马克思恩格斯全集》第1卷,人民出版社1995年版,第176页。

人类生存环境朝着良好的方向改进,创建一个生态生存社会"。① 这对生态正义的法律实现具有重要意义。

而社会与自然的依存关系的良性发展,是生态利益的法律保护的核心价值追求,也成为实现人的自由与全面发展的重要基础。正是从这个角度出发,莱易斯提出应当推动从控制自然向解放自然的转变;这是实现人与自然和谐发展及人类自由的重要方向;福斯特更在反思环境问题的过程中,提出了"生态盈亏底线"理论。由此,在反思生态实践的过程中,改变了人与自然之间的关系状态,我们不再将自然与社会视为对峙的双方,而是从生态整体利益维护的角度出发,将环境与人的和谐发展视为"人们重新恢复了与自然界的活生生的内在联系"的重要前提。② 马克思指出,"历史本身是自然史的一个现实部分";具体到社会与自然的依存关系方面,"人是自然界的一部分","社会是人同自然界的完成了的本质的统一,是自然界的真正复活,是人的实现了的自然主义和自然界的实现了的人道主义"。而"共产主义,作为完成了的自然主义,等于人道主义,而作为完成了的人道主义,等于自然主义,它是人和自然界之间、人和人之间的矛盾的真正解决"。③

三、新兴法益在本质上是共同利益的体现

马克思主义法学思想为以共同体利益保护为核心的新兴法益论证奠定了坚实基础,也成为新兴风险治理的理论支撑。马克思在《对民主主义者莱茵区域委员会的审判》中指出,"法律应该是社会共同的、由一定物质生产方式所产生的利益和需要的表现"④;从来源上看,法律由"使个人服从生产和交换的共同条件的习惯"演变而来,在社会发展过程中,这一共同规则逐步得到确

---

① 吴苑华:《生存生态学:马克思学说的新解读》,天津人民出版社 2014 年版,第 1、106—107、185、228 页。

② 俞吾金等:《国外马克思主义哲学流派新编》,复旦大学出版社 2002 年版,第 607—609 页。

③ [德]马克思:《1844 年经济学哲学手稿》,中共中央马克思恩格斯列宁斯大林著作编译局译,人民出版社 2018 年版,第 52、78—80、239 页。

④ 《马克思恩格斯全集》第 6 卷,人民出版社 1961 年版,第 292 页。

立、发展和完善①。在《摩泽尔记者的辩护》中,马克思指出摩泽尔河沿岸居民"在自然和习俗所决定的条件下进行劳动"②,将自然规律作为基本的行为准则;在《关于林木盗窃法的辩论》中,马克思批判了将个体私人利益看作世界终极目的的现象,否定了将私人利益作为法律终极目标的主张。

从马克思主义历史观角度看,共同利益的形成源于"自然界和人的同一性"。马克思和恩格斯在《德意志意识形态》中指出,"共同利益脱离单个人而独立化,在独立化过程中取得普遍利益的形式",而特定的社会发展阶段"始终是与一定的共同活动的方式或一定的社会阶段联系着的",从而为共同利益的法律实现奠定了基础。从历史发展的过程看,"自然界起初是作为一种完全异己的、有无限威力的和不可制服的力量与人们对立",由此形成了原始的自然宗教观念与对自然界的特定关系界定;在这一阶段自然界受到人类社会实践活动的影响较小。此后,随着自然地产生的分工向"物质劳动和精神劳动分离"所形成的分工的转变,人类实践活动对自然生态系统的影响不断扩大,"产生了个人利益或单个家庭的利益与所有互相交往的人们的共同利益之间的矛盾";这种共同的利益"首先是作为彼此分工的个人之间的相互依存关系存在于现实之中",其次是"作为一种'普遍的东西'存在于观念之中"③;而直至消灭阶级的社会,才能够真正实现对于共同利益的尊重和维护,避免个体的特殊利益对于共同利益的违反,为生态法益保护提供现实支持。

从马克思主义实践观角度看,共同利益是在"人类实践活动的两大基本关系",即人与人、人与自然的关系中形成和发展起来的;生态和谐的实现寓于人与社会、人与自然的辩证统一关系当中。有学者指出,马克思主义生态观"关注到被其他人忽略的人与自然关系掩盖下的人与人的社会关系,透过人与自然的关系状况看出人与人之间的物质利益关系";通过马克思的《资本论》及其手稿和恩格斯的《反杜林论》《自然辩证法》等著作的论述,马克思主义生态观具备了坚实的辩证自然观及经济理论基础,并不断丰富和完善,凸显

---

① 沈宗灵主编:《法理学》第 2 版,高等教育出版社 2004 年版,第 89 页。
② 《马克思恩格斯全集》第 1 卷,人民出版社 2002 年版,第 376 页。
③ 《马克思恩格斯全集》第 3 卷,人民出版社 1960 年版,第 37 页。

了"自然环境对于文明的基础性作用"。而这一基础性作用的发挥,则是以人类社会劳动实践为媒介的,由此形成人与自然、人与社会、社会与自然之间的具体的、历史的统一关系。①

相应地,以共同利益为核心的法益保护,需要在法律实践的层面得到具体的贯彻落实,体现"人类同自然的和解以及人类本身的和解",反映生态整体利益与价值追求。而在资产阶级政治经济框架下,所谓的共同利益只是以交换价值为核心的个体中心主义私益的体现;在这一方面,马克思在《论犹太人问题》中即指出"在私有财产和金钱的统治下形成的自然观,是对自然界的真正的蔑视和实际的贬低",并揭示了资本主义人权的本质,认为其没有超出"退居于自己的私人利益和自己的私人任意",这里的私人指"与共同体分隔开来的个体的人"。② 打破这一悖谬,需要真正回归共同利益的本质,克服把社会与自然对立起来的、反自然主张的悖谬③,代之以一种"新型的人与自然关系的模式"。事实上,人与自然的关系不应当是征服与被征服的关系,而是协同进化、和谐发展、互惠互利的内在生命关系;在这一关系论域,个体利益与共同体利益之间的矛盾得到了有效的化解,实现了人的解放和自然的解放,形成了以共同体利益为基础的生态社会。④ 生态法益正是在共同体当中得到保障和发展,维护人类长远利益和人与自然整体利益,实现人、自然、社会的和谐统一。⑤

第三节　指导思想:习近平生态文明思想

以党的十九届四中全会决定为指引,在传统风险向新兴风险转变的背景下,新兴法益保护必须要遵循国家生态治理现代化思想的指引,推动制度优势

---

① 刘希刚:《马克思恩格斯生态文明思想及其中国实践研究》,中国社会科学出版社 2014年版,第 23、39—41 页。

② 《马克思恩格斯全集》第 3 卷,人民出版社 2002 年版,第 185、195 页。

③ 〔美〕奥康纳:《自然的理由:生态学马克思主义研究》,唐正东等译,南京大学出版社 2003 年版,第 199 页。

④ 《德意志意识形态》节选本,人民出版社 2003 年版,第 26—27 页。

⑤ 李世书:《生态学马克思主义自然观研究》,中央编译出版社 2010 年版,第 130—131 页。

向治理效能的转化。生态文明是以人与自然的和谐共生为核心的文明形态,是在"遵循自然生态规律和社会经济发展规律"基础上,为实现以环境为介质的主体间的和谐而形成的"物质与精神成果的总和"①,其实现了"对工业文明的替代和超越"②。

在农业文明、工业文明、生态文明演变的过程中,法律在上层建筑层面发挥着重要的促进作用,一方面,法律通过巩固新的生产方式,引导新的文明形态的发展;另一方面,法律通过保障生态文明建设成果,维护人类社会的可持续发展。在后工业时代,人与自然之间的矛盾和冲突成为制约人类发展乃至影响基本生存的关键因素,这一矛盾和冲突的解决成为最为重要的时代使命。生态法益即是适应这一时代要求而产生的重要范畴。

随着中国特色社会主义建设进入新时代,社会基本矛盾的转变要求有效解决人民对于美好生态的需求与不平衡不充分的发展之间的矛盾;马克思主义生态法学基础理论创新面临进一步深化与体系构建的问题,须在法的本质属性、法理学研究范式、法学研究方法、法学学科及理念等方面,进行符合社会发展需求的新的探析与阐释,并由此实现理论和实践层面马克思主义生态主张的深入发展③,以更为深入的论证助益民生民心的维护。而在新的社会基本矛盾解决的过程中,习近平生态文明思想为生态保护与和谐发展奠定了基础。

一、习近平生态文明思想开拓马克思主义生态理论中国化的新境界

在马克思主义生态观的发展过程中,学者对生态资本主义展开了批判,指出"生态资本主义的拥护者倾向于把经济手段作为主要的手段",其本质是从经济利益出发倡导环境保护的重要性,"完全建立在自私自利的驱动力基础之上";在生态资本主义思潮演化中,出现了生态凯恩斯主义主张,倡导生态问题的解决同时也促进失业问题的解决。可以发现,生态资本主义与马克思

---

① 周珂主编:《生态文明建设与法律绿化》,中国法制出版社 2018 年版,第 1 页。
② 邓海峰:《生态整体主义视域中的法治问题》,法律出版社 2015 年版,第 4 页。
③ 李龙、张文显、刘翰、李步云、李建华、陈桢:《九十年代法理学的展望》,《中国法学》1992年第 1 期。

主义的生态观存在本质的区别,马克思主义生态观将生态文明与生态法益保护本身作为制度设计的目标,在此基础上,维护代内正义与代际公平的实现,"为后代保存充足的资源"。在这一层面,马克思主义的生态观为工业社会的最根本危机的解决带来根本性变革的方案,在生态、资源与生产条件的有限性背景下,推动合作、协调与生态自由,从而将经济社会发展推上可持续的轨道。正是在这个意义上,学者指出"生态政治除非与平等主义、社会主义的反剥削实现综合,否则,它只能在很大程度上以一种肤浅的形式变成当前世界经济秩序中一个不可缺少的组成部分"。因此,我们必须超越工业资本主义逻辑,"把工业繁荣纳入对工业社会进行生态与社会重建的纲领中",推动沿着生态环境保护及人与自然和谐方向的发展方式的变革。[①]

在这一层面,生态社会主义即成为克服资本主义固有矛盾,凝聚整体性社会生态发展的力量。从内容上看,生态社会主义的核心在于通过国家、社会、个体的参与,保障生态系统的完整性,最大限度地恢复受到破坏的自然生态环境[②],克服生态资本主义"通过重建自然来确保可持续获利性"的悖谬。有学者指出,"资本主义、自由民主制和行政国家一起,共同制造了生态难题";在生态资本主义框架下,不可能真正实现生态的可持续发展与经济的绿色化转型,因此需要确立新的生态社会主义的法律秩序,其"在创造一种生态可持续社会的过程中将发挥关键性作用"。[③] 从总体上看,生态社会主义对于合作、可持续性转型、循环利用、理性增长、生态友好等的倡导具有进步意义,但这一论说中亦存在需要加以辩证分析的地方,如生态社会主义者反对全球化乃至马克思主义人类解放思想,以及收缩短距离国际贸易的主张则存在悖谬,违反与背离了客观的发展规律。

在生态文明的发展过程中,马克思主义生态观及其中国化给世界带来了重要的积极影响,习近平生态文明思想发挥了重要的引领作用,确立了以人的

---

① ［印］萨拉·萨卡:《生态社会主义还是生态资本主义》,张淑兰译,山东大学出版社 2012 年版,第 149、151、153、187、210、281 页。

② ［美］科威尔:《自然的敌人:资本主义的终结还是世界的毁灭?》,杨燕飞等译,中国人民大学出版社 2015 年版,第 221 页。

③ ［澳］罗宾·艾克斯利:《绿色国家:重思民主与主权》,郇庆治译,山东大学出版社 2012 年版,第 49 页。

全面发展与经济社会生态良好为核心的绿色发展、协调发展、开放发展、共享发展、创新发展路径,体现了马克思主义中国化的新境界。在社会主义建设初期,党的第一代中央领导集体就十分重视环境问题,"把生态环境保护看作是发展农业经济的重要内容",并提出了"全面规划、合理布局,综合利用、化害为利,依靠群众、大家动手,保护环境、造福人民"的环保方针;毛泽东同志指出,"如果对自然界没有认识,或者认识不清楚","自然界就会处罚我们"①,指出在生产实践当中,要充分认识自然的规律性及人和自然的关系,以唯物辩证法为指导,分析了关于自然生态的基本观点。邓小平同志提出"发展中国社会主义事业要走生态资源的可持续化发展道路",强调要"按照自然的客观规律来发展经济",将生态环境保护确立为基本国策,并提出通过法制建设保护自然生态环境,推动环境保护与经济发展相协调,强调发展经济要因地制宜,实现生态环境保护与经济发展进步的双赢,并在林业、工业、农业生产中贯彻科学利用与有效保护的理念,使经济的发展可持续、有后劲。"第三代中央领导集体继承和发扬了邓小平可持续发展的理论",提出推动整个社会走上"生产发展、生活富裕、生态良好的文明发展道路",指出对于生态环境的破坏事实上会导致对于生产力的破坏,"经济、社会、环境相协调"事实上关系到最广大人民根本利益的实现。胡锦涛同志提出科学发展观,"把建设生态文明确定为国家发展战略和全面建成小康社会的重要目标"②,指出要"着力推进绿色发展、循环发展、低碳发展",推动资源节约与环境保护,"从源头上扭转生态环境恶化趋势,为人民创造良好的生产生活环境"③。党的十七大还将"人与自然和谐"、"建设资源节约型、环境友好型社会"写入新修改的党章中。

　　其中,"从 1978 年到 2008 年的 30 年间,党中央共召开六届代表大会、三十七次全会。在环境保护方面积累了宝贵的经验",从局部性、片面性问题上升到全局性、整体性问题,为生态文明宏观性、战略性布局的确立奠定基础。

---

　　①　中共中央文献研究室编:《毛泽东文集》第 8 卷,人民出版社 1999 年版,第 72 页。

　　②　朱智文等:《生态文明制度体系与美丽中国建设》,甘肃民族出版社 2015 年版,第 29—33 页。

　　③　胡建:《马克思主义生态文明思想及其当代影响》,人民出版社 2016 年版,第 245、261 页。

1979 年党的十一届四中全会指出要"按照自然规律和经济规律办事",1982年党的十二大强调要"保持生态平衡",1987 年党的十三大指出要把"经济效益、社会效益和环境效益很好地结合起来",1992 年党的十四大强调要"保护和合理利用土地、矿藏、森林、水等自然资源",1993 年党的十四届二中全会指出要"节约能源",1995 年党的十四届五中全会提出推动"经济增长方式从粗放型向集约型转变",同年《〈中国 21 世纪议程〉纳入国民经济和社会发展计划研究报告》为长期可持续发展提供了具体的操作要求;1997 年党的十五大指出要"实施可持续发展战略",2002 年党的十六大指出要"走新型工业化道路",2004 年党的十六届四中全会提出"建设节约型社会",2005 年党的十六届五中全会提出要建设"两型社会"及发展"绿色食品和生态农业",2006 年党的十六届六中全会将人与自然和谐相处作为和谐社会建设的重要内容①,2007 年党的十七大提出"科学发展观"及全面协调可持续发展思想,2008 年党的十七届三中全会指出要"按照建设生态文明的要求发展节约型农业、循环农业、生态农业"②,从而为中国生态文明发展与生态法益保护的理论和实践奠定了重要基础。

　　党的十八大以来,以习近平同志为核心的党中央提出了一系列符合中国实际,具有时代特征的生态文明建设思想。习近平总书记指出,生态文明是"实现人与自然和谐发展的新要求",建设美丽中国直接关系到中华民族伟大复兴的实现,"决不以牺牲环境、浪费资源为代价换取一时的经济增长"③,强调要"坚持正确义利观,积极参与气候变化国际合作"④,推动绿色循环低碳发展,提出"美丽中国"及生态文明建设总体布局与战略思想;同时,党的十八大提出"五位一体"总体布局,专题论述生态文明建设的基本理念与实现路径;党的十八大更进一步提出"坚持节约优先、保护优先、自然恢复为主的方针","把资源消耗、环境损害、生态效益纳入经济社会发展评价体系";党的十八届

---

① 胡锦涛:《在省部级主要领导干部提高构建社会主义和谐社会能力专题研讨班上的讲话》,《人民日报》2005 年 6 月 27 日,第 1 版。

② 陆学艺主编:《伟大的历程:改革开放 30 年》,知识产权出版社 2009 年版,第 241—243 页。

③ 《习近平总书记系列重要讲话读本》,人民出版社 2014 年版,第 121、126 页。

④ 李连科:《价值哲学引论》,商务印书馆 1999 年版,第 47 页。

三中全会决定将生态文明制度体系建设作为推进环境治理体系与治理能力现代化的重要制度基础①，从而为新时代的生态法益保护提供了重要指引。

党的十九大报告指出"中国特色社会主义进入新时代"，生态文明建设面临新的机遇与挑战。生态保护不仅被作为维护人类生存与国家发展的重要前提，而且被视为"一种更高级的社会形态"，被作为制度建设的根本目的加以推进。② 以习近平生态文明思想为指导，在深度推进"两型社会"建设与"发展循环经济""低碳经济"，提升发展质量的基础上，"牢固树立社会主义生态文明观"，推进"人与自然和谐发展现代化建设"③，并将社会主义核心价值观融入生态文明建设的全过程，促进人、资源、环境的协调发展；而这一融入过程亦是塑造新时代生态法益保护的鲜明特征。

二、习近平生态文明思想指明生态法益保护的历史定位与发展趋向

习近平生态文明思想以人民福祉为根本依归，蕴含着丰富的治理经验与生态智慧。习近平总书记高度重视生态公平与公共服务，强调"建设生态文明，关系人民福祉"，指出"要正确处理好经济发展同生态环境保护的关系，牢固树立保护生态环境就是保护生产力、改善生态环境就是发展生产力的理念"。④

以习近平生态文明思想为指导，生态法益即法律生态化的核心利益所在；生态文明与生态法治建设即以生态法益为保护对象。与此同时，习近平总书记在全国生态环境保护大会上的讲话明确了生态法益保护的历史定位，即其直接关系到"中华民族永续发展的根本大计"。⑤ 以这一重要定位为指导，深刻认识当下生态文明建设面临的"关键期""攻坚期""窗口期""三期叠加"客观实际，切实把握机遇，有效应对挑战，"推动生态环境保护发生历史性、转折

---

① 孙海英：《马克思主义哲学视域下生态文明建设范式》，《长沙理工大学学报（社会科学版）》2017年第3期。

② 王灿发：《论生态文明建设法律保障体系的构建》，《中国法学》2014年第3期。

③ 李秉文：《推动形成人与自然和谐发展现代化建设新格局》，《光明日报》2018年2月26日，第6版。

④ 《习近平谈治国理政》，外文出版社2014年版，第208—209页。

⑤ 《推动生态文明建设迈上新台阶》，《光明日报》2018年5月20日，第1版。

性、全局性变化",确保到 2035 年,"美丽中国目标基本实现"。①

　　生态法益保护需要融入经济社会发展"绿色化"的整体进程当中,实现"生态文明理念质的提升",维护生态要素安全(阳光、土壤、水、空气、植被等参数变动安全)与生态功能安全(人类及动植物生长适宜度、地球表层物质循环状态等参数安全),推动法律意志与生态理念、经济效益与生态效益的有机统一。2015 年 5 月,《中共中央国务院关于加快推进生态文明建设的意见》发布,提出协同推进"绿色化"与"新四化"(城镇化、新型工业化、农业现代化、信息化);社会主义生态文明建设"不仅有利于解决中国发展新阶段面临的由人口、生态环境、自然资源和经济社会发展矛盾所引发的一些突出问题,更是关系人民福祉、关乎民族未来的长远大计";其"以尊重自然、顺应自然、保护自然"②为主旨,"强调人与自然环境的相互依存、相互促进、共处共融",从而实现中华民族的永续发展,实现生态文化价值观、生产方式、生活方式的科学转型,建设新时代的社会主义生态文明;同年 9 月,《生态文明体制改革总体方案》颁布,正式确立生态文明建设的"六个理念",即在上述对于自然的尊重、顺应、保护理念基础上,坚持经济发展与环境保护的有机统一,维护自然价值与自然资本,以山水林田湖是生命共同体为基础,实现绿水青山就是金山银山,以及国土空间的均衡发展。在维护本国生态安全的同时,中国以积极承担国际责任的大国担当,发挥着重要的引领作用,为全球生态安全作出贡献。③

　　生态法益的实现需要多维度多层次推进深层次问题的解决,"用最严格制度最严密法治保护生态环境",并将其作为推进生态文明建设的基本原则之一;将生态文明制度体系作为生态文明体系的重要组成部分,强调党的领导对生态法治建设的根本性保障作用,从而为生态法益论说奠定了重要的制度基础。正是在这个意义上,习近平总书记在 2018 年全国生态环境保护大会上指出,生态系统脆弱、污染重、风险高的客观实际与环境风险有效防控、生态系统良性循环的要求之间存在差距,全面落实水污染、大气污染、土壤污染防治

---

　　① 《习近平生态文明思想引领"美丽中国"建设》,新华网,见 www.xinhuanet.com/politics/xxjxs/2018-05/22/c_1122866707.htm,最后访问时间 2018 年 10 月 1 日。
　　② 《坚持人与自然和谐共生》,《光明日报》2017 年 11 月 5 日,第 4 版。
　　③ 徐光春主编:《马克思主义大辞典》,崇文书局 2017 年版,第 1153、1158、1162 页。

行动计划,系统推动生态文明体制改革,全面推进绿色发展,并建立完善的评价体系,成为新时代生态文明建设的重要议题。习近平总书记在 2019 年中国北京世界园艺博览会开幕式上的讲话中指出,"生态治理,道阻且长";《生态文明体制改革总体方案》及生态文明建设意见等在内的一系列文件从产业结构调整、主体功能区调整、资源节约循环、气候变化应对、责任与监督制度设计、规范与标准体系建设等多维度出发,系统部署生态文明建设方案,破解生态治理结构性困境。具体而言,在"五位一体"总体布局和"四个全面"战略布局下,以人与自然是生命共同体、人与自然和谐共生为导向,坚持新发展理念,推进绿色发展,将基本民生观与自然生态观念高度统一起来,从生态系统安全及风险防范的高度,推动环境治理的现代化。①

从更为根本的层面看,生态法益保护的价值目标并不是要停止经济发展而回归到原始生态,而是通过解决人民日益增长的美好生态需求与不平衡不充分发展之间的矛盾,实现"以人民为中心的发展";从更为根本的层面看,"良好的生态环境是最普惠的民生福祉"。习近平总书记在 2016 年省部级主要领导干部学习贯彻党的十八届五中全会精神专题研讨班上指出,"环境就是民生";在 2018 年中央财经委员会第一次会议上指出,环境问题是"全面建成小康社会能否得到人民认可的一个关键"。② 2016 年,《绿水青山就是金山银山:中国生态文明战略与行动》由联合国环境规划署发布,标志着中国生态文明建设价值目标及实践路径在国际领域的影响日益扩大,中国的生态文明理念,以及通过推动经济、环境、社会发展相协调来增进人民福祉的一系列做法,得到了国际社会高度认可,凝聚起共谋全球生态文明建设的广泛共识。

三、中国特色社会主义法治体系建设为新时代的生态法益实践奠定基础

尽管法益理论的形成和发展由刑法领域起始,但法益并不是刑法所特有的受其保护的利益;民法、社会法、生态法均有其特殊的保护对象。在中国,这些从不同路径出发的法律理论及实践,即构成了中国特色社会主义法治体系

---

① 《习近平生态文明思想引领"美丽中国"建设》,新华网,见 www.xinhuanet.com/politics/xxjxs/2018-05/22/c_1122866707.htm,最后访问时间 2018 年 10 月 1 日。

② 李干杰:《守护良好生态环境这个最普惠的民生福祉》,《人民日报》2019 年 6 月 3 日,第 9 版。

建设的基本框架。党的十五大确立依法治国方略，"十六大、十七大报告提出形成和完善中国特色社会主义法律体系"；"党的十八届三中全会对中国特色社会主义制度作出一系列新安排、新部署"，"党的十八届四中全会专门对中国特色社会主义法律体系进一步完善和发展作出安排"，"将建设中国特色社会主义法治体系，建设社会主义法治国家作为全面推进依法治国的总目标"，强调"坚持法治国家、法治政府、法治社会一体建设"，并实现从法律规范制定、适用与实施到法治监督与法治保障全过程的规范化，推动社会主义市场经济法律制度、社会主义民主政治法律制度、社会主义先进文化法律制度、社会主义生态文明法律制度的健全和完善，推进社会治理法律制度建设。① 从总体上看，"建设中国特色社会主义法治体系，就是要充分发挥法治在治国理政中的基本功能作用"，彰显现代法治对于调节社会关系，推动人与自然协调发展的价值意义。②

从联系方面看，民法、刑法、社会法、生态法所保护的法益均具有法律性、有益性、确定性。第一，法益具有法律性。不论是哪一个部门法所保护的法益，其皆以法律规范的调整和保障为基本前提；法益与利益的最大差异在于前者具有突出的法律属性，而后者只有在经过了法律调整从而被纳入法律保护范围之内，才成为具有法律性的利益范畴。第二，法益具有有益性。法益的规范属性内含着正确的价值判断；在现代法治文明建设背景下，"恶法亦法"的主张已受到摒弃，法律规范所保护的法益须是有利于人类共同生活，有利于社会发展进步的积极利益，对于违反这一基本价值判断的行为，则需要加以否定且不能够被纳入法益保护范围。第三，法益的确定性。法律具有确定性和稳定性特征，相应地，法律所调整和保护的法益范畴亦须具有明确性，以使人们清晰地知道哪些法益属于保护对象，哪些利益则是不为法律所保护的否定性评价对象；从这个意义上讲，法益的确定性是充分发挥法律的指引、教育、威慑、预测功能的基本前提。此外，法益还须具有法律保护的可能性，也即其属于人的行为可能侵害的利益；法律通过对人的行为的规制来防范法益侵害的

---

① 黄一兵：《中国特色社会主义制度》，广东教育出版社 2014 年版，第 511—516 页。
② 公丕祥主编：《全面依法治国》，江苏人民出版社 2015 年版，第 110 页。

发生。

从区别方面看,民法所保护的法益具有私法属性,以调整人与人之间的关系为核心;刑法所保护的法益具有公法属性,以调整人与国家之间的关系为核心,并以严厉的刑事处罚措施防范侵害法益现象的发生;社会法所保护的法益具有社会公共属性,以调整人与社会之间的关系为核心;生态法所保护的法益具有自然属性,以人与自然之间和谐关系的法律保护为核心。具体而言,民法保护的法益内含是平等主体之间的人身利益和财产利益,这一法益范围构成了私法主体正常生活的基本保障;刑法所保护的法益是安全与稳定秩序,并以当事人的实体性权利(亦关涉财产、人身与自由权利的内容)与程序性权利保障为重要基础,为国家和社会提供有序的生产和生活环境;社会法所保护的法益是社会公共利益,其核心法益在于对处于弱势的群体提供有力的社会权利保障,以人与社会关系的调整为核心,从社会公平正义的层面防范社会矛盾与冲突的激化;生态法所保护的法益是经过生态法律规范所确认的生态利益,生态法益是在环境危机威胁到人类生存与发展的背景下,逐步确立和发展起来的,其核心在于对人与自然之间关系的重新调适,以实现和谐发展、绿色发展。

而从生态法益的现实转化角度看,只有在充分体现生态法域特殊性的基础上,重视法律体系的整体性①,充分发挥不同法律部门的积极作用,才能够真正为具有公共品属性的生态利益保护提供全方位的支持;离开了任何一个方面,都不足以满足具有广泛覆盖性的生态法益保护要求。在这一方面,有两个典型的例证。一是生态侵权领域,环境污染与生态破坏行为所造成的损害表现,"可能直接侵害他人对自然资源的所有权或使用权,也可能通过生态环境的中介作用间接侵害他人的人身、财产权益",对于生态破坏直接侵权而言,"现有立法常常以行政责任形式来追究此种类型的侵权责任";对于生态破坏间接侵权而言,需要在既有民事法律规范框架内形成规制生态侵权行为的特殊规则,并与资源开发利用中的单行法相结合,健全生态破坏侵权责任的法律规定。② 二是生态法域的激励机制建设方面,"宪法和环境基本法应当以

---

① 吴晓静:《整体性法律观的民商法应用:民商事疑难法律问题研究》,法律出版社2013年版,第6页。

② 薄晓波:《生态破坏侵权责任研究》,知识产权出版社2013年版,第1—3页。

权利激励为主,环境单行法以权利激励和行政赋能激励为主,民法、诉讼法等相关部门单行法中的环境激励规范以权利激励为主","环境行政法规、部门规章、地方性法规和地方政府规章以行政赋能激励为主,社会激励规范以社会赋能激励为主";各个法律部门相辅相成、互相配合,形成了对生态法益进行保护的系统法律支持。①

---

① 何艳梅:《环境法的激励机制》,中国法制出版社 2014 年版,第 2 页。

第六章 生态法益的国家保障：
生态文明战略与预防责任

在国家治理制度体系向治理效能转化的过程中,生态法益的国家保障反映新兴法益国家保护义务的确立和发展。新兴法益的国家保障是国家义务的集中体现;在这一框架下,国家对于新兴法益的积极回应与治理转型在法治的轨道上展开,并衍生出不同于传统法益保护领域的国家义务类型与责任形态。国家是基于共同利益而联合起来的集合体,这种联合的首要原因即在于"自然植于人的某种社会精神"①;通过这一联合把各种关系领域的"冲突保持在'秩序'的范围以内"②;同时,"国家义务也需要与环境法、经济法等部门法结合,国家义务与具体的民生问题相结合,即在特定领域产生相应的国家义务";相应地,生态法益保护国家义务指"国家负有保护和改善生活环境和生态环境,合理开发利用自然资源,防治环境污染和其他公害,使其符合人类的生存和发展的义务"③。这奠定了生态法益及生态价值国家保护的基础。

法益的国家保护经历了从 19 世纪自然主义国家理念到福利国家,再到生态文明战略的转变;在这一转变过程中,人的自然存在形态与社会共同生活得到保障和支持。生态法益的国家保障反映其本质属性,"法律本因人的需要而产生",生态法益的国家保护即是以人的自然属性与社会属性相统一为基

---

① [古罗马]西塞罗:《国家篇 法律篇》,沈叔平、苏力译,商务印书馆 2009 年版,第 35 页。

② [德]恩格斯:《家庭、私有制和国家的起源》,中共中央马克思恩格斯列宁斯大林著作编译局译,人民出版社 2018 年版,第 189 页。

③ 陈真亮:《环境保护的国家义务研究》,法律出版社 2015 年版,第 126 页。

础,使法律回归于人的自由与全面发展的必由之路。①

第一节 生态法益国家保护的多维分析: 新兴法益保护的国家义务

新兴法益的国家保护在法治的轨道上展开,呈现不同的维度特征。根据法益保护的紧迫性与严重性程度的划分,分别在不同维度推动新兴法益的有效保护。对于生态法益法律地位的确定而言,宪法具有根本性意义,"宪制随着共同体的存在而生成","是一个共同体基本的生活方式",而"人必然要在与共同体的关系中实现完整的自我";在这一框架下,生态法益成为共同体伦理的重要基础②。对于生态安全法益而言,强有力的刑事法律规制具有关键的意义和作用,能够通过刑罚惩戒措施防范生态犯罪的出现;对于生态利益而言,能够通过民事法律救济方式加以弥补,并且污染后治理对于生态恢复具有重要意义,其构成了生态治理的重要环节;对于生态管理秩序而言,需要以行政法律规范加以管制,防范环境行政失序对于相对人合法权益的侵害。

一、生态文明的宪法规范确认

生态法益的宪法确认奠定了生态整体利益维护的根本基础,也构成了生态文明战略的核心内容;生态法益确认的基础是一个国家的根本大法,各个部门立法皆在宪法的框架内展开,而不能够违反宪法的规定。从更为根本的层面看,宪法代表着对于人民根本利益的保护,是实现法律意志与人民意志相统一的重要前提,也会在法律的教育功能层面引导社会环保意识及素养的提升。这成为生态法益宪法保护的重要延伸。因此,生态法益的宪法确认在本质上代表着对于人民美好生态需求的法律回应,是更好地将生态保护贯彻到法律理论与实践过程的重要举措。

---

① 李龙、陈佑武:《中国法理学三十年创新的回顾》,《政治与法律》2008 年第 12 期。

② 苏婉儿:《宪制的伦理生命:对黑格尔国家观的一种探源性解读》,清华大学出版社 2013 年版,第 129、131 页。

从地位和作用层面看,生态法益的宪法确认奠定了"国家环境与资源保护活动的基石"。在我国,生态法益的宪法确认主要从三个方面展开:一是2018年宪法修正案第三十二条正式将生态文明写入宪法,提出建成"富强民主文明和谐美丽的社会主义现代化强国"的重要目标,从总体框架层面为生态法益的宪法保护奠定基础;二是宪法第二十六条规定,"国家保护和改善生活环境和生态环境",从基本政策的层面防范环境公害的发生,对生态法益保护目标进行宪法确认;三是宪法第九条、第二十二条、第一百一十八条,明确规定自然资源的所有权、土地资源合理利用、重要的历史文化遗产保护内容,从具体的资源保护利用角度为生态法益的实现提供支持,并在第八十九条明确了生态文明建设管理职责。与此同时,"宪法在确立可持续发展战略的地位上具有重要作用","为环境与资源保护法律的生态化提供宪法依据",并"在培养公众生态化的环境法律意识方面具有重要作用",从主观与客观相统一的层面为生态文明的宪法确认提供保障。①

从生态文明宪法确认的作用机理角度看,"宪法可以积极地规定未来法律的一定内容",通过设定基础规范,为生态法益保护提供前瞻性与预防性的指导和引领。在更为根本的层面,由于生态文明建设的重要性与基础性作用,一般规范的设定通常情况下要在宪法框架内展开;以宪法为最高规范的法律规则与自然法则之间存在相互通约的地方,"人类的法律告诉文明在某些情况下我们可以指望社会将做什么,而自然法则则告诉我们在某种情况我们可以指望自然对象将做什么","就像法律规则一样,自然法则也是拿作为条件和后果的两个事实相互联系起来";在这一方面,自然法更多地表现为静态规范体系,而实在法则构成了动态的规范体系,"当自然法理论不再根据一种静态原则去发展其自然秩序而代之以动态原则时"②,自然法即实现向实在法的转换;对于生态法益保护及共同体归责关系的法律确认,以法律秩序关系的形态呈现,自然法则与法律规则之间的沟通和协调具备了宪法规范基础。

从更为根本的层面看,生态法益的宪法确认实质上是生态共同体所立基

① 曹明德:《生态法原理》,人民出版社2002年版,第98、103、109页。
② [奥]凯尔森:《法与国家的一般理论》,沈宗灵译,商务印书馆2013年版,第86、180、195、199、248、550页。

的群体共识的反应;其从根本法出发,基于生态利益共识构筑共同行动的整体,在生态法律秩序构建过程中,建立理想的生态政治秩序。其中,作为人民的理性契约,宪法规范"以承认、尊重和协商为原则",以主体间交往理性为基础,最大限度地凝聚全体成员生态价值认同,形成理性共同体的理性共识。但这一趋势与近现代西方立宪主义并不相同;后者"以一种原子论式、机械论的个人主义观点来看待个体与社会之间的关系",在立宪运动和法典化运动中,宪法和法律被视为事实性存在,自然规律被视为绝对的客观存在,强调"人类社会应该根据某种自然法或自然规律而建构"。事实上,社会与自然的相互依存关系建立在二者各自独立价值的基础上,真正的生态法律规范反映社会与自然的一致的理性,实现生态正义与社会正义的协同发展,而自然的规律、社会运行规律不能够相互替代,更不能够相互混淆;在这一制度构建过程中,在生态保护组织化和制度化高度发达的共同体中,形成生态环境保护共同意识。"共同意识意味一种安排秩序观念,这种安排秩序观念的理性化表达往往倾向于追求某种普遍性,即构建最为美好而令人称颂的秩序",并以之为基础形成系统的生态共同体规则。正如韦伯在《经济与社会》一书中所指出的,"共同体建立在群体观念的共同属性之上","产生出共同的利益观";这奠定了生态法介入公共生活及生态法益保护的重要基础。①

二、生态犯罪的刑事法律惩处

刑事法律规范对于生态法益的保护以惩处生态犯罪为核心,在传统法益内核之外确认了以生态独立价值为核心的新兴法益内容。生态法益的确立在一定程度上改变了传统的犯罪主客体构成要求。对于生态犯罪的认定而言,主体的行为所指向的客体并不是以传统的人身及财产利益为内容的,而是通过对于生态系统的破坏与生态要素自然功能的干扰,间接地作用于人的健康或财产利益的;与此同时,主体对于客体的侵害呈现出不特定性与泛化性特征,主体污染环境的行为往往不只影响到某一个人,而是对于生活在该区域的

①　朱海波:《论现代立宪主义的文化基础:理性主义与自然法哲学》,法律出版社 2008 年版,第 52、66、71—73、82、159、238、240、243、245 页。

社会成员均造成不同程度的损害,从而表现为对于公共生态利益的干扰、侵犯和破坏。

生态犯罪是造成生态法益侵害的犯罪行为。在现有的法律规范体系当中,环境犯罪的法律规制具有从属性,即不是基于对刑法的直接违反而进行相应的惩处,而是基于对相关经济、行政法律规范的违反达到了犯罪严重性,从而作出相应的刑事裁决。事实上,从本质上看,环境犯罪侵犯的是环境刑法所保护的环境生态法益,环境刑事立法的根本目的在于通过法律手段保护在健康、良好的环境中生活的权益;以这一目的为指引,对生态独立价值进行刑事法律确认①,促进了法律效果与社会效果之间的沟通和衔接,推动了生态法益的法律保护②。

生态法益"通过适度扩张的路径来突破传统法益的束缚,进而实现环境刑法法益结构的平衡"。从内容上看,生态法益的刑事法律保护,在可持续发展环境伦理观基础上,带来了刑法保护法益的扩容,将生态整体利益纳入刑事保护的范围,"改变以人类整体或者部分人的利益得失为标准的法益保护现状","使环境资源犯罪的性质由行政犯向刑事犯转变"。从导向上看,生态法益的刑事法律保护将可持续发展伦理观在刑法层面予以确认,尊重自然生态系统的一体性特征,从而形成对自然本身的价值及人与自然和谐共处的法律保护路径。这一方面,与传统法益论域不同,生态法益不是依附于人身财产利益的范畴,而是具有其独立的价值;生态法益的实现以"人类利益与自然利益的统一性为基础",形成系统保护生态法益的完整结构。更有学者指出,在现代生态环境政策的引导下,自然生态法益与人类法益的地位不同,前者是主要的,而后者则居于次要地位;因此,即便没有造成人类法益损害,只要侵害了自然生态法益的,即可进行刑事处罚,从而"在空间上协调不同地域间的人类法益","在时间上保护与现代人相传承之后代人的利益"。具体而言,侵害生态法益的行为又可以分为两个类型:一是破坏环境资源犯罪,从自然生态系统的整体利益出发,保护自然的可再生能力,防范对于自然资源的不合理开发和利

---

① 焦艳鹏:《刑法生态法益论》,中国政法大学出版社 2012 年版,第 231 页。
② 崔庆林等:《环境刑法规范适用论》,中国政法大学出版社 2018 年版,第 1 页。

用;二是污染环境犯罪,从自然生态系统的自我净化利益出发,保护自然的自我代谢能力,维护清洁、健康的生态环境。从根源上看,对于应当受到刑事责任追究的污染环境或破坏资源行为进行预防、控制和惩治,是基本的犯罪治理模式;在具体的实施过程中,可以灵活运用多种治理方式,实现法律规制,如生态犯罪的常规性治理、运动型治理、集中整治、专项治理、日常治理等,将环境犯罪与传统犯罪形态区别开来,作出了具体的规定。①

　　风险刑法的出现造成了法益保护方式的巨大变化;在这一法律框架下,环境刑法从预防和控制角度推进生态法益保护。2011 年颁布的《刑法修正案(八)》将刑法第三百二十八条的"造成重大环境污染事故,致使公私财产遭受重大损失或者人身伤亡的严重后果",修改为"严重污染环境";也即只要严重污染环境,即使没有达到侵犯传统的人身财产权益的程度,亦可追究相应责任人的刑事责任。从这个意义上讲,"环境刑法不仅规制侵害与威胁法益的行为,而且将保护的重心向前移,对法益仅具有抽象危险的行为,过失危险行为也进行规制";这在一定程度上突破了传统的、以实际存在的损害为前提的责任认定方式,以尚未发生的损害为前提进行责任认定。因此,更须同时注意有效防范这一责任认定方式对于公民合法权益及自由的侵犯。② 以环境保护的生态现代化理论为指导,将环境污染与生态破坏行为纳入刑法调整对象③,使环境刑法不再局限于传统权益侵害,而是"适度将污染环境以外的其他侵害或威胁生态法益的行为纳入刑法规制中",确立以环境污染与生态破坏行为规制为内容的刑事法律规定,对侵害生态法益的行为(如侵害生物多样性与生态功能区保护)进行法律规制,建立与这一目标相配合的立体化生态法益刑事立法体系,成为世界刑事立法的重要趋势。"《德国刑法典》在第二十九章单独规定了污染环境犯罪以六个极为相近的条文详细规定了污染环境犯罪的基本犯罪构成及其刑事处罚标准",并与"环境决策、管理制度以及监管体

---

① 侯艳芳:《环境资源犯罪常规性治理研究》,北京大学出版社 2017 年版,第 1、5—6、17—18、20—21、24 页。
② 魏汉涛:《刑法热点问题研究》,云南大学出版社 2014 年版,第 277—279 页。
③ 刘爱军主编:《生态文明研究》第 3 辑,山东人民出版社 2013 年版,第 188 页。

制的完善"相结合,提升生态法益刑事领域保护的实际效能。①

　　环境刑法法益是刑事法律规制的重要立足点,也奠定了环境保护的法理正当性基础。② 在生态保护领域"风险预防原则"的指引下,生态犯罪刑事法律规制呈现出不同于传统法益保护的特征;其中,较为特殊的是环境危险犯的惩处问题,环境污染与生态破坏类犯罪对传统危险犯认定提出挑战。在内容上,这里的危险"不仅包括对人的生活利益的危险,而且包括对与人的生活利益没有直接关联的环境的危险"③;在路径上,这里的危险犯认定不仅需要对人类利益是否受到侵害予以关注,还要高度重视环境问题④。以生态法益的确立为基础,部分已经侵害到生态利益的行为尚未造成人身或财产损害,因此从人身或财产权益角度看,这一行为人属于生态利益实害犯,但属于人类利益危险犯,从而给环境刑法理论及实践提出了新的要求。在这一方面,"德国环境刑法目前采取的是将个人法益与生态法益相结合的立场","认为环境属于独立的、抽象的超个人法益";因此,在具体的法律条款设定上,德国环境刑事法律规定包括了两个部分:一是以个人法益保护为导向,以人的生命、健康和财产为直接保护对象;二是以生态法益保护为导向,以水、土地等环境要素作为直接保护对象。与此同时,也有学者认为这种制度设计在一定程度上割裂了生态系统利益维护内在的一体结构,且未理清个体法益与生态法益之间的内在联系;主张将个人法益与生态法益并列起来的做法并不具有逻辑上的自洽性,并且,"割断生态法益与个人法益之间的联系,则无法实现法益的人权保障功能与刑法的明确性目标","将这两者进行简单组合,也是无法有效避免各自存在的缺陷"。事实上,自然生态系统是人类生存与发展的自然基础,生态法益保护是个体法益实现的前提;传统法益保护以个人法益为核心,新兴法益则将法律保护的范围扩充到了生态独立价值领域。在这一背景下,环境刑事保护不再局限于对人身财产利益的保护,而是将水、土地等环境要素作为

---

　　① 穆丽霞等:《刑法前沿问题研究》,中国政法大学出版社 2016 年版,第 12—14 页。
　　② 张梓太等:《环境刑法的法益初论——环境刑法究竟保护什么》,《南京大学法律评论》2001 年第 2 期。
　　③ 冯军等主编:《环境犯罪刑事治理机制》,法律出版社 2018 年版,第 203—204 页。
　　④ 冯军等:《破坏环境资源保护罪研究》,科学出版社 2012 年版,第 2 页。

人类生活空间的自然基础加以保护,将生态利益作为法益加以认识。[①] 正是在这一学理基础上,绿色刑法学强调,在特定行为人的行为形成生态破坏与环境污染危险状态时,即可作出处罚;并从集合法益与个体法益论证出发,推动生态环境体系性法益保护[②],形成环境公共利益保护的完整体系[③],从而有效防止无法挽回的生态损害的发生。

三、生态侵权的民事法律救济

生态侵权是侵害生态法益的侵权行为;不同于传统的民事侵权制度,生态侵权的发生建立在环境介质的传递性作用基础上,只要个体或组织体活动造成环境污染,对生态利益与自然生态系统造成损害的,即构成生态侵权,而不问行为人是否存在主观上的过错。从世界范围看,美国建立了自然损害赔偿制度,英国以赔偿金与禁令制共同承载环境损害的民事救济,为生态侵权的民事法律救济奠定了基础。[④]

生态侵权的民事法律救济需要立足生态法域的特殊性,推动以"风险预防原则"为指导的生态法益保护进程,突破私法视域侵权损害赔偿以个体法益侵害为前提的局限。在这一方面,继《侵权责任法》"首次将环境污染致人损害作为独立的侵权类型加以规定"之后,2015年《关于审理环境侵权责任纠纷案件适用法律若干问题的解释》出台,再次确认将环境侵权的范围扩展至污染环境与破坏生态两个方面的重要性。这在一定程度上突破了传统民法侵权行为认定模式。具体而言,在传统民法侵权框架下,将对于环境利益的损害视为特殊侵权行为加以规制;这一传统民法思路在环境危机发生的最初阶段发挥了积极的作用,对于由环境问题引发的人身与财产损害提供了有效的救济。但是,随着环境危机的加深,这一路径表现出了较大的局限性。一方面,

---

① 赵秉志等主编:《刑法与宪法之协调发展》,中国人民公安大学出版社2012年版,第490—491、493页。

② 李川:《二元集合法益与累积犯形态研究——法定犯与自然犯混同情形下对污染环境罪"严重污染环境"的解释》,《政治与法律》2017年第10期。

③ 程兰兰:《对环境犯罪生态法益的追问及反思》,《理论视野》2018年第3期。

④ 竺效:《生态损害的社会化填补法理研究》,中国政法大学出版社2007年版,第3页。

其"不能涵盖环境污染和环境破坏等新型社会侵害行为";另一方面,其无法"区分不同场所与不同群体对有毒有害物质造成的损害进行规范"。与此同时,"以民法、行政法为基础的侵权行为损害责任和单纯行政管制的二分法,均无法实现对环境侵害的有效应对","需要建立整合、多元与全面的纠纷解决和责任机制",以生态侵权为框架,形成不以对人的损害为必要要件的侵权责任体系。生态侵权行为指人类在不合理的开发和利用资源过程中,"向环境排放了超过其自净能力的物质或能量",造成"环境介质物理、化学、生物或放射性特征的改变",导致自然生态系统的生态功能受到干扰、侵犯、破坏,从而引起环境污染与生态破坏。①

从环境侵权到生态侵权的转变,意味着从外部环境侵害的视角转变为对人与自然共同体本身利益损害的视角,"以加害者个人负担的民事赔偿责任为主导,以加害者集体负担的社会化赔偿责任为补充",形成侵权救济制度协同路径。② 生态侵权具有特殊性,沿用特殊侵权的归责原则与举证责任规定。在归责原则上,改变传统的过错判断标准,适用无过错责任原则;在举证责任上,对"谁主张、谁举证"的进行适应性调适,采取举证责任倒置,确保侵权人与法益主体之间的权利义务对等③;在规制方式上,区分生态环境损害与环境污染导致的人身财产损害救济④、生态侵权诉讼与环境公益诉讼⑤,确立科学的规制路径,推进生态修复与生态平衡的实现。

事实上,生态侵权责任承担方式"体现了侵权法变革的方向",呈现出"以损害赔偿为中心逐步转向高度重视预防性责任和恢复性责任方式的趋势",如欧盟通过的《关于预防和补救环境损害的环境责任指令》确立了欧盟环境责任框架,成员国可在该框架下具体设定相应的恢复性责任;世界民法理论研

---

① 张宝:《环境侵权的解释论》,中国政法大学出版社 2015 年版,第 7、24、29、77、91—92、199、247 页。

② 贺思源:《环境侵害国家赔偿责任研究》,中国政法大学出版社 2015 年版,第 1 页。

③ 刘超:《问题与逻辑:环境侵权救济机制的实证研究》,法律出版社 2012 年版,第 11—12 页。

④ 王秀卫:《论生态环境损害侵权责任的立法进路——〈民法典侵权责任编(草案)〉(二次审议稿)第七章存在的问题及解决》,《中国海商法研究》2019 年第 2 期。

⑤ 张新宝等:《污染环境与破坏生态侵权责任的再法典化思考》,《比较法研究》2016 年第 5 期。

究对环境修复责任进行了拓展,推动了恢复原状在生态侵权领域的转化适用,也奠定了健全生态损害救济机制的重要基础;2014 年修订后的中国《环境保护法》第 64 条,设定了援引性规范指引,通过援引侵权责任法的相关规定,实现生态侵权责任认定统一化。从根本上看,侵权责任法律规定对于责任方式作出的规定,是由特定社会发展条件下特定地区的民事立法政策所决定的,并呈现出多元与开放性发展的趋势,在不同的法律部门之间形成生态侵权责任的体系化规定,从而为根据实践需要丰富和完善责任类型开拓了空间。在这一过程中,生态侵权责任认定表现出了区别于传统侵权认定的特殊性;不同于传统侵权认定原因的明晰性,生态侵权中的环境污染等损害后果往往是多重行为导致的,因果关系并不明晰;不同于传统侵权责任认定中平等主体之间的法律关系分析,生态侵权的"加害人往往是占有经济、技术与信息优势的企业,而受害人往往是在经济力量、技术能力、信息获取等方面难以与企业抗衡的普通公民";不同于直接作用于人身财产造成损害,生态侵权是以环境要素损害为介质间接地作用于人身或财产而导致损害的,表现出潜伏性、隐蔽性、累积性特征。生态侵权民事救济制度应当充分体现这一特殊性,推动制度设计的健全和完善。[①]

四、生态违法的行政法律规制

生态违法是侵害生态法益的违法行为。对于生态违法进行行政法律规制,是通过行政权的运用,对个体可能影响生态法益的行为进行禁止、激励或规制,从而为生态环境保护目标的实现提供制度支持;从个体行为可能造成的消极影响角度看,生态违法的行政法律规制是政府对生态违法行为人作出相应处罚,或者要求其承担其他法律责任的行政管理过程。这就不同于传统行政模式下,采取消极不作为方式应对环境问题的路径,而是以积极作为的方式促进生态法益的实现。这一转变是在 20 世纪六七十年代环境危机背景下发生的。学者指出,在此之前,"环境行政对环境问题的整体性认识和广泛性影

---

① 胡卫:《环境侵权中修复责任的适用研究》,法律出版社 2017 年版,第 11—13、15、19、25—26、31、33—35 页。

响认识不够"；20世纪70年代之后的环境行政不但高度重视环境问题，而且采用科学的路径应对环境危机，从原来以单方命令与控制推进环境污染物排放的末端控制，转变为源头控制。环境行政法的这一变革，以生态系统对待互利、和谐互动的行政法律规制理念的确立为标志。在这一方面，传统行政法律规制以人的利益维护为根本价值目标，强调私人权利和自由，而现代环境行政法则以环境公共利益及人与自然关系的协调为规制的出发点和落脚点，规范环境行政主体与环境行政相对人之间、环境行政主体与间接相对人或第三人（环境权益间接受到其环境行政行为影响的非行政相对人）之间的关系，从而建立起了维护人与人、人与自然之间以尊重为基础的和谐关系规制路径。①

环境行政法律规制是生态环境监督管理的重要内容。基于生态环境问题直接关系到人身财产安全与生命健康保障，因此需要从政府规制视角展开环境行政法律规制。在这一规制过程中，一方面，以生态环境保护为目的环境行政法律规制应当具备严格性，从而避免在规制缓和论甚至是提倡不规制的观点下，以公民经济自由的经济规制代替生态环境监督管理现象的出现；另一方面，要充分认识到环境问题的特殊性，其不仅涉及当代人的利益分配，而且直接关涉代际资源配置平衡问题，并会随着科学技术的发展，面临新的环保与经济之间冲突问题的出现。因而，环境行政法律规制需要针对这些问题，协调不同群体的利益诉求，将调整范围从局限于传统的行政主体与行政相对人之间的关系，转变为受到生态环境问题影响的所有居民之间的关系；而由于环境风险的不确定性，环境行政法律规制常常表现为处于"决策于未知的状态"。其中，在事前监督方面，环境行政法律规制表现为政府的直接规制（如行政许可），通过设置准入门槛，从源头层面防范对于生态环境的干扰、侵犯、破坏；在这一阶段，环境行政法律规制表现为预先的监管控制与生态利益衡量。②在事后监督方面，在现有环境法律秩序框架下，环境行政法律规制表现为惩戒性与"刚性"的环境行政处罚，即相关主管机关或授权组织对于造成生态环境破坏的行为人作出制裁决定；在这一阶段，基于环境违法行为涉及复杂的利益

---

① 张锋：《通往自然之路：人与自然关系和谐化的法律规制》，中国环境科学出版社2010年版，第129—130、133—137页。
② 白贵秀：《环境行政许可制度研究》，知识产权出版社2012年版，第2—3、6、10、21页。

冲突,表现为环境行政处罚权"实施主体的广泛性、处罚对象的强势性、处罚手段的技术性、价值判断的复杂性"特征,并通过各个生态环境监督管理机构之间的"监督制约和衔接配合关系",确保环境行政法律规制的高效性、有序性①,更在广泛性与权威性层面与生态法益的实现要求高度契合。

生态违法的行政法律规制以维护生态管理秩序为核心,以自然秩序与社会秩序的统一为基础,促进人与自然共同体的和谐有序发展。面对当今的环境危机,行政法律从秩序规制出发,形成了保护生态环境的目标指向模式,促进多元治理的参与模式,推动部门之间协调的整合模式,以及公私合作模式;这些行政规制模式与中国的环境体制相结合,以维护生态正义为导向,形成了统一规制下的地方政府负责制,将行政命令与法律规制作为主要的管理手段,并辅之以经济激励措施,"通过政府的环境规制建立社会各方主体博弈互动的稳定机制",成为破解环境治理分散化困境的重要举措。② 在这一制度框架下,生态环境主管机关为保护、促进生态法益,执行国家的环境法律规定,根据法律规定对可能造成环境污染、生态破坏的行为进行干预和规制,保障公共产品供给;通过细化的制度设计与机制建设,解决生态环境外部性悖谬;通过国家干预,解决市场在维护生态法益方面的失灵问题,维护生态法益,并接受立法、司法机关的监督;③通过依法行政推动环境基本国策的实施,从而为生态法益的实现提供结构化支撑。

从环境容量理论出发,在对于生态违法行为作出行政处罚的过程中,并不是只要对环境产生了污染即认定该行为违法,而是需要超出法律规定的合理限度,如超标排污,才构成违法。与此同时,基于环境损害影响范围的广泛性及损害结果的不可逆性,环境行政亦并不局限于对已经造成生态损害的行为进行事后的规制和惩处,而是将环境行政介入阶段提前到科学尚不可确定的环境风险阶段,从预防性责任层面推动生态违法规制。从这一角度上看,"环境风险的大范围爆发将风险概念带入了公共话语的地带";在这一背景下,生态违法的行政法律规制以应对环境风险为重要任务,"规制环境风险成为环

① 李静:《环境行政处罚权研究》,中国环境科学出版社 2012 年版,第 1—2 页。
② 尤春媛:《环境法治原理与实务》,科学出版社 2015 年版,第 167—168 页。
③ 郭林将:《环境监管权法律监督机制研究》,中国检察出版社 2016 年版,第 24、26、28 页。

境行政的逻辑起点"。这就要求克服"环境行政规制实践中存在的规制断裂"问题,以生态整体利益为出发点,解决基于不同环境要素、不同环境单行法设置不同行政部门予以管理的分散化问题,克服各行政部门分而为治的弊病,以行政法律规制的协同推进、协调配合,推动环境风险综合防控。与此同时,需要注意"环境风险是一个整体,对于亟待规制的环境风险的严重程度需要进行系统分析,从而给予不同的环境风险以相应的规制资源分配权重"①,形成体系化的环境行政规制格局。

第二节　生态经济价值与供求关系: 从福利国家到生态文明战略

国家在生态价值的确立和生态经济供求关系调控中,发挥着不可替代的重要作用。从法律领域历史沿革的角度看,法益的形成和发展最早表现为公法法益与私法法益,形成了以商品价值关系为核心的管制和治理模式;随着社会法的产生,形成了福利属性的法益类型,这一阶段的法益保护以增进公共福利为核心目的。基于这一公共利益价值追求,有学者倡导从生态法益的集体属性出发,应将其归属于社会利益的范畴。但事实上,生态法益与社会法的利益与价值追求存在差异,自然生态与自然资源具有不同于人类社会利益内容的独立价值;这一独立价值与满足社会主体的公共福利并不能够完全等同。因此,需要与生态文明技术范式转型相结合②,在资源经济向生态经济价值与供求关系转型的基础上,实现从福利国家到生态文明战略的转型。

一、从资源经济到生态经济价值与供求关系

资源经济向生态经济价值与供求关系的转型,以生态资源纳入成本核算为前提。在现代社会当中,资源经济和生态经济这两种经济形态都受到商品

---

① 刘超:《环境侵权救济诉求下的环保法庭研究》,武汉大学出版社 2013 年版,第 237、240、244—245、247 页。

② 赵磊:《中国生态文明技术范式的研究现状与问题剖析》,《科学技术哲学研究》2017 年第 5 期。

经济及其价值规律的制约;而在从资源经济向生态经济转变的过程中,具有一定生态价值的生态型商品将成为商品经济的重要内核。这种新型商品形态由社会对生态的需求所决定,并逐步向高层次发展,形成符合生态规律的竞争机制与运行状态,且通过价格、成本收益等机制的作用不断向优化目标迈进。[①]在传统的经济增长模式下,生态环境的损耗并未被纳入经济运行的成本效益计算领域当中,而以经济效益为核心的考量内容及经济效益的计算方式,则以资源经济价值与供求关系为主旨,以商品的市场需求与供给数量的调控实现经济效益的最大化。这种发展模式在生产力尚处于初期发展的阶段,为人类的生存提供了富足的物质支持,但随着机器大工业的发展和生产力的大幅提升,资源供应短缺与人民日益增长的物质文化需要之间的矛盾日益突出,经济社会发展的生态负荷及环境代价不断增加,并反作用于经济发展进程;当在这一矛盾的作用下,经济发展达到"增长的极限"之后,即会呈现经济增长止步、经济效益下滑的态势。在这一背景下,世界各国从行政、法律、技术等多种手段出发,通过经济结构升级与发展方式转型,确保经济发展的质量及可持续性;其中最为主要的,即是将生态成本纳入成本核算体系当中,使低碳价值成为除传统成本、服务、技术等生产要素外新的制约因素,从而在更为根本的层面形成推动人与自然和谐发展的支持力量。

以人民日益增长的美好生态需要与发展不平衡不充分之间矛盾的解决为路径,从宏观方面看,资源经济向生态经济价值与供求关系的进阶,以法律关系的着力点逐步由效益价值向生态价值转变为保障;通过生态资本价值核算、绿色国民经济发展评价,推动从物质生活到绿色生活、从黑色经济到绿色经济的转变。具体到资源经济和生态经济价值与供求关系内容的微观比较分析方面[②],前者突出个体私益,后者则与惠及全体人民的公共利益紧密联系在一起;资源经济价值与供求关系为人类发展权益的实现奠定了坚实的物质基础,而生态经济价值与供求关系则积极引导经济发展理念的转变,推动能源节约、污染治理及环境改善,从而成为对人们生存权和发展权的基础性、内生性的保

---

① 李绍东:《论价值规律对生态经济效益的作用》,《湘潭大学学报》1989 年第 3 期。

② 〔日〕大木雅夫:《比较法》,范愉译,法律出版社 2003 年版,第 64 页。

障。可见,生态经济价值与供求关系以生态系统整体平衡协调为基础,以特定地域资源环境与经济一体化发展的具体实际为出发点,体现生态资本、效益、运行过程所受到的生态系统整体性的制约,形成具有整体性、稳定性、循环性的供求结构。

与资源经济以效益价值为核心不同,生态经济价值与供求关系致力于平衡经济需求与生态供给两个方面的内容;以生态价值维护为目标,在具体的、现实的生态系统当中,其基本物质能量的供给由"物质、能量的现存量、一定增长率下的新增量和一定输出率下的流失量"所决定。在这一过程中,经济系统从生态系统输入物质能量,生态系统向经济系统供给物质能量;从资源经济的角度看,生态供给能力直接关系到经济总量的增长,但却忽视了生态经济供求动力、生态系统结构完整性与其功能的稳定性,从而会反作用于经济增长的客观状况。在生态经济使用价值量的供求弹性方面,以生态供给对于经济需求的供给能力为标准,资源经济学者从增长率的角度进行分析,当生态资源增长率适应经济需求增长率的比值小于1时,生态资源供给力缺乏弹性;当弹性为零时供给能力消失。在当今社会,资源经济模式在客观上已经呈现出生态发展落后于经济发展的滞后状态,人与环境间关系的不平衡,引发了自然资源状况的日益恶化,"削弱了资源自然再生供给能力","资源与人口、资源与经济的供求矛盾日趋尖锐"[①];长此以往,会由生态供给力枯竭而导致"极端的恶性生态经济供求状态"。与资源经济发展模式相区别,生态经济模式从自然生态价值与经济系统发展相平衡出发,对资源需求变动状态与生态经济更新供求进行深入分析;从维护自然生态系统的自我更新能力出发,展开生态经济替代供求分析,即通过物质和能量之间的替代关系,"从经济上(价格与成本关系)、性能上(使用方便)和质量上(如品位)满足经济系统的需求",与此同时,维护生态价值的实现。在这一过程中,生态经济供求差表现为"生态系统内物质能量的年更新量(含不可更新资源的新探明储量的年增加量)与经济系统对物质、能量年需求增加量之差";这一差额在生态系统的现存量、更新量、替代量评估中均有表现,其实质是经济增长需求与生态实际供给之间的

---

① 林方健等:《邓小平经济理论概论》,文汇出版社 1998 年版,第 29 页。

差额。究其原因,这个差额"是人口数量迅猛增加,从而导致依赖某种资源的经济产品需求扩大而引起的"。在影响生态供给力和生态经济供求关系的因素中,生态经济供求曲线的作用尤为突出;在经济系统与生态系统之间供与求的关系中,生态供给曲线与经济需求曲线相交形成生态经济供求曲线。一方面,"加速满足经济发展对资源的需求促使了生态结构成分缺损,这种缺损导致生态供给力降低"①;另一方面,由生态商品本身具有自然生态属性及社会规定性所决定,生态经济的发展是经济社会关系与自然生态关系的统一体②,从而奠定了资源经济向生态经济供求关系转变的物质基础。

二、从自由主义经济模式到全球绿色经济模式

以亚当·斯密为代表的自由主义经济思想为导向③,物质财富成为至上性的价值追求,从而引发了诸多矛盾和冲突。从根源上看,自由主义与个人主义的价值追求相一致;霍布豪斯在《自由主义》一书中指出,自由主义将社会"建立在个性的这种自我指引力之上",以自由主义价值观为主导,完全的市场自由竞争导致了市场供求失衡的尖锐矛盾,引发了经济危机;"新自由主义主张实行绝对自由化",更加剧了这一矛盾和冲突。从总体上看,自由主义经济模式以私有制、自由化为特征,强调政府不能干预私权利主体的自由行为;在这一背景下,"个人被极端原子化和单面化",生态资源价值很难得到有效的维护,同时亦引发了一系列经济问题。从 20 世纪 70 年代起,新自由主义经济理论兴起,其继承了新古典经济理论内核,成为西方的主流经济理论,并推动了新自由主义经济模式的形成。新自由主义在其形成和发展过程中形成了各种流派,其中最主要的有以米尔顿·弗里德曼为代表的现代货币学派,以孟德尔为代表的供给学派,以卢卡斯为代表的理性预期学派,以哈耶克为代表的伦敦学派,但在私有化、自由化方面,这些学派的主张具有共通性。20 世纪 80 年代末开始,以美国主导的新自由主义经济模式逐步向世界其他国家推广,呈现出全球化趋势,但"这种模式并没有带来预期效果",甚至造成了民众利益

---

① 赵玲主编:《生态经济学》,中国经济出版社 2013 年版,第 123—124、126、131—132 页。
② 陈雪峰:《〈资本论〉蕴含的生态经济思想及其当代价值》,《理论月刊》2013 年第 8 期。
③ 杨帆等:《生态法专题研究》,中国政法大学出版社 2015 年版,第 2 页。

损害与一系列矛盾和冲突的发生。随着这一矛盾和冲突的激化，以经济增长为中心的发展观逐步转变，发展的理念不断得到更新和拓展，形成了以生态持续、代际公平、社会进步、经济发展为核心的协调发展观，克服了自由主义经济模式的悖谬。①

随着发展的推进，全球经济从原始的绿色经济转向"传统经济+绿色经济"阶段发展，形成了以"传统经济+绿色经济"为内容的二元结构和绿色经济时代。至 21 世纪初，全球绿色经济的发展呈现出从绿色行动到绿色政策与立法的演进趋势。首先，绿色理论形成推动了清洁生产、生态环境保护等绿色行动的开展。从《寂静的春天》到《增长的极限》，从联合国人类环境会议到联合国环境署（UNEP）、世界环境与发展委员会（WECD）的成立，从污染治理到污染防治、从生态发展战略到清洁生产技术，这一系列转变，使人们逐步认识到发展是生态环境与经济社会各个方面全面进步的过程。其次，知识经济逐步成为发展的主体，循环经济等绿色经济模式逐步得到确立。20 世纪 90 年代，在联合国环境与发展大会的推动下，绿色经济、生态环境保护在世界范围内得到了高度的重视；《里约环境与发展宣言》（又称《地球宪章》）确立了未来经济社会发展的基本纲领。此后，从《21 世纪议程》到《人类发展报告》，人类发展"显示出远比工业经济更节约资源、更少污染、更高效益、更接近可持续发展和绿色经济的特征"，知识经济也为生态环境保护与绿色发展奠定了重要的基础；有学者指出，"知识经济对绿色经济发展的重大历史作用，将不断显现出来"。与此同时，循环经济的发展开辟了"一股新的经济潮流和趋势"，以改变大量消费、大量生产、大量废弃的社会经济发展模式为出发点，绿色经济的发展完成了从传统经济向绿色经济的转变，从将人视为自然的主人向人是自然生态系统的有机组成部分的转变，将生态环境因素作为稀缺的经济要素，并由局部区域向全球范围拓展，"掀起了一场席卷全球的绿色经济浪潮"。②

在这一背景下，中国发展模式以马克思主义中国化与中国经验马克思主

① 赵小鸣等主编：《中国特色社会主义和谐社会研究》，中央文献出版社 2005 年版，第 420—422 页。

② 张兵生：《绿色经济学探索》，中国环境科学出版社 2005 年版，第 66—71、98 页。

义化的科学实践,成为环境生态文明建设的重要路径。① 中国在有效应对环境危机上承担了应有责任,通过发展方式转型、清洁技术投资、污染治理等一系列举措提升环境质量,"十一五"时期的资源节约与环境保护的目标、"十三五"时期绿色民法典立法进程的推进更为绿色经济的繁荣发展带来了重要机遇②,克服了自由主义经济模式忽视政府积极作用的弊病③,避免了实利主义的哲学所导致的资源枯竭与环境污染等危机,充分考虑自然生态与自然资源的合理利用与保护问题,禁止掠夺性的能源摄取,引导社会节约资源,避免浪费;并从解决"当今人类日趋严重的地球伦理问题(臭氧层问题、能源危机、人口过剩与地域贫困化问题等等)"出发,为人类存续、发展及幸福的实现贡献力量,确保社会经济的均衡发展,"确保人类对自然资源和生态环境的合理利用与保护"。④ 在这一基础上,进入 21 世纪,"中国特色社会主义理论与实践取得重大成就",全球绿色经济发展模式产生深远影响。⑤

三、从经济增长范式到可持续发展范式

从经济增长范式到可持续发展范式的转变,是建设"人与自然和谐发展的现代化"的内在要求。经济增长研究范式以经济量化为核心;在发展初期,这种唯数字增长的趋势促使许多国家采用以高耗能、高污染为特征的粗放型发展模式,但随着资源环境约束瓶颈的日益凸显,经济增长范式转型迫在眉睫,以科学发展方式及经济结构调整为核心的可持续发展范式应运而生。

从内容上看,经济增长范式包含了生产方式、技术创新、经济增长方式的理论方法、社会实践、内在规律。在范式演进的过程中,新的范式代替旧的范

---

① 杨秀萍:《中国模式:基于全球化视野的思考》,经济管理出版社 2012 年版,第 1、66、68、133、135 页。

② 石定寰等主编:《中国的可再生能源问题:走向绿色经济》,中国发展出版社 2015 年版,第 7 页。

③ 温美平:《中国共产党金融思想研究》,复旦大学出版社 2012 年版,第 174 页。

④ 包立峰:《以人为本企业文化的价值生态与建构》,生活·读书·新知三联书店 2013 年版,第 157 页。

⑤ 董必荣:《面向 21 世纪的中国模式研究》,上海人民出版社 2016 年版,第 18 页。

式的科学革命，只有在旧的范式无法有效应对新出现的问题与挑战时才会发生。① 具体到环境领域，"当代生态环境问题的根源在于社会内部"，尤其是在自由主义经济模式下，经济发展以利润无限增长为内在追求，导致了自然生态与自然资源的严重损害；珍妮特·拜赫在《社会生态学的伦理辩证法》中指出，这种发展模式"试图将非人类的自然当作稀有资源加以工具化"，从工具理性的角度出发对自然资源进行掠夺式的开发利用，布克钦甚至将这一过程描述为"要么增长，要么死亡"的资本主义运作法则，从而造成了愈来愈严重的生态灾难。学者从商品生产、商品交换出发对此进行了深入的分析，指出在商品生产阶段，资本主义运作模式完全以销售和利润为目的增加产品的产量；在商品交换阶段，资本主义运作模式反对满足适度需要的观念，而生产人们的需要出发，促进了消费和技术发展。这种以扩张和攫取更多利润为核心的资本主义发展模式，呈现出明显的反生态特性。与之相区别，生态经济下的价值与供求关系建立在社会与自然和谐发展的基础上，以人与自然生命共同体的存续和发展为出发点，"将通过普遍的生态价值观念和对共同生活的责任来管理"，既"满足人类作为社会性存在的自我实现的需求"，也满足人与自然和谐相处的根本要求。正如约翰·克拉克所指出的，由此形成的"生态共同体的财富是一种真正的社会财富，这种财富通过美观的环境、有教育意义的劳动、创造性的活动、融洽的人际关系和对非人类自然的欣赏等形式来大量增长"。要从根本上推动生态法益的全面保护，需要超越资本主义经济增长范式，确立可持续发展模式。②

对现代经济增长范式的反思过程中，可持续发展模式逐步得到确立；这一模式的最初产生源于对资源危机和增长极限的忧虑。③ 在对资本主义经济增长模式进行反思的过程中发现，环境危机出现的根源在于工业文明的经济增长模式。这就要求从发展模式的根本层面，有效防止自然资源与生态环境问

---

① 叶文虎主编：《循环经济与资源城市成长路径》，新华出版社 2006 年版，第 16 页。

② 王正平：《环境哲学 环境伦理的跨学科研究》，上海教育出版社 2014 年版，第 211—214 页。

③ 钟茂初：《可持续发展的理论阐释物质需求、人文需求、生态需求相协调的经济学》，教育科学出版社 2004 年版，第 208 页。

题的发生。从这一角度出发,学者指出要真正推进生态文明的发展,需要从工业化转型与现代化发展理念转变出发,改变传统经济增长范式的基本逻辑,[①]推动以工具理性为基础的工业化发展向新的发展范式的转变,形成正确处理资源环境问题的理论学说与实践路径,在关注微观效率的资源经济学和环境经济学等基础上,发展出具有补充型改进的理论,并在实践中完成对传统工业文明的经济增长模式的变革,改变现有的生产模式和生活模式,有效防范环境污染与生态破坏现象的发生。[②]

可持续发展范式以自然与社会、物质文明与生态文明、经济发展与社会发展的和谐共生为基础,形成守护民族永续发展的基础性力量;其强调要公平地满足当代人和后代人"过健康富有成果的生活的权利"。20世纪80年代,经济学界提出可持续发展,在《我们共同的未来》《里约宣言》等文件中得到明确确立。从更为根本的层面看,可持续发展倡导以人与自然和谐共生为核心的发展模式;共生的"最高形态是互惠的对称性共生",和谐即"社会及自然界诸关系互惠对称的表现",和谐共生即形成可持续发展的共生系统进化的良性循环。更进一步分析,"自然本质上是人类社会的共生环境和物质基础","人的心理和谐、人与自然的和谐、人与社会的和谐可以看作一个三元共生体系";在这一共生体系当中,人与自然的关系大致经历了神化自然、物化自然、人化自然、生态自然四个发展阶段,以人类认识、适应、改造自然为基础,从人与自然的协调发展出发,逐步形成了可持续发展范式。这一范式反映了自然演化与人类文明相互作用的最新成果,形成了以对称性互惠共生为根本原则的生态文明建设路径。可以说,可持续发展范式的形成是遵循社会运行规律与自然规律"建立起来的人与自然、人与社会的良性运行"模式,以生态化的生产生活范式促进自然与社会及经济、社会、生态的协调发展。[③]

可持续发展范式可以基本分为两种类型:一是弱可持续发展方式,二是强

---

①　连玉明主编:《中国生态文明发展报告》,当代中国出版社2014年版,第322页。

②　刘新刚:《马克思现代社会发展理论的价值维度》,中央编译出版社2010年版,第40页。

③　袁纯清:《和谐与共生》,社会科学文献出版社2008年版,第17、30、34、38—39、44—45页。

可持续发展方式。前者是新古典福利经济的延伸，强调自然资本的可替代性；其由约翰·哈特威克和罗伯特·索洛建立。从内容上看，这种可持续发展范式将资本存量要素间的相互替代视为可持续发展的基础，将人造资本、自然资本视为当代人和后代人存续与发展的重要基础；从功能上看，弱可持续发展模式在分析资源利用时，关注自然资本的替代可能性，并以之为基础推进资源优化进程。与之相区别，强可持续发展强调自然资本的不可替代性，人造资本与自然资本的地位和作用不同，不能相互替代，因此也"被称为不可替代范式"。强可持续发展方式又可以分为两种路径：一种是主张保持自然资本与人造资本的"合计总价值以及自然资本本身的总价值不变"，这一路径实际上将弱可持续发展模式的资本存量评价纳入强可持续发展模式的范围之内；另外一种主张与总价值界定相区别，强调特定资源存量、自然资本形态的维持与保存，对这些特定资源存量的开发利用"不能超过它们的再生能力"，从而维护自然资源与生态环境功能。但从根本意义上看，弱可持续发展和强可持续发展模式均强调发展的可持续性，强调"从根本上解决环境问题，必须要转变发展模式和消费模式"，"由资源型发展模式逐步转变成为技术型发展模式"，建立经济、社会、环境相协调的可持续发展新范式。①

第三节　生态共同体规则：从环境立法到生态立法

从环境法到生态法的转变是 21 世纪生态文明建设的重要契机，是对于人与自然关系进行反思与重新认识的结果，是生态环境保护路径创新的重要探索。② 现行《环境保护法》将生态法益作为保护对象，但仍集中于对于公民健康的维护，侧重防范由环境污染与生态破坏造成人身或财产损害，并将人身或财产损害作为认定违法行为的基本标准；在指向人本主义理念的同时，没有将生态独立价值纳入保护范围。从环境犯罪的认定标准来看，现有的生态法律体系没有关于生态法益侵害程度、违法行为认定的特殊性及生态环境自身的

---

① 唐建荣主编：《生态经济学》，化学工业出版社 2005 年版，第 267—269 页。

② "Special Note of Environmental Interest"，*Connecticut Bar Journal*，1971，Vol.2，p.313.

独立价值的系统规定。①

　　生态法范式下的立法突破了环境保护法传统路径的局限；从环境法到生态法的演进更为宏观的层面，推动生态基本法、专项法的制定和完善，全面推动法律的生态化发展，并在人与自然、人与人、人与社会、主体与客体，以及原则、规则、政策之间建立起沟通的维度，满足当代人与后代人对美好生态的需求。② 在这一立法理念方面，拉斯韦尔、麦克杜格尔指出，割裂法律领域的原则或规则设置，必然导致自相矛盾的悖谬；而由生态法益所涉及范围的广泛性所决定，需要在原则层面推动生态共同体的价值确认，在规则层面推动生态立法的完善及生态政策的发展，形成生态共同体规范合力，推动生态法益的保障和实现。③

一、原则：生态共同体价值的确认

　　原则、规则、政策是法益保护的三个基本层次④，生态法的发展要在生态共同体价值、生态立法、生态政策的有机统一中，形成完整的法律体系；这一法律体系对"利用和保护整个自然及其组成部分和要素有关的一整套社会关系"进行调整。⑤ 生态问题具有全球性，但在实践当中，生态立法的发展滞后于对生态法律秩序建设的要求。⑥ 从生态学的角度来看，"我们的法律和价值观不能继续忽视自然环境对人类活动的影响"，而需要通过体系化的法律制度设计，满足公众对生态稳定及生态整体利益保护的需求。正是从这一角度

---

①　赵秉志等主编：《中国刑法改革与适用研究》，中国人民公安大学出版社 2016 年版，第 305 页。

②　刘洪岩主编：《生态法治新时代：从环境法到生态法》，社会科学文献出版社 2019 年版，第 2—7 页。

③　世界环境与发展委员会：《我们共同的未来》，王之佳等译，吉林人民出版社 1997 年版，第 51—53 页。

④　白飞鹏等：《私法原则、规则的二元结构与法益的侵权法保护》，《现代法学》2002 年第 2 期。

⑤　Krasnova，"Survey of The Modern Ecological Law"，*Environmental Policy and Law*，1999，Vol.5，p.244.

⑥　Shemshuchenko，"Universal Treaty on Ecological Security of the Earth as System-forming Act of International Ecological Law"，*Law of Ukraine：Legal Journal*，2012，January，p.268.

出发,科尔巴索夫提出,伴随着社会经济的快速发展,法律适应生态要求,并以具有普遍约束力的行为规则的形式表达这些要求;在这一过程中,"在国家和国际两级解决环境问题和确保合理利用自然资源",并形成影响社会和自然相互作用状态的法律分支,推动将人与外界环境区分开来的环境立法,转变为以整体观、系统观为基础的生态立法。① 这一转变以确保当代人与后代人之间资源的公平共享为重要内容②,强调"人是自然的一部分"③;通过改进现行立法,提高社会生态法律建设水平④。

新兴法益保护建立在生态共同体价值确认的基础上;生态共同体价值确认的实质是通过对于违背自然法则的行为的约束,推动人与自然的协调发展。因此,学者将对于法益保护的法律确认视为"人民自由之界限"。⑤ 生态共同体价值确认以国内法与国际法有机结合为路径;这一确认过程以生态共同体规则为支撑,在生态法律法规的框架下保障资源节约与环境保护,并形成内在协调的有机整体。法律及相应的价值理念不能忽视自然环境及相关要素对人类活动的影响,并且,需要为公众享有生态稳定及其完整性的合法利益提供充分保障。⑥ 由上述生态法律体系的价值立足点所决定,相应的生态价值确认需要实现从环境立法向更具整体性、系统性的生态立法转变;以生态立法的健全和完善为起点,实现生态共同体价值目标。

从环境利益到生态价值的发展奠定了环境立法到生态立法转变的逻辑基础;从发展趋势上看,环境法的价值起点是协调人的发展利益与环境之间的关系,而生态法则将人与自然视为一个生命共同体,并确认该共同体的法律价

---

① Kolbasov, "The Concept of Ecological Law", *Connecticut Journal of International Law*, 1989, Vol.2, p.267.

② McLeod-Kilmurray, "Does the Rule of Ecological Law Demand Veganism: Ecological Law, Interspecies Justice and the Global Food System", *Vermont Law Review*, 2019, Vol.3, p.455.

③ 《马克思恩格斯全集》第 1 卷,人民出版社 1995 年版,第 1003 页。

④ Pozniak, "Formation of the Institute for Ecological Legal Culture in the System of Ecological Law of Ukraine: Problems and Perspectives", *Law Review of Kyiv University of Law*, 2018, Vol.4, p.241.

⑤ 熊元翰编:《国法学》下册,上海人民出版社 2013 年版,第 274 页。

⑥ David Hunter, "An Ecological Perspective on Property: A Call for Judicial Protection of the Public's Interest in Environmentally Critical Resources", *Harvard Environmental Law Review*, 1988, Vol.2, p.311.

值。一方面,生态法从整体观与系统观出发,展开整体生态系统的管理和保护,从自然规律与人类社会发展规律出发,促进人化自然与自然生态的共同发展和整体提升;另一方面,生态立法路径亦需避免在法律的制定与实施过程中落入分析实证法学的窠臼,克服"统治全体人类的绝对价值的逻辑和实践"的悖谬,从应然与实然相统一的视角,推动人与自然的和谐发展。① 从发展目标上看,环境利益强调外部客体对主体需要的满足,生态价值则强调整体价值的实现。具体而言,传统利益论将人类社会之外的"环境"对于人类需要的满足称为环境利益,而生态价值则将诸要素视为生态系统中的完整构成,强调在物质循环与能量转换基础上,生物与非生物、人与生态环境之间的相互关系与协调发展。在这一方面,有观点主张应当将生态价值确认纳入公序良俗原则当中,认为生态利益反映的是特定社会的伦理价值观念,是对于环境公共利益的维护和保障,并通过对于公序良俗原则的立法解释与法律适用,实现对于生态法益的保护和发展。这一主张混淆了生态法益与私法法益、社会法法益范畴;这三个范畴分别在生态法、私法、社会法领域,承载着促进生态保护与人类发展的重要作用,分属不同的法域。事实上,生态法益所涉及范围的广泛性,要求生态保护原则在不同法律部门当中的贯彻落实,从而使人们在生存、生产、生活活动当中都能够坚持这一原则,但这里的贯彻落实是以独立的绿色原则确立为路径的,而不能够将新兴法益保护与传统法益保护路径相混同。

在此基础上,生态法益保护原则在新兴法益框架下逐步得到广泛的认可。从内容上看,生态法益保护原则主要包括三个方面:第一,风险预防原则,即将采取预防措施的时间提前至科学不确定性下的环境风险阶段,从而有效防范不可逆转的生态危害的发生;第二,污染者负担原则,对于造成生态环境损害的行为人,应当承担损害赔偿责任及相应的生态修复责任,经合组织提出的《污染事故适用污染者负担原则的建议》同时也须在国别立法中得到体现;第三,生态优先原则,即在价值位序层面,重申生态环境保护的基础性地位,"党的十八大明确提出能源节约优先、环境保护优先"。学者指出,在"达标合法原则"实施的背景下应当将不得恶化原则纳入原则体系;这一主张实际上改

---

① 　[英]丹尼斯·劳埃德:《法理学》,许章润译,法律出版社 2007 年版,第 5 页。

变了以往按照功利主义原则推动利益最大化的做法,转而"采用以损失最小化推动环保优先",明确经济社会的发展必须与环境相协调,当经济社会发展对生态环境造成严重不良影响或者危害时,应当坚持环保优先,从而为生态法益实现提供最大限度的支持。[①]

与此同时,在生态原则确立的过程中,关于生态原则与人文原则的关系存在两种不同的观点:一是认为"生态化既不可违背人文关怀原则,又需要遵循生态关怀原则",认为人文关怀的重点是人与社会之间的关系,关注的是人类社会,致力于促进社会公平正义,实现人的自由全面发展,而生态关怀的重点则是人与自然之间的关系,关注的是生态系统,致力于促进人与自然的和谐共生;二是认为"生态关怀既包含人文关怀,又高于人文关怀","生态关怀是人文关怀的发展和升华",生态关怀既包括了对人与人、人与社会之间关系的关注,追求人类社会的和谐与发展,也关注人与生态系统之间的关系,强调人是生态系统的重要组成部分,从生态系统整体和谐出发,才能真正实现经济、社会、环境的协调发展。从生态整体主义的视角看,第二种观点更符合客观的运行规律;生态平衡"包括生物种群的构成和数量比例以及各种能量和物质的输入、输出等都处于相对协调与稳定的状态",只有从多要素系统考量出发,才能够实现对生态法益的全面保护。[②]

二、规则:生态立法的健全和完善

生态法益是生态法律规范所确认的利益,其表达和实现均须通过生态法律体系来实现;而生态法律制定的基本路径则取决于人类的活动方向。[③] 在实践当中,现有环境立法以环境保护法为基础,分别在水污染治理与水资源管理、大气污染防治、矿产资源、林业资源及农业生态保护方面设置不同的法律规范,并有配套的行政法规与部门规章加以推进。从总体上看,这一立法路径

---

① 杨朝飞主编:《通向环境法制的道路:〈环境保护法〉修改思路研究报告》,中国环境出版社 2013 年版,第 86、97 页。

② 李培超等:《科学技术生态化 从主宰到融合》,湖南师范大学出版社 2015 年版,第 160—161 页。

③ [美]尼尔·麦考密克等:《制度法论》,周叶谦译,中国政法大学出版社 2004 年版,第 10 页。

并未跳出环境资源立法的范围,以分散化的结构推进环境保护与环境治理,表现出较大的局限性。而以宪法生态文明条款为指导,具有统领的生态立法尚处于缺位状态,层次化的具有系统性的生态法律体系的建立亦亟待完成。在这一方面,联合国环境与发展委员会指出生态法律体系建设要能够使人类活动与自然法则保持协调。①

从环境立法到生态立法的转变具有历史必然性。生态法与环境法有各自的产生背景和适用范围。1972 年的联合国人类环境会议,开启了斯德哥尔摩时期环境法的历史发展进程;至里约宣言时期,环境法在世界范围内的发展已较为完善,"但其中心主义的预设受到了尖锐的批判"。与之相区别,"生态法则是从整体和系统的角度去界定和调整人与自然的关系";其在一定程度上突破了人类中心主义的立法模式,开启了将生态独立价值纳入法益衡量与调适范围的发展路径。② 在指导思想方面,生态法亦表现出了不同于环境法的重要特征;其以人类生态整体主义观为指导,以当代人和后代人的生态利益保护为目标,坚守生态基础制约或环境承载力的限度,"坚持自然价值、自然资产、自然资本、山水林田湖是一个生命共同体的理念,坚持经济、社会和生态的协调和可持续发展原则,坚持以人为本,以自然为根,以人与人和谐和人与自然和谐为魂",成为反映当代生态文明建设成就的新的立法路径。学者指出,生态法(Ecological Law)具有"超越环境法的特质",是"环境资源法的高级形式",认为应当对现有的环境资源法体系进行修订,制定"具有生态法特征、引入生态化调整方法机制的基本法律"。③ 生态法这一概念最早出现于俄罗斯,奥·斯·科尔巴索夫的《生态学:政策与法》一书提出了生态法概念,彼得罗夫更进一步将生态法定义为"调整社会与自然界相互作用领域里的生态社会关系的法律规范的总和"。从这个意义上讲,生态法是以生态和谐为价值追求,推动经济、社会、环境协调和可持续发展的各种法律规范的总和,是独立的法律体系,具有自己的指导思想、价值目标、法律定位、基本结构。在这一层

---

① 陈茂云等:《生态法学》,陕西人民教育出版社 2000 年版,第 23 页。

② 李传轩:《生态经济法　理念革命与制度创新》,知识产权出版社 2012 年版,第 32—34 页。

③ 蔡守秋:《生态文明建设的法律和制度》,中国法制出版社 2017 年版,第 146、149 页。

面，从环境立法向生态立法的转变真正开拓了第四法域发展路径，以人作为对于生态系统各组成部分之间的关系进行调整的立法论域。①

从这个意义上讲，从环境立法向生态立法的转变是新兴法益发展的重要成果，标志着生态独立价值法律保护水平的进阶。新兴法益保护原则以生态共同体价值为导向；从环境立法到生态立法的转变以生态共同体价值确认为起点，在生态整体系统及人与人、人与自然、人与社会子系统的关系调整中，推进和谐、有序、可持续发展，并在系统发展过程中，处理当代人与后代人生态利益保护之间的关系，构建起科学发展的运行机制。生态共同体价值确认标志着生态文明法律保障的进阶；其以实现可持续发展为目标，"强调自我与自然、自我与社会的平等互利、共存共荣"。② 通过对人的行为的调整，有效应对人类社会与自然世界的任何可能导致生态退化的生态威胁，并开发出可行的替代行为，减少生态退化③，重新评估法律在保护生态系统功能中的作用，"建立旨在保护生态系统健康的新治理体系"④；由此，在保护生命、健康、财产等传统法律权益的基础上，推动生态共同利益的保障⑤。在这一框架下，污染限制和生态限制标准的设定，以整体、综合、系统增长为核心，一方面，克服环境外部性问题，建立生态法律制度，保护生态环境正义；另一方面，推动生态系统服务的多维价值评估，切实维护人类健康。⑥ 在这一过程中，生态恢复法的兴起则是在可持续发展哲学的支持下，避免、减轻生态损害的新探索⑦；在此基

---

① 蒋冬梅：《经济立法的生态化理念研究》，中国法制出版社 2013 年版，第 31、33 页。

② 张锋：《通往自然之路：人与自然关系和谐化的法律规制》，中国环境科学出版社 2010 年版，第 20 页。

③ Guth，"Law for the Ecological Age"，*Vermont Journal of Environmental Law*，2008，Vol. 3，p.431.

④ Koivurova，"Ecological Governance: Reappraising Law's Role in Protecting Ecosystem Functionality"，*Transnational Environmental Law*，2015，February，p.439.

⑤ Rest，"Ecological Damage in Public International Law"，*Environmental Policy and Law*，1992，Vol.2，p.31.

⑥ Garver，"Confronting Remote Ownership Problems With Ecological Law"，*Vermont Law Review*，2019，March，p.425.

⑦ Richardson，"The Emerging Age of Ecological Restoration Law"，Review of European，*Comparative & International Environmental Law*，2016，March，p.277.

础上,我们得以维持未来的生态供给,为自然资源的利用和保护奠定基础①。

在规范层面,环境法向生态法的进阶有利于解决现有法律规范体系建设中存在的诸多问题:其一是以宏观性、综合性的生态领域基本法的制定,解决生态环境立法分散化问题;其二是以技术性规范的确立和完善②,解决包括环境健康标准在内的技术要求不能在实践当中真正得到贯彻落实的问题③;其三是地方性环境立法的转变,从提升国家生态文明立法配套性、协调性、完备性出发,展开立足本地实际的地方性法规和地方政府规章的清理(如《自然资源规范性文件管理规定》下的集中清理)、修改和完善。这些问题的解决直接关系到生态法益在社会实践活动中的切实实现。

与此同时,需要正确处理环境习惯法与环境制定法之间的关系,在法治的轨道上充分发挥社会规范在推动生态治理现代化中的积极作用。环境制定法由国家制定或认可,并由国家强制力保障实施;在环境制定法框架下,通过法律解决环境问题被"提升到国家规制层面,为应对环境问题提供了强有力的规范约束力"。但环境制定法亦存在局限性,尤其是对于具有高度辐射性与广泛涵盖性的生态治理而言,环境制定法只有在"积极摄取深嵌于社会秩序之中的内部规则"基础上,才能够有效应对各种环境问题。不同于环境制定法,环境习惯法是在生活中形成的,得到社会成员认可的关于资源环境保护、利用、管理的不成文法,如古树保护、禁山禁伐(碑禁)、禁止抽活梢头叶、护田苗穗、永续利用、珍惜水源、公物巡视与保护、自然崇拜等乡规民约。环境习惯法在其形成的早期即"获得了被严格遵行的权威地位";其作用的发挥来源于社会成员的内心认同而非国家强制力,从深层次的价值功能出发,确保社会成员恪守与遵循自然生态法则。环境习惯法在制度演化的过程中不断发展和完善,发挥其维护生态共同体利益方面的积极作用。④

---

① Zaharchenko,"The Environmental Movement and Ecological Law in the Soviet Union:The Process of Transformation",*Ecology Law Quarterly*,1990,March,p.455.

② 魏宏:《法律的社会学分析》,山东人民出版社 2003 年版,第 20 页。

③ 李爱年:《环境法的伦理审视》,科学出版社 2006 年版,第 113 页。

④ 郭武:《环境习惯法现代价值研究:以西部民族地区为主要"场景"的展开》,中国社会科学出版社 2016 年版,第 20、41—42、59、91、93、101、115 页。

在此基础上,从生态法律制度的规范整合出发,形成生态法益保护合力;这要求以生态价值观为指导,正确处理生态法律规范内在冲突,形成一个整体性的生态法治网络系统。在这一过程中,基于生态法律制度的实效性建立了人们共同接受约束的基础上,生态法律规范覆盖"调整人与生态环境之间及以生态环境为中介的人与人之间的关系的所有非正式规范和正式规范",并结合人类中心主义与非人类中心主义、科学主义与人文主义、经济主义与生态主义的辨析,在更深层次上推动社会与自然矛盾的化解,以及环境习惯法、环境制定法、环境文化规范等冲突的解决,健全生态法治网络运行机制。其中,环境制定法处于基础性地位,环境习惯法、环境文化规范的适用不能够违反宪法法律的相关规定。目前,我国的生态环境立法以宪法为统领,以环境基本法为框架,以单行法为基础的规范体系,但仍然不能够满足生态环境保护的现实需要。在现在的发展阶段,依靠行政机关及法律授权和委托的组织来推进的第一代环境规制已经不足以满足人民的生态需求,经过第二代和第三代环境规制的发展,公权力主体与私权利主体、法律与非法律合作机制在生态法益实现方面的作用均不可或缺,出现了"市场型环境法与契约型环境法","在国家社会结构中和环境法治关涉主体之间形成有利于促进环境法治建设和提高环境法治绩效的网络";以生态法益保护为价值导向,"通过生态人文精神的塑造来推动环境法律制度的规范整合",能够矫正环境法治的失灵,提升生态法益保护与环境法治的效能。①

三、政策:生态政策的深度推进

政策是重要的行为准则,新兴法益保护政策的制定需要符合生态保护的基本规律。具体到生态法益保护实践,生态政策在生态法益保护过程中发挥着重要的支持和保障作用。生态政策是为实现特定的生态环境保护目标而制定的行为准则与策略;生态政策的制定是一项复杂工程,"受治理目标、技术水平、社会外部环境、工具自身属性等众多因素的影响"。从总体

① 徐忠麟:《基于社会资本理论的中国环境法治考察》,中国社会科学出版社2016年版,第2、12、14、43、76、88—89、125、146页。

上看,生态政策的发展在不同的阶段呈现出不同的特征。在生态环境保护发展初期,以"命令—控制型"的环境规制为核心,通过设定环境标准,推进行政命令的执行;随着环境治理的深度推进,"经济激励型环境政策工具被引入,具体表现为排污费、税收、补贴、排污权交易等",这一环境政策的优点是能够通过经济手段,将资源环境消耗纳入成本核算的范围,从而解决生态环境的外部性问题;随着发展的进一步推进,社会公众的生态环境保护意识不断提升,环境治理能力也在不断提高,"自愿型环境政策工具开始被政府、企业及公众所接受"。在这一转变的过程中,单一的环境政策工具的使用往往具有局限性,需要通过多种政策工具组合,推动生态治理制度向治理效能的转化,实现生态治理的多重政策目标。① 以之为基础,生态政策在多个方面为生态共同体规则及其运行提供支持,形成生态法益保护的规范性力量。

第一,生态政策的发展经历了从对有害排放物的事后处置到减少有害物质产出,推进生态净化型和无废型生产的转变,为生态法益预防性保护提供了有力支持。"政府在保障生态安全、保护环境方面的基本任务就是要制定符合国情的生态政策"。从历史演进的过程来看,20世纪70年代之前,在世界范围内广泛推进的是第一代生态环境政策;这一时期的生态环境政策以"三废治理"为核心,以消极防范与事后应对为特征,以末端治理为着力点。至20世纪80年代中期,生态环境政策的着力点已经部分地转移到经济生产环节的废弃物减量阶段,形成了以综合防治为特征的第二代生态环境政策,从被动应付和消极防范转变为积极应对;到了20世纪90年代,生态环境政策的着力点进一步转移到生产、分配、交换、消费及扩大再生产的全过程控制方面,形成了以绿色经济为特征,以主动支持生态环境资源发展为核心的第三代生态环境政策。其中,"最基本的政府政策是确立环境保护的基本国策",以改善人民生活质量为目标,促进经济、社会、资源、环境相协调。从总体上看,要充分发挥生态政策的积极作用需要注意以下三个方面的问题:一是从生态政策制定

---

① 徐海静:《法学视域下环境治理模式的创新:以公私合作为目标》,法律出版社2017年版,第195—197页。

和实施角度看,通过直接的干预手段进行生态环境规制,会产生不合理的行政高成本现象,而将生态政策的推进与市场经济手段相结合,能够有效地解决这一问题;二是从政策之间的衔接角度看,明确环境保护和可持续发展的质量目标,在这一框架下,推动生态政策与其他政策工具(如经济政策)的有效衔接,"使政府政策与生态环境的可持续发展相吻合",是实现自然生态与自然资源保护目标的重要支撑;三是从政策与立法之间的协调角度看,在法治的轨道上推进生态政策的发展和完善,是"从根本上缓解生态环境问题上日益激化的矛盾,促使生态环境向良好的方向发展"的基本前提。在这一方面,在生态法益实现的政策支持中,有一类较为特殊的法律策略与措施,即生态领域的司法政策,如最高法《关于加快经济发展方式转变提供司法保障和服务的若干意见》,即从司法政策层面提出严惩一切破坏环境行为的要求,从而对法律实施和适用过程形成整体上的指导,将生态保护的要求贯彻到法律适用的各个阶段。以之为基础,通过"环境法治与生态伦理的结合",在法律规定与政策实施层面规范人们在环境保护中的权利和义务,形成促进和保障生态政策与生态法益全面实现的力量。①

　　第二,生态政策的深度推进在现代生态文明及法治实施方面,发挥着不可替代的重要作用,从而为生态法益保护奠定了现实基础。在政策调节的手段与方法上,政策经济学中的新古典派"认为生态危机的主要根源在于没有很好地利用经济机制",主张应当通过征收资源税或污染税,对影响生态环境的企业设立销售证书制度,从而使经济机制在自然生态保护中充分发挥作用。②通过环境规制与社会协商,达成生态共同体的价值共识,维护生态法益与共同福利,从而有效应对生存危机与环境危机,解决现实的生态利益冲突,防范环境与资源开发、利用和保护过程中生态问题的出现。在这一过程中,国家制定的合理开发利用自然资源的生态政策,致力于实现社会环境、自然生态环境、人化自然环境的协调平衡,并把自然保护的法律准则、合理利用资源的管理和评价标准、人口和生态环境保护目标统一起来,维护生态系统的

---

① 霍功:《中国生态伦理思想研究》,新华出版社 2009 年版,第 287—289 页。

② 刘文等主编:《国外环境经济问题》,中国科学环境出版社 1996 年版,第 158 页。

协调平衡;而这一协调平衡的状态一旦受到了干扰、侵犯或破坏,即会表现为直接影响人类生存和发展的环境危机或生态问题。① 因此,生态政策的根本目的在于将对于人的价值的尊重与对于环境资源的保护有机结合起来,在社会总体目标层面形成尊重自然生态价值的整体布局。这意味着在生态共同体规则的适用和实施过程当中,要贯彻生态整体利益维护原则;从生态共同体的整体生态利益维护出发,平衡利益关系,实现和谐及可持续发展。在此基础上,生态政策从宏观布局层面为生态法益的实现提供强有力的支持。

第三,生态政策是以行为准则为出发点的,"应对危机的共同体行动",是凝聚生态法益保护合力的重要途径。环境污染、生态破坏、气候变暖等生态灾难的出现,要求从共同体行动层面形成有效应对当前危机的合力;生态政策即是为生态法益保护共同体行动提供指导的重要方针。② 从这一角度看,在生态政策推进的过程中,能够广泛凝聚不同方面的力量,集中社会共识,解决"经济社会发展速度与自然资源相对有限的增长和环境条件不断恶化之间的矛盾""自然资源和其存在的条件的多样性与技术手段和施工方案缺乏统一的标准之间的矛盾",推动自然资源的损失及其不合理利用所产生损耗的外部性的内在转化,从而有效防止经济社会生产过程对于自然资源的过度消耗。在这一过程中,需要同时兼顾对环境负面影响的补偿措施与环境措施的预警预防功能优化两个方面;这一任务日益成为国家对内与对外政策所关注的对象。自20世纪80年代末开始,"环境保护被正式宣布为国际政策的优先方向之一",世界各国相继将环境评价与建设项目的生态可行性评估纳入制度建设之中,从改善环境的观点出发推动经济政策的转变;从制定长期的生态政策出发,推动国家发展和进步,从而为生态法益保护提供全面支持。③

---

① 李绪蔼等:《简明经济学百科辞典》,中国青年出版社1991年版,第518—519页。
② 张康之等:《共同体的进化》,中国社会科学出版社2012年版,第355、358页。
③ [俄]卢基扬契可夫·波特拉夫:《自然资源利用经济与管理》,梁光明等译,中国经济出版社2002年版,第172—174、178页。

第四节 环境责任：从生态法益 损害救济到预防性保护

环境责任指因实施了违反环境法律规定的行为,造成环境污染而承担的具有强制性的法律后果。从内容上看,环境责任包括了环境行政责任、环境民事责任、环境刑事责任。这三个方面的环境责任划分以受到不同部门法的调整为依据,如果法律关系的主体因违反行政法律规范,造成环境污染,应承担环境行政责任;如果自然人、法人和其他组织因违反民事法律规范,导致生态破坏,从而造成人身或财产损害的,即应承担环境民事法律责任;如果行为人因违反刑事法律规范,导致环境污染,应承受刑罚处罚,则须承担环境刑事责任。[①] 从总体上看,环境责任是从促进人与自然的和谐发展出发,从不同法律部门的责任设定不同治理阶段,对因违反法律规定造成生态环境损害的行为人采取的法律措施;这里的损害行为表现为生命、健康、财产损害,或是生态损失(对自然环境的危害)。其中,生态损失涵盖了环境污染的恢复费用、自然生态与自然资源的实际损失、资源性自然资本没有达到应有收益的损失、不能持续利用的损失。[②]

环境责任制度设计具有其特殊性;这一特殊性表现在,作为新兴风险治理体系的责任内容,环境责任制度设计需要在事后救济与事前预防之间达至平衡。具体到生态法益保护领域,由于生态法益具有环境公共利益属性,公共产品的影响范围非常广泛,并且,一旦环境损害发生,即具有不可逆性;相应地,环境责任认定不仅应针对实际造成生态环境公共利益损害的行为作出,而且应当把可能造成生态环境公共利益损害的风险行为纳入追责范围,从而最大限度地提升生态法益保护的实际效能,充分发挥环境责任制度设计的预防性

[①] 北京大学法学百科全书编委会编:《北京大学法学百科全书·社会法学 环境法学 知识产权法学 科技法学》,北京大学出版社 2016 年版,第 221、226、236、238 页。

[②] [俄]弗拉季米罗维奇主编:《工业生态学》,胡孟春译,中国环境出版社 2014 年版,第301—302 页。

功能与恢复性功能,保障生态系统的功能发挥。① 从这一角度出发,环境责任制度设计又可以从预防性、救济性、现实性保护三个层面出发,形成预防性、救济性、惩戒性环境责任划分,分别在环境风险防范、环境损害救济、环境危险防止三个维度发挥积极的作用。从这一类型划分出发,环境责任制度设计在预防、救济、惩戒方面发挥着积极作用。

一、惩戒性环境责任

惩戒性环境责任是对侵害生态法益的行为人进行惩处,通过对法益侵害行为的否定性评价对社会成员进行教育和警示。惩戒性环境责任是有效控制环境污染的主要途径。"公民有权对其承受的超过其受益比例的环境风险和负担请求风险和负担的制造者、管理者赔偿或补偿"②;"各国政府采取必要的手段与措施,运用刑法、民法和行政法及其他法规对破坏环境的行为予以处罚",对造成公民生命健康损害或公私财产重大损失行为进行严厉的惩治;通过严厉的处罚来抑制生态法益的侵害行为的发生。一方面,惩戒性环境责任体现了环境法治的严肃性和权威性;另一方面,也是法律对于生态安全与生态价值的强有力保护的体现。③

从惩戒的属性与内容角度看,惩戒性环境责任主要包括环境行政处罚、环境侵权责任、环境刑事惩处。其中,环境行政处罚是重要的环境行政制裁方式,环境行政机关依照法定职责,依法对违反环境法律规范的行为人实施处罚,不论是超过国家和地方规定标准排放,还是导致环境健康危害、植物死亡或减产等的行为人,均受到法律的否定性评价,并须承担相应的法律后果④,严格依照法律规定打击违法行为。与公共管理视角的惩处不同,环境侵权责任是环境民事责任的重要形式,指在环境民事纠纷中,因行为人违反民事法律

---

① 陈小平等:《环境民事公益诉讼的理论与实践探索》,法律出版社 2016 年版,第 128、132 页。

② 白平则:《人与自然和谐关系的构建》,中国法制出版社 2006 年版,第 2 页。

③ 江伟钰等主编:《谁是资源环境的罪人:破坏资源环境的惩治与防范》,中国审计出版社 2001 年版,第 176—177、179 页。

④ 蓝文艺:《环境行政管理学》,中国环境科学出版社 2004 年版,第 346 页。

义务而侵害了他人的合法权益,所应当承担的环境责任;较为特殊的是,生态法益领域以民事权利义务为内容的纠纷,多表现为对生态系统内或一定区域范围的不特定多数人(包括当代人和后代人)或物的损害,并且,这一损害一旦发生即很难逆转。① 因而,惩戒性环境责任与一般的民事侵权责任并不完全等同。在实践当中,《海洋环境保护法》《水污染防治法》等环境立法,以及《侵权责任法》均有环境民事责任的规定;对于因不可抗力、特定情形下的第三人责任或受害人过错所导致的环境污染损害,责任方可以免于承担责任。② 与环境行政处罚、环境侵权责任的承担方式不同,环境刑事惩处更具严厉性。随着环境危机的加深,"世界各国都将严重危害生态环境的行为纳入刑法的调整范围",设定了污染环境罪、破坏资源罪等罪责体系③;根据罪责刑相适应原则,受到环境刑事法律追责的行为的社会危害性大于其他法律责任,并且,一般要求主体故意或者过失实施的犯罪行为造成生态法益损害,进而侵犯了公民的人身权利、财产权利、生态权利,且造成严重的危害后果。④ 这是环境刑事责任区别于环境行政责任、环境民事责任的显著标志。⑤

从具体的制度机制建设角度看,惩戒性环境责任包括行政惩戒与司法惩戒两个方面;前者主要指行政处罚,后者指主要包括刑罚和民事法律制裁。在这一层面上,惩戒性环境责任除了与其他领域的惩治和处罚具有一般规律上的共同性之外,还具有其特殊性;其特殊性的典型表现即惩罚性赔偿责任在环境裁判中的应用。与生态法益损害所关涉群体的广泛性相适应,突破传统的"同质赔偿"局限性,不再限于填补财产损失,而是通过提高违法成本的方式设定相应的惩罚性环境责任,对潜在的环境违法行为人形成威慑;这一转变对于有效抑制环境侵害的发生具有积极作用。近年来,环境污染事件频发,生态破坏所引发的群体性事件亦有上升趋势,而"在环境损害责任制度不健全的情况下,造成环境污染的企业仅对传统的人身损害和财产损失进行赔偿";事

---

① 高晓露主编:《环境法学总论》,大连海事大学出版社 2017 年版,第 81、84 页。

② 朱源:《美国环境政策与管理》,科学技术文献出版社 2014 年版,第 150—151 页。

③ 《生态环境保护管理创新与建设美丽中国实践探索》编委会:《生态环境保护管理创新与建设美丽中国实践探索》,经济日报出版社 2014 年版,第 1027 页。

④ 吕志祥主编:《环境法》,中国言实出版社 2014 年版,第 109 页。

⑤ 秦天宝:《环境法》,武汉大学出版社 2013 年版,第 331 页。

实上，从生态系统的整体性角度看，环境损害包括了"环境的要素或整体的特性、质量、功能发生重大退化"，以及由此在人类行为的作用下所导致的传统人身、财产民事权益侵害。因此，对公共环境的损害的责任认定，应当体现在环境责任制度设计当中，明确生态侵权与传统侵权的差异，通过体系化的制度设计，形成保护生态法益的合力。在这一方面，传统侵权仅涉及特定主体的人身或财产损害，且"受害主体对损害有即时的反映，受害主体能比较明确地确定侵权行为主体"；生态侵权则导致环境污染和生态破坏，而人身、财产损失是经由环境介质作用于人类而导致的，损害产生的过程具有长期性、潜伏性。在这一期间，对于长期性环境健康损害，受害人自身甚至亦无法明确自己的权益是受到了哪一种环境污染物质的损害，所有传统侵权责任论不能够满足生态法益维护的需要，以处罚论下的强制和制裁为核心的惩戒性环境责任的确立十分必要。[①] 由此，在国际法领域，应当推动以环境公共秩序与程序正义为基础的环境司法判决的承认与执行，并且，"惩罚性赔偿金的受领方只能是民事当事人而非政府"。[②] 在这一方面，在最大限度地为生态法益保护提供支持的同时，应当注意如果外国法院作出的惩罚性赔偿认定明显违反中国的公共秩序，或是其判决涉及行政处罚性质的罚款或罚金，应不予承认与执行。[③]

二、预防性环境责任

预防性环境责任在生态法益保护中发挥着重要的引导和保障作用。从内容上看，预防性环境责任指生命共同体中的成员均须对人类共同的生态法益维护，以及生态风险防范承担相应的责任。预防性环境责任确立的正当性基础主要表现在三个方面。第一，从自然共同体的整体利益维护出发，把人类视为生态系统的组成部分，"并由此推导出人对共同体及其成员的责任"。从这个角度看，预防性环境责任是尊重自然规律而产生的必要行为要求；由此，学

---

① 樊杏华：《环境损害责任法律理论与实证分析研究》，人民日报出版社 2015 年版，第 8—10、30 页。

② 刘恩媛：《国际环境损害赔偿的国际私法问题研究》，中国法制出版社 2012 年版，第 227—228 页。

③ 赵相林主编：《国际环境污染案件法律问题研究》，中国政法大学出版社 2016 年版，第 334 页。

者指出"责任只有共同体中才能产生"。第二,从环境效益角度看,传统法益保护的事后惩处及救济在生态法益实现过程中的作用有限;生态法益一旦受到损害便很难恢复到原有的良好状态,经由环境介质所造成的人身损害更是给当事人带来无法弥补的痛苦和伤害,即便是对于污染场地最大限度地进行恢复性治理,所要付出的成本代价亦十分高昂,这种消极的事后治理模式亟待实现向积极的事前治理模式的转变,从而为生态法益保护提供基础性支持。第三,从责任对象角度看,环境责任亦表现出了不同于传统责任类型的特征;传统责任类型以对具体的责任对象进行责任认定为核心,而"环境责任是我们每个人对于人类环境共同体的责任",这就极大地拓展了责任对象的范围。与此同时,"环境责任重要是一种事前责任",环境责任制度设计的核心作用在于防范生态环境损害,"将环境问题防患于未然,而不是强调事后对违反环境道德或环境法律的人进行道义谴责或法律制裁"。①

在这一框架下,生态法益保护需要完成从事后救济向事前预防的转变,真正贯彻落实生态领域"风险预防原则"的要求,为代内公正与代际正义的实现提供有力支持。预防责任是防范生态环境损害发生而设立的责任形式;这种责任形式不论是在治理阶段,还是治理效能上均"优先于其他法律责任"。相较于事后的惩戒与救济性环境责任而言,预防责任是防止生态环境损害发生的最有效、最经济的方式。② 但在实践当中,当前的环境责任体系仍以损害救济与环境恢复为核心,一方面,在侵权责任法框架下,通过企业对生态环境利益的损害赔偿、司法机关对生态环境利益损害救济,对经由环境介质的人身财产损害进行赔偿责任认定;另一方面,修复环境事故对生态环境造成损害,确立环境损害评估的具体步骤和程序,明确生态修复的方案、类型和程度,并对污染因子与暴露评价进行分析。③ 在这一背景下,预防性环境责任制度的建立具有紧迫性;其能够从根本上改变生态治理中的被动应战局面,为生态法益

---

① 孟庆垒:《环境责任论:兼谈环境法的核心问题》,法律出版社 2014 年版,第 7、9、15、30、39、41 页。

② 王蓉:《环境法总论:社会法与公法共治》,法律出版社 2010 年版,第 368 页。

③ 刘倩等:《环境损害鉴定评估与赔偿法律体系研究》,中国环境出版社 2016 年版,第 73、139 页。

保护提供最大限度的支持。

与此同时,预防性环境责任的承担还与其他预防性措施相结合,共同推进"风险预防原则"的深入贯彻落实。从总体上看,环境责任法律制度可以划分为行为管制、事前预防、事后救济三类。行为管制主要侧重事中监管,事前预防主要是防范生产经营活动引发生态环境损害而设置的,事后救济是对已经发生的生态环境损害进行弥补、救济、恢复的措施。具体到预防原则在环境责任中的适用,"对于环境污染的预防可以分为风险的预防与损害的预防两类",前者指针对科学尚未确定的可能性风险的预防措施,后者指针对可预期、可确定的环境损害危险采取预防措施。在欧洲,预防性责任实现了规范化、程序化。《欧盟环境责任指令》对紧急环境损害威胁下的经营者预防责任作出了明确的规定,指出如果经营者没有立即采取必要的预防措施,或者所采取的预防措施无法排除生态环境损害且未向主管机关进行报告的,则要承担相应的法律责任,受到刑事处罚。《意大利环境法典》则对意大利环境、领土与海洋部的预防责任进行了规定,指出其他机关在接到环境损害报告之后,应当在 48 小时内通知环境、领土与海洋部,环境、领土与海洋部应当根据"损害发生地适用的保护级别选用明确的、有效益的与以前采取的措施具有类似性且符合最新科学数据要求的方案",并采取预防措施。①

三、救济性环境责任

救济性环境责任设置是生态法益恢复性保护的重要制度,即通过生态恢复责任的认定(如致害人承担修复环境侵权措施的费用),能够使已经受损的生态功能或生态利益得到救济;对于那些无法恢复的不可逆转的损害,则采取弥补性的措施,如适用补偿性生态赔偿或生态补偿法律制度。在这一过程中,政府相关部门"从反映、符合、遵循生态社会的经济社会发展规律和自然生态规律出发",在自己的法律责任范围内,推动当事人之间的沟通、协调、合作、调和,满足社会公众对于自然生态与自然资源公共利益的需求,为改善环境质

---

① 刘倩等:《环境损害鉴定评估与赔偿法律体系研究》,中国环境出版社 2016 年版,第72—73、89、139 页。

量,建设环境友好社会提供制度支持。① 从总体上看,救济性环境责任主要表现为补偿性生态赔偿与生态补偿两个方面。

在补偿性生态损害赔偿方面,与惩罚性环境责任侧重惩罚性生态损害赔偿不同,救济性环境责任的内容以补偿性生态损害赔偿为核心。世界各国均通过立法的形式制定相应的补偿性条款,从而为生态损害救济提供规范支持。《俄罗斯联邦宪法》《俄罗斯联邦环境保护法》《俄罗斯联邦民法典》《俄罗斯联邦民事诉讼法典》等一系列规定中,均有关于因生态破坏损害公民健康或财产而产生的赔偿请求权的规定,并确定了环境民事损害赔偿的基本原则,规定了具体的赔偿程序,细化了补偿性损失的内容。由此,在救济性环境责任制度框架下,公民可以通过诉讼或者非诉方式来解决环境纠纷,根据违法行为的性质与危害程度,适用惩罚性或补偿性生态损害赔偿的规定,并且,允许个人提出损害赔偿诉讼,鼓励违法行为人自愿对其造成的生态环境损害进行赔偿;当受害方是未成年人或无行为能力人时,国家机关或其他组织、公民有权向法院代为提起诉讼,以维护受害方的生态利益。与俄罗斯不同,日本环境损害赔偿更引入了行政给付制度,即在针对公害健康的损害赔偿中,在一般的民事损害赔偿责任的司法认定途径外,专门针对公害健康损害适用更具有高效性的行政给付救济,"以行政处理方式对特定种类的公害健康损害进行概括的因果关系认定",并在此基础上作出赔偿责任认定。②

在生态补偿方面,偿还生态赤字是生态补偿的功能定位。生态赤字"指生态资源的供不足需,人类对自然资源的消耗量超过了生态系统的承载能力,形成了对资源储备的透支"。生态补偿即是针对这一透支状况进行的补救。生态补偿的概念源于生态学,最初仅指自然补偿的,即对由于社会、经济活动造成的自然生态系统的生态功能或生态质量损害所采取的替代措施,是促进环境保护的利益协调机制的重要内容;与此同时,生态补偿"通过经济手段和制度安排对保护资源环境的行为以及因此而丧失的经济发展机会进行适当补

---

① 蔡守秋:《生态文明建设的法律和制度》,中国法制出版社 2017 年版,第 351 页。
② 刘倩等:《环境损害鉴定评估与赔偿法律体系研究》,中国环境出版社 2016 年版,第 96、103—104 页。

偿"。① 中国的生态补偿制度设计以政府间财政转移支付、直接支付、补贴为主要方式,建立了生态系统服务付费机制。② 在我国的生态补偿计划中,生态补偿中的利益相关者包括补偿者和受偿者,也有学者将这里的利益相关者划分为生态系统行为人、中介机构、环境服务受益人,实质是引入了中介机构的参与,但从根本上看,这两种分类在本质上是一致的。其中,生态系统行为人即补偿者,指"改变了环境服务受益人可以获得的生态系统服务的数量或质量"的行为主体;环境服务受益人即受偿者,"是从生态系统产生的环境服务中受益的实体";中介机构是在补偿者和受偿者、生态系统行为人与环境服务受益人之间起到居间作用的实体。但在实践中,我国的生态补偿制度实施仍以政府推动为主,即"通过财政拨款和补贴的方式进行补偿",为生态系统服务功能的恢复和治理提供保证。③

而根据特定社会与技术发展阶段的具体实际,实现生态修复是救济性环境责任的重要价值所在。"生态修复是通过生态系统的全面修复实现生态和环境自身的全面修复",使受到损害的生态系统功能逐步得到恢复④,并恢复原生生态系统的完整性,保护生物多样性,推进可持续的社会实践;从本质上看,生态修复是从生态整体利益的平衡与协调出发,在恢复生态系统基本功能的基础上,使生态系统达到自维持与循环再生状态。学者概括了生态修复的四项内容:一是修复污染环境,二是修复受到大规模人为干扰的生态系统(非污染生态系统),三是修复大规模农林牧业生产活动破坏的具体生态要素,四是修复由于自然原因(森林火灾、雪线下降等)或小规模人类活动造成的生态系统退化⑤;通过有效的制度运行推进经济社会的可持续发展⑥。在这一方面,救济性环境责任制度设计发挥着重要的作用。

与此同时,在侵权救济领域,存在着两个方面的误区:一是将环境侵权等

---

① 郭光磊主编:《北京市生态文明建设研究》,中国言实出版社 2016 年版,第 53 页。
② 秦玉才等主编:《中国生态补偿立法:路在前方》,北京大学出版社 2013 年版,第 1 页。
③ 王文革等:《环境法经济政策和法律》,中国法制出版社 2015 年版,第 244—245、247 页。
④ 谢作明主编:《环境生态学》,中国地质大学出版社 2015 年版,第 107—108 页。
⑤ 陈凤桂等主编:《基于生态修复的海洋生态损害评估方法研究》,海洋出版社 2015 年版,第 41 页。
⑥ 吴鹏:《以自然应对自然》,中国政法大学出版社 2014 年版,第 45—46 页。

同于环境损害救济,"直接将环境损害作为侵权构成要件中损害事实在环境侵权中的一种特殊样态来对待";二是将环境权利等同于民事权利,并由此将环境损害纳入侵权法识别和调整范围。但是,不同于以私权保护为内核的传统民事权利,环境并不能为个人所支配或控制,亦不能够将环境作为所有权的客体归属为任何主体的私有财产或利益,对环境造成的损害的深度和广度更是远超民事损害内容,相应的救济方式和责任承担也应当体现这一突出特征。① 事实上,救济性环境责任与传统民事侵权救济并不相同。"传统民事侵权理论在个体性利益损害救济的基础上展开,无法解决集合了个体性和公共性的环境利益损害救济问题","也无法解决对这些利益的动态性侵害问题"。而在环境损害救济领域,与生态系统的整体性相契合,环境损害救济从生态环境利益保护出发,系统推进个体利益与公共利益、社会利益与生态利益的整体性治理,针对具有系统发生特性的环境侵害,多层次推动环境侵害救济的协调、整合、协同、联动及社会化发展。②

在这一层面,"司法救济是环境侵权的最后一道防线";与此同时,"环境侵权救济领域的私法公法化的倾向主要表现在对环境损害的社会化救济和政府补偿责任"。但在实践中,环境侵权的司法救济呈现出被动性、滞后性特征,并且,环境侵权责任认定中的因果关系判定、损害评估等亦面临诸多困难;这些成为环境和生态的恢复性救济的障碍。在司法实践中,法官在进行司法裁量时往往还需要考虑到社会效应的状态,以避免解决一项环境问题而引发新的社会问题的出现。③ 如何发挥救济性环境责任在环境与生态恢复方面的积极作用,成为健全和完善环境责任制度的关键所在。

需要说明的是,现行环境法律制度框架下的"排除危害"责任形式,虽然对于未来的环境治理具有一定程度上的预防性作用,但从本质上看,其仍属于救济性环境责任的承担方式;"排除危害"责任的产生以存在现实的环境危害

① 辛帅:《不可能的任务:环境损害民事救济的局限性》,中国政法大学出版社2015年版,第1—3页。
② 黄中显:《分担与转移:环境侵害救济社会化法律制度研究》,法律出版社2016年版,第3—4页。
③ 吕忠梅等:《理想与现实:中国环境侵权纠纷现状及救济机制构建》,法律出版社2011年版,第81—83、168—169页。

为前提,而并非是针对将要发生的具有确定性的环境危险或科学尚不可确定的环境风险而设定的。这也是环境侵害排除理论的基础原理;正是在遵循这一原理的前提下,《环境保护法》第 41 条规定"造成环境污染危害的,有责任排除危害",并通过与公法环境基准及私法民事责任相结合,形成维护新兴法益的积极力量。①

---

① 张挺:《环境侵权中侵害排除理论研究:以中日法比较为视角》,中国社会科学出版社 2015 年版,第 26 页。

第七章　生态法益的社会实现：
绿色社会与五型社会

　　生态法益的社会实现奠定新兴法益社会实践的重要基础,新兴法益的治理转型深刻植根于新兴利益保护的社会诉求基础上。具体到生态法益保护领域,基于生态利益的公共属性,生态法治建设与生态法益保护具有特殊性。一方面,生态法治的基本架构及其真正实现建立在法治社会的基础上,并在"五型社会"建设的基础上,将环境、资源、经济、社会等要素纳入发展评价系统当中,推动人与人、人与社会、人与自然之间关系的有序及良性发展;另一方面,生态法益的社会实现不是孤立的,而是在与法治国家的互动当中,促进生态法益在法治社会建设中的充分实现,把握社会有机体运动变化规律以"长于变"①,即奠定了生态法益现实化保护的重要基础。在此基础上,生态法益所建构的并不是某一方面、某一环节的运作体制,而是系统化、立体化、全方位的新兴法益保护体系。

　　生态法益的社会实现是依据法律规范进行社会调整的重要表现。社会本身是一个有机系统;这一有机系统具有多层次的结构,并有其内在的矛盾,在对这些矛盾进行调节的过程中,社会有机体不断向前发展,并形成其行为规则体系与组织秩序。社会调整的过程同时会形成主体对于法益保护规则的认同;而社会调整的方式是多样的,社会调整机制中各个具体的、独特的调整方式会按照一定的方向和目标,把社会主体的行为纳入秩序的轨道上。正如庞德的社会控制论所指出的,社会控制手段具有多样性,对于社会关系进行的法

----

①　顾荩臣:《经史子集概要　经部》,中国书店 1990 年版,第 1—2、7、145 页。

律调整,"是通过调整社会关系参加者的行为来实现的";社会调整体系为生态法益的社会实现奠定了坚实的社会基础。①

第一节 生态法益社会实现的基本理论

作为新兴法益的本体范畴,生态法益的有效保护需要充分调动对于新兴风险进行社会防范的力量,凝聚起推动新兴法益社会实现的合力。生态法益社会实现的基本理论既为这一过程奠定理论基础,亦是新兴法益理论在生态治理领域的具体体现。

一、生态系统集成理论:生态法益的系统保护

生态系统集成理论是在"人—经济—社会—生态"系统中,实现各个子系统之间动态平衡的重要基础。生态系统集成理论源于集成思想,即"将生态伦理思想、系统控制思想与实践相结合",从系统论、控制论的角度关注生态保护与经济增长之间的相互关系,通过将生态环境保护内化为发展方式,促进经济、社会、环境、资源的协调发展,使复合生态系统中的各个组成部分相互协调、相互依存、和谐共生。生态系统集成理论的核心在于生态系统中,包括人类与非人类存在物、经济系统与社会系统、物质循环与能量流动、输入端物质的充分利用与消费过程废弃物的再利用等诸多子系统耦合成为一个大的动态系统;在这一系统当中,各个子系统、各个要素之间是相互依存的,而各个子系统是否能够存续下去,又取决于这个整体的动态系统的存续状态。生态系统中万事万物之间的本质联系在于协同发展、相互依存、互利互惠的动态关系;这就要求从"复杂巨系统的运作"高度,以"价值观、生产观、伦理观、发展观、经济观和世界观的集成发展"促进人与自然之间和谐共生。②

生态系统集成理论是综合生态系统管理的重要基础。2000 年,《生物多样性公约》第五次缔约方大会通过的《生态系统方式》决定"提出了综合生态

---

① 倪健民等:《法律预测的理论与方法》,法律出版社 1988 年版,第 30—32 页。

② 徐玖平等:《循环经济系统论》,高等教育出版社 2011 年版,第 1、3—5、9—10、241、249 页。

管理方法的 12 原则和 5 项导则"，指出要从不同环境要素、自然生态与自然资源综合管理出发，综合统筹经济、社会、环境、资源管理，展开集成化的保护实践，推动公平保护与可持续利用。从这个意义上讲，生态系统集成理论的核心应用即是在生态法益保护实践中采用综合生态系统管理方法①；生态系统集成理论在生态法益实现中的角色定位②，由生态要素与自然环境作用的广泛性所决定。在此基础上，生态系统集成理论要求在生态法益保护实践当中，防止片面追求某些方面利益而引发次生危害或风险的发生。

　　生态系统集成理论在生态法益实践中的贯彻从不同的角度出发，形成法益保护的合力。在生态经济方面，生态系统集成理论要求以相对集中的产业集群布局与生态集成制造系统为推广循环经济提供支持，"从系统集成分析、生态产业链设计、系统集成在生态产业链设计中的应用等方面"出发，"将企业清洁生产在区域层面进一步集成，使其产生更大的生态环境规模效益"③；在生态文化方面，不同于传统生态学从人类社会（个体与群落）出发的生态文化观，现代生态文化观念建立在生态系统观的基础上，强调人类社会是生态系统的组成部分，在物质循环与能量流动中，人类与非人类存在物之间的协调发展构成了生态平衡与稳定状态的基本前提④，在彼此联系与相互依存的关系结构中，共同体即形成其共同的文化和价值认同，并通过这一认同过程将社会凝聚为一个整体，建立共同体的秩序⑤；在生态社会方面，生态系统与人类社会的结构平衡、协同发展、功能优化，建立在生态系统集成理论的基础上，在"自然—社会—经济"的复合系统当中，通过对人的社会生态属性与自然生物生态属性的分析，推动人类群体与生存环境的协调发展，是社会生态系统发展与自然生态系统持续进化的重要基础⑥。在这一过程中，从自然生态学到社

---

① 蔡守秋：《生态文明建设的法律和制度》，中国法制出版社 2017 年版，第 352 页。

② ［美］塔尔科特·帕森斯：《社会行动的结构》，张明德等译，译林出版社 2003 年版，第 9 页。

③ 杨养锋：《生态集成制造系统：区域循环经济理论与实践》，科学出版社 2018 年版，第 2—3 页。

④ 周玉玲：《生态文化论》，黑龙江人民出版社 2008 年版，第 38、40 页。

⑤ 魏波：《环境危机与文化重建》，北京大学出版社 2007 年版，第 35 页。

⑥ 秦谱德：《生态社会学》，社会科学文献出版社 2013 年版，第 7、60 页。

会生态学的转变,推动着生态法益在社会生产群体子系统、社会管理群体子系统、自然环境子系统、社会环境子系统的有机整体中的综合发展①,从全面的、体系化的观点出发,推动生态法益的系统实现。

因此,生态法益社会保护的关键即在于以系统论、整体论为指导,形成综合集成的体系化保护机制。生态系统是以耗散结构为基础的开放系统②;从维尔纳德斯基的生物圈论说到贝塔兰菲的机体论与系统论学说,生态系统的整体性与集成性成为耗散结构分析的基石③;耗散结构的形成以自然法则为基础,自然界以其结构的精致、巧妙协作、形态的繁多支撑系统的运行。在这一运行过程中,在既有结构与秩序形态的基础上,"新的、井然有序的结构"不断产生,"并随着恒定的能量供应而得以维持";相应地,经过了法律确认的生态利益保护亦需从系统的整体性思维出发,形成生态法益保护体系,通过各个子系统之间的协同促进有序结构的持续发展,推动生态法益保护体系各部分之间的协作。④

二、风险社会理论:生态法益的综合保护

风险社会理论是贝克在《风险社会》一书中提出的,反思现代性发展路径下当代社会风险属性的成果。⑤ 风险社会理论与传统自由主义法律理论对风险的认识不同,后者以主体为中心对传统风险进行分析,而风险社会理论则关注新兴风险与传统风险不同的特征;新兴风险与制度风险、生态风险等多重风险因素相叠加,具有突出的不确定性与不可预测性特征。针对这一问题,贝克指出对于风险进行的评估以概率论为核心,但并不是"只有潜在的不良结果能够用概率加以计算时才可称之为风险";由此,贝克对概率论之外的风险现

---

① 叶峻等:《社会生态学与生态文明论》,生活·读书·新知三联书店 2016 年版,第 1—2 页。

② 陈敏豪:《人类生态学——一种面向未来世界的文化》,上海交通大学出版社 1988 年版,第 62 页。

③ 陈敏豪:《生态文化与文明前景》,武汉出版社 1995 年版,第 16、23 页。

④ [德]哈肯:《大自然成功的奥秘:协同学》,凌复华译,上海译文出版社 2018 年版,第 1、108 页。

⑤ [德]乌尔里希·贝克:《风险社会》,何博闻译,译林出版社 2004 年版,第 1 页。

象进行了分析。与贝克不同,吉登斯的人为风险论述从公法视角出发,强调不确定的风险的可问责性与风险分担公平性;艾瓦尔更"将风险这一理念作为一种治理技术",形成技术意义上的战略性风险观。具体到生态法益保护领域,随着生态危机的加深,基于概率理性的生态风险评判可信度降低,人们的主观风险感知及预期价值直接影响对致险行为的控制;从主观与客观、内生性与外源性、制度风险与生态风险等多样化的风险出发,形成风险社会的环境语境尤为重要。而不同于传统社会当中基于可控性的损害结果对于行为人进行追责,在风险社会中,往往以"面向将来的决策模式",适用法律,确定责任;"风险对于法律理论的更深层次重要性正是发端于这些关于行为和决策的争鸣之中"。① 由此也为新兴法益保护提出了新的要求。

在风险社会理论的指引下,生态法益的社会保护具有突出的复合性特征。从客观方面看,生态环境风险是风险社会理论的重要研究对象,是当代社会治理所面临的重要挑战;从主观方面看,生态环境风险的应对状态与社会公众的风险认知密切相连。更进一步分析,在风险社会背景下,如果法律仍然局限于"保护传统法益,而忽视和整个人类社会存亡相关的环境、安全等集体法益,就无法满足风险社会中民众的安全感等需求的底线"。由此,针对新兴风险,通过引入超越个体法益类型的生态法益,并将实在法益保护与主观法益转换相结合,突破法益物化的局限性,成为生态法益保护的重要路径。从这一角度出发,生态危机的加深促使人们认识到生态法益保护的重要性,人类社会的发展建立在自然生态保护的基础上,对于潜在的风险进行有效的法律规制,是防止法益侵害的基本前提。事实上,对于风险社会中受到不确定性风险威胁的法益保护而言,一方面,"等到实际的法益侵害或者是一定的危险事实发生之后,才去干预,为时已晚";另一方面,在生态主义的哲学观的指引下,生态法益保护不再将人类作为唯一的保护对象,而是从生态系统存续和发展这一基础出发,"给予生态法益最周延的保护,使人类和自然环境和谐相处"。②

因此,在风险社会中,生态法益的现实保护必须考虑生态风险的产生及其

---

① [英]珍妮·斯蒂尔:《风险与法律理论》,韩永强译,中国政法大学出版社 2012 年版,第2、4、7、9、14—16、174 页。

② 张道许:《风险社会的刑法危机及其应对》,知识产权出版社 2016 年版,第48—49 页。

迁移转化的状况,并从风险防范的视角出发①,通过环境信息公开、环境决策民主、环境风险规制等一系列体制机制保障,推动生态实践中的法益综合保护。与此同时,风险社会中的生态法益保护所关涉的处于生态风险中的主体,不仅限于同一区域,还包括了不同行政区划中的生命共同体组成要素,从而为生态法益保护提出了新的要求。有观点认为,应当通过民主国家重构来应对这一问题,但笔者认为解决风险社会问题的根源在社会领域,通过激发社会主体对于公共生态利益保护的积极性,在国家、政府、社会、公民之间形成共用物治理的科学模式,充分保障生态法益的人民属性,在交往理性与生态共同体层面建立起维护绿色发展的坚强力量,是当下亟待完成的任务。从这个角度看,风险社会给具有确定性的法益保护带来了新的挑战。在风险社会当中,不确定性成为最为突出的特性;如何有效应对这一不确定性,为法益保护提供明确的、有力的支持,成为生态法益保护的重要任务。

三、群体合作演化与公私协同治理:生态法益的协同保护

生态法益保护社会实现的最大难度在于,"共同利益并非个体行为的直接原因",生态法益协同保护所赖以实现的理性合作也并不总是社会发展的必然。在这一背景下,生态保护群体合作即从"群体中的个体行动策略与个体间互动关系"入手,通过个体"适应调整行为策略,从而优化收益,提高生存适应度,最终实现稳定的均衡状态",达到在个体理性与集体理性的一致,并反过来促使群体结构的优化。生态环境保护合作中的迁移策略呈现多重迁移的混合性特征。在这种混合迁移机制当中,最为主要的是"趋利移动混合平均收益驱动的移动和趋利移动混合逃离移动",形成直接互惠与空间互惠的(依靠直接或间接网络结构)促进合作的机制。这对于把握社会环保合作走势,促进积极的环境保护社会合作具有现实的指导意义。在生态系统这一整体环境下,在个体理性与群体影响共同作用下的个体行为呈现出动态变化性、多样性特征,表现为复杂网络所呈现的交互演化规律,受到"系统的结构(物

---

① 舒洪水等:《法益在现代刑法中的困境与发展——以德、日刑法的立法动态为视角》,《政治与法律》2009 年第 7 期。

理结构与信息结构)与环境(自然环境与社会环境)共同决定",产生个人与群体结构的共同演化规则。这一群体性合作所遵循的"社会规范是自底而上,通过个体间的交互关系直接影响合作涌现","促使系统演化出高合作的状态",产生符合生态规律的合作策略①,形成生态法益的协同保护机制。

生态法益协同保护主要包括三个方面的内容:一是部门之间的相互配合与协同治理,二是充分发挥公私协同治理的积极作用,三是将外化的生态公益目标嵌入社会内在的价值追求。不同于群体合作的私法属性,公私协同机制建设通过公法主体与私法主体之间的良性合作,为生态法益的社会实现提供全方位支持;与公私协同治理不同,群体合作则发生在社会主体之间,往往呈现出"经济人""社会人""生态人"模式内在的激烈冲突。从这个意义上讲,公私协同与群体合作存在属性上的差异,应当分别归属于公权力主体与私权利主体协同治理的范围。由此,生态法益协同保护成为生态法益社会实现的关键所在。其中,生态法益保护部门协同是解决生态环境保护职权的部门分管与生态要素一体之间矛盾而逐步形成的,甚至还涉及部门之间的利益冲突问题;在部门协同领域,最为突出的是环境行政执法与刑事司法程序的衔接问题。针对这一问题,国家环境保护总局、公安部、最高人民检察院联合发布《关于环境保护行政主管部门移送涉嫌环境犯罪案件的若干规定》,对涉嫌环境犯罪的案件移送及惩处作出了详细的规定,强调不得以罚代刑;2018年,继《中共中央国务院关于全面加强生态环境保护坚决打好污染防治攻坚战的意见》的发布及《全国人民代表大会常务委员会关于全面加强生态环境保护依法推动打好污染防治攻坚战的决议》的通过,"两高三部"联合印发《关于办理环境污染刑事案件有关问题座谈会纪要》,为形成生态法益保护部门合力提供重要指导。事实上,"生态法益不同于我国现行法律所保护的生命和财产法益",明确生态法益的独立性,从立法、司法、执法各方面推动生态法益的全面实现,对于提升生态法益保护效能具有重要意义。②

---

① 赵小薇等:《基于博弈策略与迁移机制的群体合作演化研究》,科学出版社2018年版,第1、3—4、10、14、34、98页。

② 曲伶俐等主编:《刑事法治前沿》第4辑,山东人民出版社2016年版,第145、147—148页。

生态法益协同保护与传统的公共行政不同;"传统的公共行政是建立在公私分立的理论基础之上的",政府和社会公众分别代表公共利益和私人利益;至 20 世纪末,"在反思公共管理导致的部门化、碎片化和裂解性的基础上"出现了整体性治理模式,即以解决公众的需求问题为导向,通过跨区域、跨部门的政府机关协调配合,对"政府的各层级、机构和公私部门进行必要整合",从而保障公共产品和服务的供给。在这一背景下,社会组织积极地参与到环境治理的过程中,并承担相应责任;政府把自己所承担公共服务职能部门授权给社会组织执行,形成了公私协同治理的良好格局。从概念上看,公私协同治理"是在公私地位对等、利益共享、风险和责任分担的基础上对现有治理行为进行的调整与转向";其主要适用于公共服务领域,通过行政协议实现公共服务社会化。但在公私协同治理领域,公权力机关与私主体之间的协作,是以公益为主导的,私权利主体的行为不能够违反授权及职责的要求。① 在后工业化社会,政府治理向公私协同治理的转变,成为有效应对风险,解决诸多矛盾和冲突的重要途径。② 这一协同治理模式以"公共和私人的机构管理其公共事务"为基础,以寻求达成集体行动为核心③,蕴含着人类对于善治的向往和追求,"是人类社会管理公共事务的理想模式"与最佳配合形式④。

第二节　法治社会:生态法益社会实现的结构支撑

新兴法益的社会实现以法治社会建设为主线,而法治社会建设与法治国家、法治政府紧密相连。从这个意义上讲,法治一体化建设框架为生态法益的全面实现提供了有力支撑;以之为基础,在国家治理与社会治理协调推进、绿色国家与绿色社会制度协同下,推进生态法益的全面实现。进一步分析,生态

---

①　徐海静:《法学视域下环境治理模式的创新:以公私合作为目标》,法律出版社 2017 年版,第 2、129、133—135、157 页。

②　谢新水:《作为一种行为模式的合作行政》,中国社会科学出版社 2013 年版,第 25 页。

③　王锡锌:《当代行政的"民主赤字"及其克服》,《法商研究》2009 年第 1 期。

④　熊节春:《善治的伦理分析》,中国社会科学出版社 2014 年版,第 148 页。

社会发展模式强调"经济和社会、市场和国家应当相互补充,社会的价值和对环境的保护,应当与经济发展具有同等重要的地位而受到经济社会发展政策的高度重视"①;通过生态文明建设推动经济社会永续发展,全面推进生态社会体系的建设和发展。

一、生态法益的法治一体化支撑:法治国家与法治社会一体建设

法治一体化是中国特色社会主义法治实践的重要特征与优势所在;法治国家与法治社会一体建设是法治中国建设的重要构成,离开了其中任何一者,生态法益的实现都会失去强有力的支持和保障。通过国家、政府、社会层面法治建设的一体化推进,形成法治国家与法治社会共生共荣的良好格局,从而为生态法益实现提供多层次多领域的支持和保障。

在同一语境中分析法治国家、法治社会的科学内涵,首先必须揭示国家与社会概念的关系。② 以马克思主义的国家学说为指导,现有的法律制度设计是建立在"国家—社会"二元论基础上的。习近平总书记在纪念现行宪法颁行 30 周年大会上的讲话,明确提出"坚持法治国家、法治政府、法治社会一体建设",③为法治中国建设指明了前进方向;学者提出法律应当"成为国家与社会双重与双向控制的工具",协同推进法治国家与法治社会建设。法治国家与法治社会建设构成法治中国的基本命题,亦成为生态法治建设的重要基础。从党的十五大提出依法治国基本方略到 1999 年依法治国入宪,从 2008 年首部《中国的法治建设》白皮书的发布到党的十八届四中全会全面推进依法治国决定的出台,法治社会的制度逻辑与理性构建在法治中国的框架内逐步展开。"党的十八大报告第一次提出法治是治国理政的基本方式","第一次提出更加注重发挥法治在社会管理中的重要作用",一方面,以推进政治、经济、社会、文化、生态文明建设为目标,加快建设法治国家;另一方面,重视法治社会的制度逻辑与理性构建,突出立法重点,维护社会公平正义。具体到法治国

---

① 夏汛鸽:《生态市场经济》,中国经济出版社 2015 年版,第 242 页。

② 杨俊一主编:《依法治国的理论与实践创新研究》,上海社会科学院出版社 2015 年版,第 39 页。

③ 林钊:《治国理政新方略》,国家行政学院出版社 2014 年版,第 97 页。

家与法治社会的区别方面,"法治国家是指国家机器的民主化、法治化;法治
社会是指全部社会生活的民主化、法治化,是依国家的法制和社会自治性的法
规范,各类社会主体(包括社会基层群众性组织、各事业企业组织、各种社会
团体等非政府组织)在民主法治的轨道上的自主自治自律",并在法治轨道上
对国家权力的行使进行监督。[1]

　　法治一体化在支撑生态法益实现中作用的发挥,以法律的内在运行规律
为基础。在法律制度安排中,法律的规范性并不局限于特定社会发展阶段与
特定地域的管理者命令,而是需要与社会状况紧密联系起来,形成适应社会发
展的制度设计,促进人类的生存与发展。而这种认定准则的确立经历了从理
性主义到唯物主义的演进历程。在这一方面,黑格尔在《法哲学原理》中,区
分了理性自然法和实在法,指出自然法由自然法权观念决定的法,实定法则是
由特定国家制定的具体规则。至19世纪40年代,马克思主义的法律主张对
法律理性主义进行了反思;"马克思与弗里德里希·恩格斯于1845年共同创
作的《神圣家族》与《德意志意识形态》是最早的后法律理性主义著作",完成
了"从法律理性主义到'社会—法律'自然主义的转变"。在这一转变的背景
下,法律成为对于社会关系进行表述的产物,其由自然规律与社会生产方式决
定。以这一基本逻辑为指引,"后法律社会越接近其社会理念",就越能够有
效地解决社会冲突。[2] 这为在法治国家与法治社会一体建设基础上推进生态
法益实现奠定了坚实基础。

　　在生态法益社会实现保障方面,法治国家与法治社会共同承载生态法治
建设进程。从法理分析层面看,"法治国家与法治社会是法治发展的相对独
立而又相互连接的两个层次、两个方面、两个重点",不能将法治国家与法治
社会等同起来。从更基础的层面看,国家不能等同于社会,社会是国家的基
础,"人民将使国家回归其作为社会发展产物的应然地位"。在这一基础上,
法治国家与法治社会相互制约、相互促进、相得益彰,在共同的本质层面,以法
律至上的法治精神为引导,推动对于生态法益的有效保障。与此同时,法治国

---

　　[1]　江必新:《法治社会的制度逻辑与理性构建》,中国法制出版社2014年版,第47—54页。
　　[2]　[美]太渥:《法律自然主义:一种马克思主义法律理论》,杨静哲译,法律出版社2013年
版,第10、12、16、38、224页。

家与法治社会有不同的侧重点,法治国家侧重法律对于国家公权力的分配、限定、约束;法治社会则侧重社会成员普遍守法,全体社会成员、社会组织均需要对法律规范进行一体遵行。在生态法益实践过程中,随着国家生态法治体系的逐步完善及持续推进与深化,必须从法治建设的整体出发,推动法治国家与法治社会一体建设,进而强调全体社会成员生态意识的增强和对生态法律规范的严格遵守。从这个意义上讲,生态法益社会实现"最深刻的基础在社会";从满足人民对于美好生态的需求出发,"使法治始终适应国家和社会发展的双重需求",推动生态法益的全面实现。①

生态法益在法治国家与法治社会一体建设框架中得到实现。其中,法治国家是法治社会建设的主导,法治社会是法治国家建设的基础。一方面,国家立法"是全民的、全社会的共同意志的体现",法律的实施以全体民众、全社会的支持为前提,法治国家建设离不开社会成员参与社会的法治化支撑;另一方面,法治社会的形成有赖于国家权力的保障,通过国家法治建设保障社会基本权利与自由的实现。因此,学者指出"在很长的历史时期内,国家的法制是也必须是占统治地位、主导地位的";社会主体自主自治能力的发挥以国家法治为保障,在法治的轨道上,可以引入乡规民约、习惯规则、社团章程等社会自律规范,为生态法益的社会实现奠定社会秩序基础。② 从这一角度出发,法治国家建设应当协同推动两个方面的内容:一是从监督与制约国家权力出发,规范国家权力尤其是行政权的行使;另一方面,要回归于社会,通过推动社会的法治化,来实现国家的法治化。与此同时,需要注意法治国家概念本身"就融合了形式上的因素和实质上的因素为一体"。但在 19 世纪的实践当中,出现了重法治国家的形式化,轻法治国家的实质内涵的现象;其典型是德国的法治国理论及其实践,最终导致法治国家蜕变成为暴力国家。③ 因此,在生态法益社会实现过程中,要通过"政府与社会的双向控权",推动法治国家与法治社会一体建设,形成生态法治建设合力;在法治中国建设背景下,法治社会建设将全体社会成员、社会组织的公共行为纳入法治的轨道,从而为生态法益的社会

① 卓泽渊:《法治国家论》,法律出版社 2018 年版,第 46、48—50 页。
② 郭道晖:《法理学精义》,湖南人民出版社 2005 年版,第 395—396 页。
③ 江必新:《法治社会的制度逻辑与理性构建》,中国法制出版社 2014 年版,第 55—56 页。

实现提供安定和谐秩序保障。从这个意义上讲,法治国家与法治社会建设对于生态法益的实现而言缺一不可。

二、生态法益的社会共治保障：国家治理与社会治理协同推进

如何理解治理、社会与现代性的关系,对于生态法益保护而言有着重要的作用。对这一关系的理解存在不同的主张,"西方社会曾经把社会作为治理逻辑的中心",并由此发展出社会自由主义国家主张,形成了社会中心论,此后演变为消解主权边界的世界治理观。① 事实上,在生态法益保护的过程中,国家治理与社会治理各自发挥着不同的作用,二者缺一不可;国家与政府从全局角度作出正确、科学的引导,社会、公民充分发挥其积极作用;国家治理的主体是国家公权力主体,社会治理的主体是社会成员和社会组织;国家治理具有统一性,社会治理具有自治性。在这一框架下,实现治理所追求的善治目标,推动公共利益最大化的社会管理,通过国家治理和社会治理协同推进,"由国家统治和社会管理转变为治理"。② 党的十八届三中全会提出推进国家治理现代化;"国家治理现代化追求多元共治,厘清不同治理主体在国家治理体系中的角色和相互关系"③;在此基础上,通过网络化治理,将政府网络管理与公私合作结合起来④,促进公共自主与私人自主在道德层面的沟通⑤;通过国家治理与社会治理的协同推进,为生态法益的社会实现奠定实践基础。

国家治理与社会治理在生态法益保护方面协同作用的发挥,以国家治理能力现代化为立足点;也即,要善于运用法律和制度进行治理,把各方面制度优势转化为管理国家事务与社会事务的效能,夯实法益实现的基础。具体而言,生态利益的实现最初被视为社会福利的重要内容;"政府的基本职能即是实现社会福利目标"。但生态法与社会法论域具有不同的属性,前者强调生

---

① ［美］萨拉特主编:《布莱克维尔法律与社会指南》,高鸿均等译,北京大学出版社 2011 年版,第 5—6 页。

② 刘彦昌等:《治理现代化视角下的协商民主》,浙江大学出版社 2017 年版,第 129 页。

③ 吴良志:《实境中的法院运转》,中国法制出版社 2015 年版,第 22 页。

④ ［美］戈德史密斯:《网络化治理:公共部门的新形态》,孙迎春译,北京大学出版社 2008 年版,第 17 页。

⑤ ［德］哈贝马斯:《包容他者》,曹卫东译,上海人民出版社 2002 年版,第 299—303 页。

态共同体利益的维护和保障,后者则侧重社会福利的实现,社会福利的内容"只能靠政府的调节来实现";与之相区别,基于生态法益与生态共同体利益具有广泛的覆盖面,其需要在国家、政府、社会三者相结合的层面加以实现。从这个意义上讲,生态法益的实现需要在国家治理与社会治理相协同的层面,以推进国家治理体系和治理能力现代化为路径加以推进。与此同时,在这一治理体系中,市场对资源配置起决定性作用,"政府配置公共资源同市场配置市场资源结合进行",社会主体则在组织化发展基础上推进集体互动治理,建立政府与社会、市场与社会的协同和良性互动关系,"形成政府与社会的良性互动的社会治理体制",提高防范生态风险,化解社会矛盾的实际效能。可见,国家治理现代化需要理顺各治理主体的作用,正确处理政府、社会、市场之间的关系;其中广泛地涉及了国家制度与决策体制、权利保障与权力约束、文化惯例与法律规范、正式规则与非正式规则等内容。在此基础上,从善治出发提升法律治理的有效性;这一有效治理过程的结果,即落脚于法益的客观实现。正因为如此,学者指出"善治需要治理能力现代化,善治就不能只是靠国家治理,还需要社会治理"的有力支持,真正在经济社会发展的现代化转型中,积极回应人民对于美好生态的需求①,为生态法益的实现创造重要机遇。

具体而言,国家治理层面的生态法益维护,主要是通过对于个人或组织开发利用活动的限制而实现的。由此,亦引发了经济制约、社会冲突、政策风险等一系列问题。与此同时,社会治理的现代化对于在国家治理过程当中,克服生态外部性所带来的消极影响具有不可替代的作用;国家治理与社会治理的协同推进,则成为实现经济增长与环境保护之间良性发展的重要路径。最大限度地保障平等生存、发展的治理模式,需要有效解决法律论域存在的利益冲突。在环境外部性作用下,这里的利益冲突表现在纵向利益失衡与横向利益失衡两个方面;前者是"基于正外部性所产生的公共利益与为了公共利益的存续而受到限制的私人利益与地区利益之间的失衡",后者是指基于公共利益维护而受到限制的特定私人利益及地区利益与未受限的私人利益及地区利

---

① 洪银兴:《社会主义现代化读本》,江苏人民出版社 2014 年版,第 149—154 页。

益之间的失衡。① 从这个意义上讲,坚持依法治理、系统治理、源头治理、综合治理,以法治手段推动社会共治、善治,成为加快经济建设、政治建设、社会建设、文化建设、生态文明建设的基本前提,从而在"政治、法治与社会治理的有机统一"的基础上,推动生态法益的社会实现。②

三、生态法益的制度协同支持:绿色国家与绿色社会协调发展

制度协同是协同理论的重要实践探索,强调以不同层次、不同领域制度之间的有效衔接协调,推动系统整体效应的最大化。在法益保护领域,以法治国家与法治社会一体化建设为路径,绿色国家与绿色社会协调发展的制度建设,为生态法益实现提供了制度协同层面的有力支持。

在这一背景下,生态法益的实现需要系统化的制度支撑,而支撑生态法益实现和发展的制度是由多层次多领域的制度组成的完整体系。其中,既包括根本制度、基本制度、具体制度,又有体现国家和社会性质的政治制度、经济制度、文化制度、社会制度、生态制度。生态法益制度保障的程度,是"国家和社会成熟与完善程度"的重要指标;在制度建设基础上,"促进国家职能和权力向社会回归",为生态法益的社会实现提供有力支撑。③ 在这一方面,不同于减缓生态恶化速度的、短期性生态损害补救模式,反思性生态现代化从政策、法律制度的生态保护目的出发,推动经济与环境的兼容协调;在这一过程中,"国家的角色从仅仅是被动回应的、补救性的或惩罚性的,转向主动的、前瞻性的和预防性的角色",因而被称为"生态启蒙"(第二次启蒙)。

从宏观层面看,绿色国家与绿色社会是反思性生态现代化实践的重要目标,也是当代制度实践的重要方向,形成了支撑生态法益实现的重要框架。绿色社会最早出自植田和弘的回收再利用社会主张,以自然环境保护与社会经济发展的和谐共生为核心,反思人与自然之间的关系状态及传统工业社会发

---

① 李永宁:《生态保护与利益补偿法律机制问题研究》,中国政法大学出版社 2018 年版,第5页。

② 郭树勇:《民主与法治片论》,上海人民出版社 2015 年版,第 82—83 页。

③ 汪青松等主编:《马克思主义中国化研究前沿报告》第 3 辑,上海社会科学院出版社2015 年版,第 79—80 页。

展模式,以推进可持续发展为路径,成为生态文明建设的最终目的。绿色国家从生态整体利益出发,推动经济社会发展的生态化转型、政府政策导向的转变及企业社会责任义务的承担。从外在形态上来说,绿色国家与绿色社会由人与自然的和谐价值追求联系起来,通过调整人与人之间的社会互动关系,促进人与自然的和谐共生,从而维护人类与非人类存在物所赖以依存的生命共同体的整体利益,满足生命共同体整体存续与发展的要求。其中,绿色社会的本质是社会发展模式的绿色化,以可持续发展理念为指导,改变原有的经济发展模式、消费模式、生活方式,推动绿色社会形态的建立。党的十七大报告"首次提出建设生态文明的理念",至党的十八大报告专章论述生态文明建设,生态文明建设成为"五位一体"总体布局的关键构成;在当今国家和社会建设中,环境友好型产业、绿色发展、低碳发展、循环发展,已经成为防范生态环境破坏的重要路径。在绿色国家和绿色社会建设过程中,以经济、社会、环境、资源发展相协调为导向,推动"人的价值观念由人类中心主义价值取向转向人与自然和谐发展的价值取向",推动生态法益的国家保障和社会实现,成为当今生态文明建设的最重要特征。①

从中观层面看,绿色国家建设及致力于克服自由主义理论下的生态实践悖谬;这一转变是生态法益确立和巩固的重要前提。自由主义理论下的生态实践包括两个分支:一是传统自由主义下的地方行动,在这个阶段,私权扩张占据主导地位,而生态保护的重要性并未受到充分的重视,仅在特定范围内展开;二是新自由主义下的发展形态,新自由主义"国家的首要任务就是使其管辖领土内的经济活动具有全球竞争力","国家观念从作为公众共用物与服务的提供者和保护者向私有化、商品化、市场化和去规制化的推动者偏离"。从总体上看,自由主义理论下的生态实践存在固有的局限性;从破解这一悖谬的角度出发,绿色运动在全球范围内展开,以生态价值维护为基础推动环境修复②,强化环境规制,促进环境正义。但笔者并不赞同关于绿色民主国家以"新的民主程序、新的决策规则、新的政治代表与参与形式""向借助于封闭地

① 刘爱军主编:《生态文明研究》第3辑,山东人民出版社2013年版,第172—175页。
② [英]克里斯托弗·卢茨主编:《西方环境运动:地方、国家和全球向度》,徐凯译,山东大学出版社2012年版,第264页。

域与政体建立起来的传统国家观念、国家主权观念、民主组织观念提出挑战"的主张。这一主张违反了国际法的基本原则。在现代环境规制的框架下,生态法益保护具备现实基础,一方面,绿色社会的重要性日益突出,其在整合社会正义与生态可持续性价值中的作用不容忽视,并与绿色国家共同推动规范性国家理论下生态法益的保护与生态责任的实现;另一方面,绿色国家成为"替代古典的自由民主国家、无条件依赖增长的福利国家和日渐占据主导地位的新自由主义静止国家"的重要形态,从而"承担起沿着一种真正可持续的道路驾驭经济与社会的任务","促进国内外层面上更加主动与有效的生态权保障和更加明智的环境管治",并在国内法治与国际法治相结合的基础上防范跨边界环境污染转移与生态破坏。①

　　从微观层面看,在绿色国家与绿色社会发展模式下,经济社会发展的基本方式发生了根本性的转变;这也构成了生态法益实现的物质基础。在现有发展阶段,以国家主权为基础的绿色国家建设,是维护国家安全与生态安全的基本前提;这是从充分发挥国家在遏制生态负面效果方面强大能力出发,保障生态法益实现的重要基础。"为了保护生态系统和生命支持系统免遭日趋强大的经济竞争压力的破坏,国家的环境规制角色也将变得更加重要"。在这一发展阶段,跨边界环境污染问题主要通过国际公约与多边协议途径解决,如1991年签署的《跨国背景下的环境影响评价公约》等文件,在维护整体的生态系统平衡,推动生态矛盾的解决,以及共同环境责任的履行与环境正义的实现方面发挥了重要作用。正因为如此,学者指出"国际无政府状态的社会结构、全球资本主义和自由民主制的国家必然是反生态的和相互强化的";②"绿色国家在积极推动环境保护与环境正义方面的现实集体行动的同时,还应(单边或多边地)努力避免社会与生态代价的跨国界与代际转移",以国家强制力推动生态环境修复,防范生态环境破坏现象的发生。③ 在这一方面,世界范围

　　① 〔澳〕罗宾·艾克斯利:《绿色国家:重思民主与主权》,郇庆治译,山东大学出版社2012年版,第1—4、10、13、40、54—55、57、60、67页。
　　② 方毅:《中国生态文明的SST理论研究》,吉林出版集团有限责任公司2016年版,第76页。
　　③ 〔澳〕罗宾·艾克斯利:《绿色国家:重思民主与主权》,郇庆治译,山东大学出版社2012年版,第11—12页。

内出现了绿色国家创新系统理论框架,通过深入分析影响经济社会可持续发展的综合因素,从外部支撑和内在动力两个方面出发,推动绿色技术创新与绿色制度建设,突破生态化发展中的障碍因素,为生态法益保护提供的动力支持。[1]

因此,生态法益的社会实现应当重视国家的生态责任承担,通过符合生态可持续性的制度改革,积极回应公民环境关切,有效应对环境风险,在维护生态整体利益与可持续生存发展方面发挥积极作用,并与绿色社会建设相结合,成为推动生态法益与生态权利保障的坚强力量。

第三节　五型社会:新兴法益社会
实现的机制保障

新兴法益社会实现的机制保障与五型社会建设呈现同构性,并在五个方面与生态法益保护紧密相连,呈现出自然生态保护与环境友好型社会、自然资源利用与资源节约型社会、清洁生产消费与循环经济型社会、环境纠纷解决与和谐社会建设、绿色生活方式与生态文明社会的高度统一。生态社会建设的理想状态"是生态人、生态法人根据他们之间就环境资源的利用和保护达成的契约构筑的人与自然相谐的共同体";这一共同体追求经济效益、社会效益和环境效益,人的利益和环境的利益,以及当代人利益和后代人利益的最佳化、一体化、最大化。[2] 从这一层面上看,五型社会与生态社会具有一定程度上的同构性;五型社会理念与生态社会价值具有高度的契合性。以之为基础,五型社会从多个层次出发在不同的侧面,为生态法益的社会实现提供支持。

一、自然生态保护与环境友好型社会

自然生态保护与环境友好型社会在生态法益保护上具有高度的统一性。20 世纪 90 年代,联合国环境发展大会通过的《21 世纪议程》正式即提出环境

---

[1]　吴忠标等:《环境管理与可持续发展》,中国环境科学出版社 2001 年版,第 387 页。
[2]　文同爱:《生态社会的环境法保护对象研究》,中国法制出版社 2006 年版,第 305—306 页。

友好理念,并得到广泛应用。在我国,环境友好型社会与资源节约型社会同属"两型社会"建设的重要目标;该目标由 2005 年中央人口资源环境工作座谈会提出,在党的十六届五中全会上得到再次重申,强调要加快建设资源节约型、环境友好型社会。与此同时,党的十六届五中全会首次把建设"两型社会"确定为国民经济和社会发展中长期规划的一项战略任务;2006 年 3 月,第十届全国人大四次会议批准的"十一五"规划纲要把建设资源节约型、环境友好型社会作为重大战略任务;2007 年,党的十七大重申建设"两型社会"的重要性,并把其"放在工业化、现代化发展战略的突出位置"。① 此后,中央频繁出台一系列相关政策、措施,加快"两型社会"建设步伐。全国各省区市也响应中央的号召,大力开展相关建设工作,发展循环经济、建设资源节约型和环境友好型社会已成为全社会的共识。"十二五"规划纲要进一步提出绿色发展,建设资源节约型、环境友好型社会。2015 年党的十八届五中全会通过"十三五"规划的建议,重申加快建设"两型社会"的重要意义,并提出了包括节水型社会建设在内的一系列具体措施。②

　　从具体要求上看,环境友好型社会的建立是对人类发展方式进行反思的结果,"本质上是减少人与自然的冲突,实现人与自然的和谐";其具体要求包括三个方面的内容。第一,实现经济效益、生态效益、社会效益的有机统一,切实维护生态公平;从更为深层的角度看,"环境友好型社会的建立涉及模式、政策、公众心理等层面的内容"③,从多角度多层次出发,推动环境友好型社会建设对于自然生态保护具有关键性影响。第二,从人与自然的和谐共生出发,以综合运用经济调控、技术手段等多种措施,对生产生活行为进行规制,实现生产生活所产生废渣、废气、废水的污染无害化,维护自然生态平衡,保护自然资源,防范生产和消费活动对自然生态环境产生消极影响。在这一方面,有观点认为只要"将生产和消费活动规制在生态承载力、环境容量限度之内",即

　　① 《坚持走科学发展道路　把保持经济平稳较快发展作为首要任务》,《人民日报》2008 年 11 月 30 日,第 1 版。

　　② 《中共中央关于制定国民经济和社会发展第十三个五年规划的建议》,《人民日报》2015 年 11 月 4 日,第 3 版。

　　③ 潘志伟:《环境友好型社会:法律及思辨》,中国言实出版社 2015 年版,第 2 页。

达到了环境友好型社会的建设目标;也有主张容忍限度是底线性的概念,环境友好型社会建设应当有更高的价值追求,以促进自然生态系统良性循环为目的。事实上,这两种观点分别代表对于生态文明建设不同发展阶段的要求;只有在底线性规定得到完全实现的基础上,才能够追求更高的生态环境保护目标的实现。① 第三,以实现最广大人民群众利益为宗旨,以新的"社会—自然"观为指导,从人与自然共同体的整体利益保护出发,推动自然与社会的双向良性互动,维护生态系统的多样性价值,建设环境友好型社会,实现人的自由与全面发展。学者指出,"人与自然的关系是一种对象性的实践关系",社会建设本身是人与人、人与自然的现实统一,自然环境与社会发展处在相互促进、相互制约的关系当中,通过对于这一相互影响变量的把握,推动生态友好型社会建设,有效防范和"减少由于过度突出经济价值而产生的严重生态危机"。②

环境友好型社会是生态法益得到良好保护的社会;在生态优先这一前提下,"形成环境优化经济发展的倒逼传导机制"。一方面,环境友好型社会强调生态活力的维护、环境质量的提升;另一方面,自然生态系统的生命力和可持续发展能力的提升需要与社会发展相协调,形成生态、环境、资源、社会协同格局,从而为工业社会向生态社会的转变提供保障。2012 年,《重点区域大气污染防治"十二五"规划》发布,在对环境准入的严密监管的基础上,形成优化发展方式的规制力量;2014 年,习近平总书记在参加全国人大审议时强调"生态环境质量是关键"。环境友好型社会建设,是在对传统工业社会进行总结和反思的基础上,"对怎样建立一个可持续的社会进行不懈探索的理论及实践成果",是正确处理社会效益与生态效益关系的重要实践,是全面建成小康社会的关键。③

更进一步分析,"环境是公共政策的核心焦点",是生态法益保护的立足点;政府生态责任为环境友好型社会建设与生态法益保护提供重要的制度保

---

① 梅林海:《资源与环境经济学的理论与实践》,暨南大学出版社 2016 年版,第 246 页。

② 余源培:《马克思主义经济哲学及其当代意义》,上海人民出版社 2016 年版,第 420—421、425 页。

③ 严文波:《中国特色社会主义发展理论的内在逻辑研究》,人民出版社 2016 年版,第 146、148、150 页。

障。自然生态保护与环境友好型社会建设在内在的理念方面是高度一致的,在实践当中二者在政府环境责任层面实现统一。第一,只有充分发挥政府在宏观调控与管理规制方面的积极作用,从整体布局层面出发,确保人类的生产生活不超出生态环境对经济社会的承载能力范围,以生态供给能力为基础,推动发展方式的转变,实现经济、社会、环境资源的协调可持续发展;第二,"只有将政府的生态责任加以明确化并寻求相应的约束和保障机制","才能为政府环境保护和生态治理职能的履行提供外在动力",而在生态环境保护过程中,一旦政府生态责任缺失必将导致环境公共产品供给的困境,直接影响环境友好型社会目标的实现;第三,环境友好型政府建设是实现环境友好型社会目标的重要前提,环境友好型社会建设内在的首要前提即是环境友好型政府的建立,以环境友好的价值导向,统领国家、政府、社会建设,以生态环境综合治理为路径,推动环境责任型政府的发展和完善。在此基础上,以协调共生、整体优化、生态平衡、可持续发展为指导,促进人类社会与自然生态环境的友好共生。[①]

二、自然资源利用与资源节约型社会

节约是指人类的生产生活行为有约束地、有节制地对自然资源进行合理开发利用。在这一方面,资源节约观念与传统节约观念并不完全同。传统节约观念"是在不发展或缓慢发展的背景下提出的",在本质上,是生产力不发达前提下人类生活所受到的物质约束制的反映;而现代的资源节约型社会建设,是国家和社会主动寻求科学发展模式的重要成果,"是在不同领域以降低消耗为手段、以节约资源和提高资源利用效率为途径、以建设节约文明和促进可持续发展为目标的"社会形态。作为生产力较为发达的背景下产生的社会发展模式,资源节约型社会建设以人与自然相互协调发展为路径,追求社会和谐的实现;"建设节约型社会就是在正确处理人与自然、消费与资源关系的基础上,合理配置和合理利用资源"的过程。资源节约型社会建设有益于促进

---

① 许继芳:《建设环境友好型社会中的政府环境责任研究》,生活·读书·新知三联书店2014年版,第8—9、122—123、197—198页。

自然资源系统的良性循环,以及人与自然和谐关系的建立。从更为细化的层面看,节约型社会建设可以分为限制性节约和满足性节约两种路径;前者是通过压缩或限制合理的需求达到节约的目的,后者则是在满足合理需求前提下减少浪费,提高效率,实现节约。从长远来看,"满足性节约是节约发展的主要方向",将保证人民群众良好生活条件与实现生态良性循环结合起来,促进经济、社会、环境、资源相协调。①

资源节约利用原则的确立,以马克思关于用最小的消耗实现物质变换的主张为基础,从而奠定生态法益实现的现实基础。在马克思主义中国化历程中,"党中央、国务院一直非常重视资源的节约问题,并提出资源开发与节约并重,把节约放在首位的方针"②;1997 年《节约能源法》对资源节约原则进行了法律确认;2005 年《国务院做好建设节约型社会重点工作通知》细化了实现资源节约型社会建设的具体要求,强调要完善节约资源标准、法律法规及相关财税、价格等配套机制,落实对资源节约工作的领导和协调③;2007 年党的十七大报告提出,要"坚持节约资源和保护环境的基本国策","基本形成节约能源资源和保护生态环境的产业结构、增长方式、消费模式"④;2012 年党的十八大报告强调,要"坚持节约优先、保护优先",并提出到 2020 年资源节约型、环境友好型社会建设要取得重大进展⑤。

生态法益的社会保障贯穿于生产、流通、消费及制度建设各个方面。在这一过程中,资源节约型社会建设在生产、流通、消费等各个环节,推动通过最少的资源消耗获得最大的经济社会效益,提高资源利用效率,推动经济、社会环

---

① 中国节约型社会理论与实践研究课题组主编:《中国节约型社会理论与实践研究报告》,中国时代经济出版社 2008 年版,第 6、9、14、43 页。

② 朱孔来等:《资源节约型、环境友好型社会建设进程监测评价体系研究》,山东大学出版社 2013 年版,第 4 页。

③ 《国务院关于做好建设节约型社会近期重点工作的通知》,中央人民政府网站,见 http://www.gov.cn/zwgk/2005-09/08/content_30265.htm,最后访问时间:2010 年 2 月 5 日。

④ 胡锦涛:《高举中国特色社会主义伟大旗帜　为夺取全面建设小康社会新胜利而奋斗》,《人民日报》2007 年 10 月 25 日,第 1 版。

⑤ 《坚持节约优先、保护优先、自然恢复为主的方针》,人民网,见 http://theory.people.com.cn/n/2012/1217/c352852-19922290.html,最后访问时间:2015 年 4 月 2 日。

境、资源协调发展。① 从统筹人与自然和谐发展,实现自然资源持续利用的角度看,资源节约型社会建设成为促进经济社会可持续发展的重要战略;通过节水、节能、节材、节地的综合举措,推动资源综合利用,发展循环经济,"并在国民经济和社会发展第十二个五年规划中提出了单位 GDP 能耗、水耗、碳减排以及污染排放等控制性指标"。具体而言,资源节约型社会建设从生产结构、流通结构、消费结构、制度结构三个方面,改变原有的生产生活和发展方式。在生产结构方面,资源节约型社会的生产以提高生产效率为核心,减少单位产出的资源能源消耗;在流通结构方面,资源节约型社会的流通以再生能源回收为核心,节约资源,推动资源合理配置,促进经济可持续发展;在消费结构方面,资源节约型社会的消费以绿色消费为核心,厉行节约,减少浪费;在制度结构方面,资源节约型社会的制度建设包括法律制度、行政制度、经济制度等内容,为"经济主体按照生产成本节约、交易成本节约的要求进行生产组织与生活消费"提供制度保障。②

资源节约型社会建设以自然资源的合理利用为核心,推动生态法益的社会实现。在实践过程中,既要充分发挥市场对于资源配置的决定性作用,又要在制度设计中贯彻节约、合理利用资源的理念,"超越对自然使用权的界定,来规范商业交易"。③ 实现这一目标,要完成以下三个方面的转变:一是明晰资源产权,物尽其用,最大限度地提升资源的开发利用效益,降低资源损耗;二是提高资源利用率,提升生产效率,通过最小的消耗取得最大的经济社会效益;三是确立绿色生活方式,提倡文明消费,推动再生资源回收,"形成覆盖全社会的资源循环利用体系"。以之为基础,实现良好的经济效益与最小的资源消耗的统一。④ 在中国资源相对短缺且人均占有量较少的背景下;这一路径对于有效缓解资源约束,维护国家的经济社会安全具有关键性作用。

---

① 中华人民共和国环境保护法律法规解读委员会编:《中华人民共和国环境保护法律法规解读》,中国言实出版社 2016 年版,第 519 页。

② 彭补拙等:《资源学导论》,东南大学出版社 2014 年版,第 306—307 页。

③ [美]丹尼·瓦齐等主编:《自然资源与可持续发展》,殷杉等译,上海交通大学出版社 2017 年版,第 465 页。

④ 徐光春主编:《马克思主义大辞典》,崇文书局 2017 年版,第 1156—1157 页。

三、清洁生产消费与循环经济型社会

发展循环经济为在资源约束背景下,维持经济增长及保障生态法益的社会实现带来了重要契机。循环经济型社会从深层次的生态经济问题出发,分析"隐含在自然生态灾变背后的救济、社会层面的问题",凝聚清洁生产消费的社会力量。党的十七大报告在提出形成保护生态环境的生产方式、消费模式的同时,要推动"循环经济形成较大规模";这为清洁生产消费与循环经济型社会建设的良性互动提供了重要指引。循环经济是当今社会的先进经济模式;其以更大经济效益、更低环境污染为目标,从生态经济发展的进程出发,推动经济增长模式的转型。在这一方面,德国"针对大量的工业产品、消费产品最后变成废品、垃圾的状况,提出将产品回收和再利用"(3R 原则);美国经济学家鲍尔丁在 20 世纪 60 年代提出了"减量化、再利用、再循环、再思考"(4R原则),从环境保护与经济发展的内在矛盾出发,解决需求无限与资源有限的冲突。循环经济型社会建设成为在世界范围内应对自然生态与社会经济之间的矛盾和冲突,防范生态破坏与恶性循环的重要途径。"从生态经济学的根本观点看,要符合宇宙和地球的基本发展的自然规律,动物、植物和微生物之间的循环是非常重要的问题"。然而,在线性经济发展阶段,经济社会与自然生态之间的关系以相互制约为主要表现,在人类生产生活对自然资源的无止境需求下,经济的增长与生态资源供给的局限性之间始终存在着矛盾和冲突。在这一背景下,从自然与社会的相互协调、相互促进出发,使经济发展符合自然规律与社会运行规律的要求,成为循环经济与生态经济发展的重要形式;循环经济以防范生态破坏与环境污染为导向,推动经济效益与生态效益的有机统一,确立生产方式转型的操作方法与发展路径,并深入推进清洁生产消费的实现。①

具体而言,循环经济与传统的线性经济模式存在本质的差异;循环经济型社会建设本身以清洁生产消费为内在要求,奠定了生态法益保护的基础。从经济增长模式角度看,循环经济以污染物低排放、自然资源低开采、资源高利

---

① 于法稳等主编:《生态经济与生态文明》,社会科学文献出版社 2012 年版,第 5、14—16、23 页。

用为基本特征,呈现"资源—产品—再生资源"的物质反复循环流动;而线性经济模式则以污染物高排放、自然资源高开采、资源低利用为特征,物质流动过程属于"资源—产品—污染物"的单向流动。从总体的发展趋势上看,传统工业经济发展阶段,自然资源与工业生产总值之间的关系以线性联系形式存在;在这一背景下,工业生产的发展往往通过牺牲自然生态价值的方式实现,通过大规模的资源开发活动,推动经济指数的飞速增长,由此导致了生态破坏与环境污染现象的发生,这一负面影响又反作用于工业生产进程,形成"增长的极限",制约经济的发展,并引发经济社会问题。循环经济即是针对这一问题而形成的新的发展模式;这一发展模式将自然资源与经济生产之间的单向线性联系转变为物质循环流动的反馈式联系,"充分考虑到工业生产整体及其各个环节的整体关联","在不损害社会福利和生态价值的前提下",实现经济利益的最大化。① 学者指出,循环经济型社会建设,推动了从经济增长一元思维向"自然—人类社会"二元思维的转变,从而使经济社会系统与自然生态系统有机融合,"将跨越生态系统、资源系统、环境系统各个产业内部系统"的"社会—经济—环境"要素整合起来,达到能源资源配置效用的最大化。在这一"社会—经济—环境"复合体当中,循环经济推动"由自然生态网、经济生态环和社会生态核组成的"人地关系在特定空间的和谐发展。②

在新兴法益框架下,生态法益在循环经济社会实践中获得生态化经济基础的支撑。循环经济是经济生态化的重要形式;其以清洁生产消费方式的转型为路径,为生态法益的社会实现奠定实践基础。循环型社会和循环经济建设的过程中,保护生态法益,维护生态系统服务功能是核心任务。自20世纪90年代末开始,"在全国范围内,从企业、区域和社会三个层次进行了循环经济的理论探索和实践";2008年,全国人大常委会通过《循环经济促进法》,从"提高资源利用效率,保护和改善环境"出发推动循环经济的发展。③ 循环经济型社会建设以保护生态环境为前提,推动清洁生产、资源充分利用、能源优化利用,解决城市污染问题;通过再资源化技术、系统优化技术、减量技术、再

---

① 马歆等主编:《循环经济理论与实践》,中国经济出版社 2018 年版,第 2—3、7 页。
② 黄贤金主编:《循环经济学》,东南大学出版社 2015 年版,第 5、7—9 页。
③ 环境保护部政策法规司:《新编环境保护法规全书》,法律出版社 2014 年版,第 458 页。

利用技术、替代技术等的应用，推动生态工业园建设，解决工业污染问题①；从源头上推动资源节约，减少废弃物的产生，避免不必要的资源消耗，有效防范环境污染的发生，实现经济社会效益的最大化②。

四、环境纠纷解决与和谐社会建设

环境纠纷指主体之间在生态法益保护与环境义务履行等方面产生的争端。在解决环境纠纷的过程中，生态法治为社会生活各领域环境纠纷的经济提供一般性的框架，通过纠纷解决，保护生态法益；生态法治建设本身即包含着对行为的规制和对纠纷的解决两个方面的内容。③ 环境纠纷解决与和谐社会建设在公共协商层面相辅相成、相互促进；在生态危机所引发的矛盾和冲突（如"邻避"问题）日益激化的背景下，协商、对话在生态法益的社会实现过程中具有重要的意义。

生态现代化要求从更深层次上解决内在的生态利益冲突与纠纷；在这一过程中，公共协商奠定生态法益社会实现的重要机制保障。以之为基础，生态现代化与经济现代化之间形成一种和谐、平衡的关系；为了维持这一和谐关系，人类生产生活不能以牺牲生态法益为代价追求经济的增长，而是要通过环境纠纷解决，促进生态法益的社会实现，并须最大限度地预防在纠纷解决过程中次生矛盾和冲突的出现。在这一过程中，环境纠纷的解决要充分考虑到各种环境资源要素的生态属性；其不仅是财产利益的表现，还承载着更为重要的生存利益。因此，在环境纠纷利益冲突中，"当两种抑或更多的生存利益为基础生成的权利发生冲突时"，法律要"以公平原则作为处断生存利益冲突的基准"。④ 而公共协商则承载着以交往理性为基础的协调过程；这一对话性过程以人与人之间的合作与协作为目标，通过公共协商与对话机制，使处于不同利益视角的主体以共同的生态价值追求与公共生态理性，推动共同的合作性活

---

① 孙启宏等：《中国循环经济发展战略研究》，新华出版社2006年版，第24页。

② 孟赤兵等主编：《循环经济要览》，航空工业出版社2005年版，第263页。

③ ［英］约瑟夫·拉兹：《法律的权威：法律与道德论文集》，朱峰译，法律出版社2004年版，第104页。

④ 邓海峰：《排污权：一种基于私法语境下的解读》，北京大学出版社2008年版，第172页。

动,从本质上解决环境纠纷与利益冲突;以共同体的协调发展为指引,为和谐社会建设提供有力支持。① 在这一背景下,面对经济、政治、文化、社会方面出现的新情况、新问题,以及其间诸多关系、诸多矛盾的复杂情况,从不同范围、不同角度、不同层面对生态法益实现过程中的矛盾和冲突作出预判和处理,推动社会主体之间的相互理解,从而在社会生态系统中实现理解性的自身超越。② 这是通过解决环境纠纷达到生态法益现实转化目的的重要路径。

和谐社会建设本身即蕴含了化解矛盾,解决纠纷,改善人民的生活状况,提高人民健康水平的内在要求;这一要求的实现,对于环境群体性事件日益增多、环境健康风险日益增大背景下的生态法益保护具有重要意义。从更为深层次的角度看,在环境纠纷解决的过程中,需要考量深层次的社会结构状况,从根本上推动生态利益冲突的化解与防范;而"社会结构的状况直接体现了社会关系的状况",社会结构的状况既是"社会矛盾与社会冲突的原因,又构成社会稳定、社会和谐与社会发展的基础"。从社会结构的深度分析角度看,生态法益保护与生态文明建设实际上与社会建设有着不可分割的内在联系,一方面,生态法益保护为社会建设提供良好环境,生态环境保护是和谐社会和全面建成小康社会的基本前提;另一方面,和谐社会建设为生态法益保护提供了现实保障,通过社会、自然领域内在矛盾的解决,消解社会冲突,协调和平衡利益关系,推动人与人、人与自然之间和谐关系的建立和维护;以生态文明与和谐社会建设的良性互动为基础,推动社会公平正义与生态正义、社会效益与生态效益的有机协调,使"人真正成为自然的主人、社会的主人、自身的主人,人和自然之间、人和社会之间的矛盾得以真正的解决"。③

在实践操作层面,环境纠纷解决与和谐社会建设的推进,有赖于生态法益协商机制的建立。在这一方面,社会对于生态法益保护的认同源于公民对话

---

① ［美］博曼:《公共协商:多元主义、复杂性与民主》,黄相怀译,中央编译出版社 2006 年版,第 25、50、54 页。

② 成中英:《本体与诠释》第 4 辑,上海社会科学院出版社 2005 年版,第 2—6 页。

③ 顾海良等主编:《社会建设:走向和谐社会之路》,湖南教育出版社 2014 年版,第 3—4、26、29、57、195、260 页。

的维度①,从而明确了民意之于纠纷解决的基础性地位②。在这一方面,20 世纪 90 年代,美国制定了《协商制定规则》,将协商与沟通的时间从纠纷发生后提前至规则与程序的确立阶段;这一规则要求从公共利益保护出发,推动协商程序的实施。在解决环保、劳动、社会保障等领域纠纷的过程中,由行政机关或行政相对人申请启动协商程序;这一程序的设置为生态法益协商机制建设提供了有益参考。从功能上看,"沟通协商机制是化解我国环境治理危机,促进公私合作环境治理模式的灵魂,需要通过法律手段和技术进行建构"。在此基础上,生态法益协商机制需要保障不同利益主体的平等参与;"对涉及面广的事项要通过推选代表人的形式进行间接协商,也可以采用制度化的协商论坛、网络商谈等方式间接进行",通过均衡的利益代表的选取,"为各利益代表参与协商过程提供公开、公平和公正的程序"支持,从而形成正式协商和非正式协商相结合的生态法益协商机制。③

需要注意的是,在生态法益协商机制建设的过程中,协商性共识理论虽然能够从社会主体之间的交往理性出发为生态法益的综合性、系统性保障提供支持,但哈贝马斯交往共识理论是建立在工具理性基本逻辑上,对于该理论需要加以辩证地分析。从内容上看,交往行为理论是哈贝马斯法律与社会理论的组成部分;从人类中心主义角度看,"人具有把世界区分为自然、心灵和社会三个部分的能力,这三种能力分别对应于人的三种理性:工具理性、策略理性、交往理性";在这一框架下,交往行为构成生活世界顺利运行的重要基础,不论是私人领域还是公共领域,交往行为均发挥着不可替代的重要作用。④这一观点亦有合理的内容与积极的方面,作为哈贝马斯《交往行动理论》的核心范畴,交往共识是在交往行动基本规则的基础上,以交往理性为连接点将活动参与者有效联系起来的重要途径;这种行动模式在行动者的客观世界、社会

---

① 刘星:《法律是什么》,中国政法大学出版社 1998 年版,第 115、119 页。

② [古希腊]亚里士多德:《政治学》,吴寿彭译,商务印书馆 1981 年版,第 14—15、48—49 页。

③ 徐海静:《法学视域下环境治理模式的创新:以公私合作为目标》,法律出版社 2017 年版,第 182—184 页。

④ 周旺生等主编:《北京大学法学百科全书·法理学 立法学 法律社会学》,北京大学出版社 2010 年版,第 478 页。

世界、主观世界关系中,以共同的社会行动准则为基础,推动行动的合作化和社会化,将交往行动中"所包含的合理性潜力,当作合作化所遵循的理解目的"①;在理解的职能以外,交往共识更具备执行合作化行动的重要功能②。

五、绿色生活方式与生态文明社会

生态法益的社会实现不是单一法律实践能够完成的,而是需要法律实践与社会实践的共同推进才能够实现。生态法益保护不仅是生态法学的重中之重,而且需要经济、社会、文化等不同部门的全面支持;以法律生态化为生产方式、生活方式的绿色转型提供支持和保障。其中,生产方式是客观的生产条件与主体能动性作用相结合的成果,"生活方式是主体生活活动和客观生活条件结合的产物"。③

生态文明社会建设的本质,是"将生态发展的共生与社会发展的共生看作是生态社会的发展"。从本原上看,环境问题与生态危机的根源在于社会问题。在这一认识下,"自 20 世纪后期以来,人类的宇宙观、自然观、世界观和社会观都出现了飞跃的发展",产生了以生态文明为核心的人类文明发展模式。从这一角度看,生态文明的社会形态实际上是一种新的经济社会发展模式;这一发展模式是后工业文明时代,通过对工业文明发展路径的反思,而形成的新的社会文明形态,"是社会形态和经济形态内在统一的崭新的社会经济形态"。由此,社会生态学等学科形成了相应的生态社会理论;学者从制度社会形态与技术社会形态的区别出发,将生态社会视为制度社会形态与技术社会形态的内在统一。在生态文明社会中,人与自然之间物质更换关系发生变迁,在以生态技术体系为中心技术,以生态产业为中心产业的基础上,"创造一个可持续的生态化经济",贯彻生态可持续性原则,克服生态危机,推动经济、社会、环境、资源的和谐发展与良性互动,以及社会发展、经济发展、生态发展的有机统一。这一以可持续性为原则的社会建设以可持续的社会发展

---

① ［德］哈贝马斯:《交往行动理论》第 1 卷,洪佩郁等译,重庆出版社 1994 年版,第 7、138、141 页。
② ［德］哈贝马斯:《交往行动理论》第 2 卷,洪佩郁等译,重庆出版社 1994 年版,第 83 页。
③ 王玉波等:《生活方式论》,上海人民出版社 1989 年版,第 65 页。

为导向，"在人类物质与社会自由充分实现的同时，建设符合生态原则的绿色社会"。①

从更为根本的层面看，生态文明社会是遵循社会生态发展规律，从自然与社会、人与自然协调发展出发，全面实现生态法益的社会形态。生态文明社会"蕴含了自然的人化与人的自然化过程，把人融入整个自然体系中"，"实现整个生态系统机制性动态均衡"。在生态文明社会建设的背景下，以生态范式转型为基础，"突破传统秩序只围绕人类社会内部的局限性，由社会、人与自然同构的现代社会秩序来防止、最小化生态时代的风险"，确立生态化原则，确保人类社会向生态社会的转型与发展。正是从这个角度出发，学者指出"人的生存意义并不限于人类群体内部，不限于人与社会的层面，它需要以自然为基础的同构"；生态法益的社会实现推动着经济、社会、资源、环境之间良好秩序的建立，成为新兴法益发展过程中的重要里程碑。②

在实践操作层面，社会秩序的基础在于生活秩序；生态文明社会行动需要贯彻到人们的衣食住行各个方面，通过推行绿色生活方式，促进生态法益的社会实现。从概念上看，"绿色生活方式是一种对环境友好、健康文明的生活方式"，即无害于或少害于环境的生活方式。生态法益的社会实现，不仅需要通过发展绿色生产与绿色产品，而且要通过引导生态友好的消费环境的建立，推动人与自然之间关系的协调。③ 具体而言，以绿色生活方式为指引，主体的生活理念要实现物化到生态化的转型。"在传统的生活方式下，生活主体的特征是一元的，即只把当代人作为生活主体，片面追求他们无节制的生活欲求的满足和扩张，而不顾及后代人生活的可持续发展"。这种生活主体理念无疑是背离可持续发展原则的，并且会危及其他主体的生活利益。从解决日益激化的发展与环境的矛盾出发，将可持续发展原则贯彻落实到生活领域，根据生态生活方式的要求，形成"合理适度的消费体系"，推动生活方式的绿色化、生态化转型，是有效保护生态环境，推动生态法益社会实现的必由之路。《关于

---

① 方时姣：《生态文明创新经济》，中国环境出版社 2015 年版，第 55、57—60 页。
② 董正爱：《生态秩序法的规范基础与法治构造："美丽中国"的行为模式与秩序规范法律研究》，法律出版社 2015 年版，第 169—170 页。
③ 张哲强：《绿色经济与绿色发展》，中国金融出版社 2012 年版，第 66—67 页。

限制生产销售使用塑料购物袋的通知》《生活垃圾分类制度实施方案》等即对绿色生活方式进行了积极的规范。在这一方面,《中国 21 世纪议程》明确提出了改变消费模式,并将其作为可持续发展的重要任务。[①]

综上所述,五型社会各有不同的侧重点;正是以这种差异为基础,五型社会从不同的侧面推动生态法益的实现,共同组成生态现代化建设的完整体系。其中,环境友好型社会以人与自然和谐共处的社会形态,为生态法益实现奠定社会基础;人对自然环境的友好态度事实上会反映在法益制度设计当中,形成以生态文明为导向的新兴法益发展路径,倡导生态文化,关爱生态环境,热爱尊重自然,成为自然生态保护与环境友好型社会建设的核心内容。资源节约型社会是以对于自然资源的节约高效利用,为生态法益保护奠定实践基础;以最小的资源能源消耗取得最大的经济社会效益,是推动经济、社会、资源、环境可持续发展的重要前提,资源节约与高效可持续利用,成为自然资源利用与资源节约型社会建设的核心内容。循环经济型社会以循环经济与资源减量化、再利用,为生态法益保护提供现实支持;在生产、流通、消费及制度建设的各个环节,贯彻落实循环经济的要求,成为清洁生产消费与循环经济型社会建设的核心内容。和谐社会以人与人、人与自然和谐共生,为生态法益实现提供有力支持;社会与自然各要素的相互协调、相互依存,成为环境纠纷解决与和谐社会建设的重要目标。生态文明社会以可持续发展原则的全面贯彻落实,为生态法益保护奠定坚实基础;将自然生态保护价值理念贯彻落实到人类日常生活的方方面面,成为绿色生活方式与生态文明社会建设的核心要义。[②] 与此同时,为实现生态法益保护目的,我们必须建立社会环境保护机制,推动环境公众理论的广泛传播。[③] 由此,以自然规律与社会规律为基础,推动人与社会、人与自然的和谐共生,成为生态文明建设与生态法益实现的重要路径。

---

① 王彦鑫:《生态城市建设:理论与实证》,中国致公出版社 2011 年版,第 294—296 页。

② 蔡守秋:《生态文明建设的法律和制度》,中国法制出版社 2017 年版,第 1、7 页。

③ Wan E'Xiang, "Establishing an Environmental Public Interest Litigation System and Promoting the Building of an Ecological Civilization", *Chinese Law and Government*, 2010, Vol.6, p.30.

参 考 文 献

《马克思恩格斯全集》第1卷,人民出版社1995年版。

《马克思恩格斯全集》第2卷,人民出版社2005年版。

《马克思恩格斯全集》第3卷,人民出版社2002年版。

《马克思恩格斯全集》第6卷,人民出版社1961年版。

《马克思恩格斯全集》第23卷,人民出版社1972年版。

《马克思恩格斯全集》第30卷,人民出版社1995年版。

《马克思恩格斯全集》第31卷,人民出版社1998年版。

《马克思恩格斯选集》第1卷,人民出版社1995年版。

[德]马克思:《资本论》第1卷,中共中央马克思恩格斯列宁斯大林著作编译局译,人民出版社2004年版。

[德]马克思:《1844年经济学哲学手稿》,中共中央马克思恩格斯列宁斯大林著作编译局译,人民出版社2018年版。

[德]马克思:《黑格尔辩证法和哲学一般的批判》,贺麟译,上海人民出版社2012年版。

[德]马克思、[德]恩格斯:《德意志意识形态》,中共中央马克思恩格斯列宁斯大林著作编译局译,人民出版社1961年版。

[德]恩格斯:《家庭、私有制和国家的起源》,中共中央马克思恩格斯列宁斯大林著作编译局译,人民出版社2018年版。

《德意志意识形态》节选本,人民出版社2003年版。

《毛泽东选集》第1卷,人民出版社1991年版。

《毛泽东选集》第2卷,人民出版社1991年版。

《毛泽东选集》第3卷,人民出版社1991年版。

《李大钊文集》下册,人民出版社1984年版。

《习近平总书记系列重要讲话读本》,学习出版社、人民出版社2014年版。

《习近平谈治国理政》,外文出版社2014年版。

《论语》,中州古籍出版社2005年版。

《孟子》,中州古籍出版社 2007 年版。

《荀子》,中华书局 2011 年版。

《老子》,中州古籍出版社 2008 年版。

《庄子》,中华书局 2014 年版。

《管子》,上海古籍出版社 2015 年版。

《太平经》上册,中华书局 2013 年版。

(春秋)左丘明:《国语》,齐鲁书社 2005 年版。

(战国)吕不韦编:《吕氏春秋》,中州古籍出版社 2010 年版。

(晋)皇甫谧:《逸周书》,辽宁教育出版社 1997 年版。

北京大学法学百科全书编委会编:《北京大学法学百科全书·社会法学　环境法学　知识产权法学　科技法学》,北京大学出版社 2016 年版。

蔡守秋主编:《环境与资源保护法学》,湖南大学出版社 2011 年版。

曹孟勤等:《论生态自由》,生活·读书·新知三联书店 2014 年版。

曹孟勤等:《中国环境哲学 20 年》,南京师范大学出版社 2012 年版。

陈红兵等:《生态文化与范式转型》,人民出版社 2013 年版。

陈敏豪:《人类生态学——一种面向未来世界的文化》,上海交通大学出版社 1988 年版。

陈文:《21 世纪生态保护立法趋向研究》,黑龙江大学出版社 2015 年版。

陈小平等:《环境民事公益诉讼的理论与实践探索》,法律出版社 2016 年版。

陈瑶等主编:《从政语录》,九州图书出版社 1998 年版。

陈真亮:《环境保护的国家义务研究》,法律出版社 2015 年版。

成中英:《本体与诠释》第 4 辑,上海社会科学院出版社 2005 年版。

崔庆林等:《环境刑法规范适用论》,中国政法大学出版社 2018 年版。

邓海峰:《生态整体主义视域中的法治问题》,法律出版社 2015 年版。

邓正来:《中国法学向何处去——建构"中国法律理想图景"时代的论纲》,商务印书馆 2006 年版。

董强:《马克思主义生态观研究》,人民出版社 2015 年版。

董正爱:《生态秩序法的规范基础与法治构造:"美丽中国"的行为模式与秩序规范法律研究》,法律出版社 2015 年版。

杜健勋:《环境利益分配法理研究》,中国环境出版社 2013 年版。

杜群:《环境法融合论:环境·资源·生态法律保护一体化》,科学出版社 2003 年版。

方毅:《中国生态文明的 SST 理论研究》,吉林出版集团有限责任公司 2016 年版。

冯军等主编:《环境犯罪刑事治理机制》,法律出版社 2018 年版。

冯军等:《破坏环境资源保护罪研究》,科学出版社 2012 年版。

冯玉军:《法经济学范式》,清华大学出版社 2009 年版。

傅守祥:《文化正义　消费时代的文化生态与审美伦理研究》,上海人民出版社 2013

年版。

傅学良:《刑事一体化视野中的环境刑法研究》,中国政法大学出版社 2015 年版。

龚群:《罗尔斯政治哲学》,商务印书馆 2006 年版。

顾荩臣:《经史子集概要 经部》,中国书店 1990 年版。

郭武:《环境习惯法现代价值研究:以西部民族地区为主要"场景"的展开》,中国社会科学出版社 2016 年版。

侯艳芳:《环境资源犯罪常规性治理研究》,北京大学出版社 2017 年版。

环境保护部政策法规司:《新编环境保护法规全书》,法律出版社 2014 年版。

黄中显:《分担与转移:环境侵害救济社会化法律制度研究》,法律出版社 2016 年版。

黄宗智:《经验与理论》,中国人民大学出版社 2007 年版。

霍功:《中国生态伦理思想研究》,新华出版社 2009 年版。

贾志鸿主编:《生态环境检察理论与实践》,中国检察出版社 2016 年版。

焦艳鹏:《刑法生态法益论》,中国政法大学出版社 2012 年版。

解兴权:《通向正义之路》,中国政法大学出版社 2000 年版。

靳利华等:《生态与当代国际政治》,南开大学出版社 2014 年版。

柯坚:《环境法的生态实践理性原理》,中国社会科学出版社 2012 年版。

吕世伦:《当代西方理论法学研究》,中国人民大学出版社 1997 年版。

吕世伦主编:《现代西方法学流派》下卷,中国大百科全书出版社 2000 年版。

吕忠梅等:《理想与现实:中国环境侵权纠纷现状及救济机制构建》,法律出版社 2011 年版。

李龙主编:《法理学》,人民法院出版社、中国社会科学大学出版社 2003 年版。

李建华等:《公共治理与公共伦理》,湖南大学出版社 2008 年版。

李静:《环境行政处罚权研究》,中国环境科学出版社 2012 年版。

李君如主编:《社会主义和谐社会论》,人民出版社 2005 年版。

李可等:《法学方法论》,贵州人民出版社 2002 年版。

李可:《法学方法论原理》,法律出版社 2011 年版。

李连科:《价值哲学引论》,商务印书馆 1999 年版。

李璐:《论利益衡量理论在民事立法中的运用——以侵权立法为例》,中国政法大学出版社 2015 年版。

李永升主编:《侵犯国家法益的犯罪研究》,知识产权出版社 2012 年版。

连玉明主编:《中国生态文明发展报告》,当代中国出版社 2014 年版。

梁洁:《生态经济:从外生到内生演化研究》,中国社会科学出版社 2018 年版。

廖小明:《生态正义:基于马克思恩格斯生态思想的研究》,人民出版社 2016 年版。

刘本炬:《论实践生态主义》,中国社会科学出版社 2007 年版。

刘彩灵等:《环境刑法的理论与实践》,中国环境科学出版社 2012 年版。

刘超:《问题与逻辑:环境侵权救济机制的实证研究》,法律出版社 2012 年版。

刘超:《环境侵权救济诉求下的环保法庭研究》,武汉大学出版社 2013 年版。

刘恩媛:《国际环境损害赔偿的国际私法问题研究》,中国法制出版社 2012 年版。

刘富起等:《西方法律思想史》,吉林大学出版社 1985 年版。

刘洪岩主编:《生态法治新时代:从环境法到生态法》,社会科学文献出版社 2019 年版。

刘倩等:《环境损害鉴定评估与赔偿法律体系研究》,中国环境出版社 2016 年版。

刘文等主编:《国外环境经济问题》,中国科学环境出版社 1996 年版。

刘希刚:《马克思恩格斯生态文明思想及其中国实践研究》,中国社会科学出版社 2014 年版。

刘新刚:《马克思现代社会发展理论的价值维度》,中央编译出版社 2010 年版。

刘星:《法律是什么》,中国政法大学出版社 1998 年版。

刘彦昌等:《治理现代化视角下的协商民主》,浙江大学出版社 2017 年版。

刘珍英:《辩证逻辑 资本批判的利器》,上海人民出版社 2016 年版。

刘志伟:《论政治人理性 从"经济人理性"比较分析的角度》,中国社会科学出版社 2006 年版。

秘明杰:《环境正义视角下的环境权利及其法律实现》,中国政法大学出版社 2018 年版。

穆丽霞等:《刑法前沿问题研究》,中国政法大学出版社 2016 年版。

倪健民等:《法律预测的理论与方法》,法律出版社 1988 年版。

庞卓恒等:《史学概论》,高等教育出版社 2005 年版。

彭峰:《法典化的迷思:法国环境法之考察》,上海社会科学院出版社 2010 年版。

彭和平:《制度学概论》,国家行政学院出版社 2015 年版。

彭漪涟:《化理论为方法 化理论为德性》,上海人民出版社 2008 年版。

卜长莉:《社会资本与社会和谐》,社会科学文献出版社 2005 年版。

秦谱德:《生态社会学》,社会科学文献出版社 2013 年版。

秦天宝:《环境法》,武汉大学出版社 2013 年版。

秦玉才等主编:《中国生态补偿立法:路在前方》,北京大学出版社 2013 年版。

曲伶俐等主编:《刑事法治前沿》第 4 辑,山东人民出版社 2016 年版。

屈学武主编:《刑法改革的进路》,中国政法大学出版社 2012 年版。

屈志光:《生态资本投资收益研究》,中国社会科学出版社 2015 年版。

邵发军:《马克思的共同体思想研究》,知识产权出版社 2014 年版。

佘正荣:《中国生态伦理传统的诠释与重建》,人民出版社 2002 年版。

沈宗灵主编:《法理学》第 4 版,北京大学出版社 2014 年版。

沈宗灵主编:《法理学》第 2 版,高等教育出版社 2004 年版。

石定寰等主编:《中国的可再生能源问题:走向绿色经济》,中国发展出版社 2015 年版。

史玉成:《环境法的法权结构理论》,商务印书馆 2018 年版。

石文龙:《法伦理学》,中国法制出版社 2006 年版。

舒国滢等:《法学方法论问题研究》,中国政法大学出版社 2007 年版。

宋清华:《经验理性与制度演进》,中国社会科学出版社 2007 年版。

苏力:《法治及其本土资源》,中国政法大学出版社 1996 年版。

万光侠等:《马克思主义人学视域中的思想政治范式转换研究》,山东人民出版社 2014 年版。

王柏文等:《现代社会的城镇化与生态伦理》,吉林人民出版社 2016 年版。

王灿发主编:《环境法教程》,中国政法大学出版社 1997 年版。

王开宇:《生态权研究》,社会科学文献出版社 2016 年版。

汪青松等主编:《马克思主义中国化研究前沿报告》第 3 辑,上海社会科学院出版社 2015 年版。

魏波:《环境危机与文化重建》,北京大学出版社 2007 年版。

魏汉涛:《刑法热点问题研究》,云南大学出版社 2014 年版。

魏宏:《法律的社会学分析》,山东人民出版社 2003 年版。

文白川编:《美学、人学研究与探索》,安徽大学出版社 2008 年版。

文海林:《论罪刑法的事实明确》,中国政法大学出版社 2016 年版。

文同爱:《生态社会的环境法保护对象研究》,中国法制出版社 2006 年版。

温美平:《中国共产党金融思想研究》,复旦大学出版社 2012 年版。

吴丙新:《修正的刑法解释理论》,山东人民出版社 2007 年版。

吴从周:《概念法学、利益法学与价值法学:探索一部民法方法论的演变史》,中国法制出版社 2011 年版。

吴鹏:《以自然应对自然》,中国政法大学出版社 2014 年版。

吴贤静:《"生态人":环境法上的人之形象》,中国人民大学出版社 2014 年版。

吴晓静:《整体性法律观的民商法应用:民商事疑难法律问题研究》,法律出版社 2013 年版。

辛帅:《不可能的任务:环境损害民事救济的局限性》,中国政法大学出版社 2015 年版。

熊节春:《善治的伦理分析》,中国社会科学出版社 2014 年版。

熊元翰编:《国法学》下册,上海人民出版社 2013 年版。

许继芳:《建设环境友好型社会中的政府环境责任研究》,生活·读书·新知三联书店 2014 年版。

许章润主编:《清华法学》第 4 辑,清华大学出版社 2004 年版。

徐光春主编:《马克思主义大辞典》,崇文书局 2017 年版。

徐海静:《法学视域下环境治理模式的创新:以公私合作为目标》,法律出版社 2017 年版。

徐玖平等:《循环经济系统论》,高等教育出版社 2011 年版。

徐显明主编:《和谐社会构建与法治国家建设》,中国政法大学出版社 2006 年版。

徐忠麟:《基于社会资本理论的中国环境法治考察》,中国社会科学出版社 2016 年版。

阎二鹏:《侵犯个人法益犯罪研究》,中国人民公安大学出版社 2009 年版。

杨春光等:《聚焦区发展的理论与实践:以黔东工业聚焦区为例》,浙江大学出版社 2014 年版。

杨朝飞主编:《通向环境法制的道路:〈环境保护法〉修改思路研究报告》,中国环境出版社 2013 年版。

严存生:《法律的人性基础》,中国法制出版社 2016 年版。

严文波:《中国特色社会主义发展理论的内在逻辑研究》,人民出版社 2016 年版。

姚圣:《环境会计控制问题研究》,中国矿业大学出版社 2010 年版。

姚中秋主编:《自发秩序与理性》,浙江大学出版社 2008 年版。

叶良芳:《海洋环境污染刑法规制研究》,浙江大学出版社 2015 年版。

叶峻等:《社会生态学与生态文明论》,生活·读书·新知三联书店 2016 年版。

叶文虎主编:《循环经济与资源城市成长路径》,新华出版社 2006 年版。

尹奎杰:《权利正当性观念的实践理性批判》,科学出版社 2008 年版。

尹松波:《理性与正义:罗尔斯正义论管窥》,电子科技大学出版社 2014 年版。

伊媛媛:《环境权利可诉性研究》,中国社会科学出版社 2016 年版。

衣淑玲:《国际人权法视角下〈TRIPS 协定〉的变革研究》,厦门大学出版社 2010 年版。

尤春媛:《环境法治原理与实务》,科学出版社 2015 年版。

于法稳等主编:《生态经济与生态文明》,社会科学文献出版社 2012 年版。

于友先等主编:《中国大百科全书》第 14 卷,中国大百科全书出版社 2009 年版。

于友先等主编:《中国大百科全书》第 19 卷,中国大百科全书出版社 2009 年版。

余净植:《宪法审查的方法:以法益衡量为核心》,法律出版社 2010 年版。

余俊等主编:《环境司法判解研究》,中国政法大学出版社 2016 年版。

余源培:《马克思主义经济哲学及其当代意义》,上海人民出版社 2016 年版。

俞吾金等:《国外马克思主义哲学流派新编》,复旦大学出版社 2002 年版。

薛波:《元照英美法词典》,法律出版社 2003 年版。

袁彩凤主编:《水资源与水环境综合管理规划编制技术》,中国环境出版社 2015 年版。

袁纯清:《和谐与共生》,社会科学文献出版社 2008 年版。

袁周主编:《绿色化与立法保障:生态文明贵阳国际论坛》,社会科学文献出版社 2016 年版。

张国状:《生态人——人类困境中的希望》,中国社会科学出版社 2010 年版。

张纪寒:《犯罪结果研究》,中南大学出版社 2014 年版。

张晋藩主编:《中国法制史》,高等教育出版社 2003 年版。

张康之等:《共同体的进化》,中国社会科学出版社 2012 年版。

张明楷:《法益初论》,中国政法大学出版社 2000 年版。

张挺:《环境侵权中侵害排除理论研究:以中日法比较为视角》,中国社会科学出版社 2015 年版。

张卫平:《推开程序理性之门》,法律出版社 2008 年版。

张霞:《生态犯罪研究》,山东人民出版社 2013 年版。

张翔:《自然人格的法律构造》,法律出版社 2008 年版。

张志伟等:《西方哲学问题研究》,中国人民大学出版社 1999 年版。

郑少华:《生态主义法哲学》,法律出版社 2002 年版。

郑凯:《建筑循环物流系统理论与实证研究》,北京交通大学出版社 2016 年版。

中国环境科学学会编:《中国环境科学学会学术年会优秀论文集》,中国环境科学出版社 2008 年版。

周冯琦主编:《生态经济学国际理论前沿》,上海社会科学院出版社 2017 年版。

周红辉:《合作与自我中心:言语交际的社会认知语用研究》,中南大学出版社 2014 年版。

周珂主编:《生态文明建设与法律绿化》,中国法制出版社 2018 年版。

周林彬主编:《民商法的法律适用 人格权法与商法制度的完善》,暨南大学出版社 2013 年版。

周旺生:《法理学》,人民法院出版社 2002 年版。

周旺生等主编:《北京大学法学百科全书·法理学 立法学 法律社会学》,北京大学出版社 2010 年版。

周玉玲:《生态文化论》,黑龙江人民出版社 2008 年版。

朱国华:《我国环境治理中的政府环境责任研究》,中国社会科学出版社 2017 年版。

朱海波:《论现代立宪主义的文化基础:理性主义与自然法哲学》,法律出版社 2008 年版。

朱孔来等:《资源节约型、环境友好型社会建设进程监测评价体系研究》,山东大学出版社 2013 年版。

李龙、张文显、刘翰、李步云、李建华、陈桢:《九十年代法理学的展望》,《中国法学》1992 年第 1 期。

李龙:《人本法律观简论》,《社会科学战线》2004 年第 6 期。

李龙、刘诚:《论法律渊源——以法学方法和法律方法为视角》,《法律科学》2005 年第 2 期。

李龙、陈佑武:《中国法理学三十年创新的回顾》,《政治与法律》2008 年第 12 期。

戴茂堂:《人性的结构与伦理学的诞生》,《哲学研究》2004 年第 3 期。

蔡守秋:《法学方法论生态化之要旨》,《东南学术》2005 年第 5 期。

蔡守秋:《论公众共用物的法律保护》,《河北法学》2012 年第 4 期。

蔡守秋:《公众共用物的治理模式》,《现代法学》2017 年第 3 期。

白飞鹏等:《私法原则、规则的二元结构与法益的侵权法保护》,《现代法学》2002 年第 2 期。

曹险峰:《在权利与法益之间——对侵权行为客体的解读》,《当代法学》2005 年第

5 期。

陈景辉:《权利的规范力:一个对利益论的批判》,《中外法学》2019 年第 3 期。

陈泉生:《环境时代宪法的权利生态化特征》,《现代法学》2003 年第 2 期。

陈伟等:《刑法中的生态法益:多维转型、边缘展开与范畴匡正》,《西南政法大学学报》2018 年第 1 期。

胡玉鸿:《关于法学方法论的几个基本问题》,《华东政法学院学报》2000 年第 5 期。

简基松:《论生态法益在刑法法益中的独立地位》,《中国刑事法杂志》2006 年第 5 期。

江山:《法律革命:从传统到超现代——兼谈环境资源法的法理问题》,《比较法研究》2000 年第 1 期。

姜金良:《法益解释论下非法利用信息网络罪的司法适用——基于〈刑法修正案(九)〉以来裁判文书样本的分析》,《法律适用》2019 年第 15 期。

焦艳鹏:《生态文明视野下生态法益的刑事法律保护》,《法学评论》2013 年第 3 期。

廖华:《环境法益学说初论》,《广东行政学院学报》2006 年第 4 期。

李岩:《民事法益的界定》,《当代法学》2008 年第 3 期。

李川:《二元集合法益与累积犯形态研究——法定犯与自然犯混同情形下对污染环境罪"严重污染环境"的解释》,《政治与法律》2017 年第 10 期。

李绍东:《论价值规律对生态经济效益的作用》,《湘潭大学学报》1989 年第 3 期。

林美卿等:《生态文明建设的人性思考》,《山东社会科学》2016 年第 4 期。

刘长兴:《环境利益的人格权法保护》,《法学》2003 年第 9 期。

刘芝祥:《法益概念辨识》,《政法论坛》2008 年第 4 期。

刘卫先:《美国环境正义理论的发展历程、目标演进及其困境》,《国外社会科学》2017 年第 3 期。

柯坚:《破解生态环境损害赔偿法律难题——以生态法益为进路的理论与实践分析》,《清华法治论衡》2012 年第 2 期。

马洪:《法律上的人》,《上海财经大学学报》2000 年第 3 期。

马春晓:《现代刑法的法益观:法益二元论的提倡》,《环球法律评论》2019 年第 6 期。

任娇婕:《自然主义认识论背景下的规范性重建》,浙江大学 2008 年博士学位论文。

申纯等:《论生态法益的刑法保护》,《长沙理工大学学报(社会科学版)》2018 年第 5 期。

史少博:《论生态女性主义在环境伦理学中的应用灵性思想》,《自然辩证法研究》2009 年第 4 期。

舒洪水等:《法益在现代刑法中的困境与发展——以德、日刑法的立法动态为视角》,《政治与法律》2009 年第 7 期。

唐瑭:《环境损害救济的逻辑重构——从"权利救济"到"法益救济"的嬗变》,《法学评论》2018 年第 5 期。

王灿发:《论生态文明建设法律保障体系的构建》,《中国法学》2014 年第 3 期。

王树义:《论俄罗斯生态法的概念》,《法学评论》2001 年第 3 期。

王锡锌:《当代行政的"民主赤字"及其克服》,《法商研究》2009 年第 1 期。

张新宝等:《污染环境与破坏生态侵权责任的再法典化思考》,《比较法研究》2016 年第 5 期。

张永忠:《质疑〈论税法的道德性〉》,《学术界》2009 年第 2 期。

张梓太等:《环境刑法的法益初论——环境刑法究竟保护什么》,《南京大学法律评论》2001 年第 2 期。

赵悦等:《〈民法典·侵权责任编(草案)〉"一审稿"生态环境公益损害民事救济途径辨析》,《南京工业大学报(社会科学版)》2019 年第 3 期。

郑日晟等:《知识产权中的"法益"探析——兼论知识产权法不宜整体纳入民法典》,《黑龙江工业学院学报(综合版)》2018 年第 7 期。

朱祥贵:《非物质文化遗产保护立法的基本原则——生态法范式的视角》,《中南民族大学学报(人文社会科学版)》2006 年第 2 期。

庄世同:《法治与人性尊严——从实践到理论的反思》,《法制与社会发展》2009 年第 1 期。

胡锦涛:《高举中国特色社会主义伟大旗帜 为夺取全面建设小康社会新胜利而奋斗》,《人民日报》2007 年 10 月 25 日,第 1 版。

胡锦涛:《在省部级主要领导干部提高构建社会主义和谐社会能力专题研讨班上的讲话》,《人民日报》2005 年 6 月 27 日,第 1 版。

《坚持走科学发展道路 把保持经济平稳较快发展作为首要任务》,《人民日报》2008 年 11 月 30 日,第 1 版。

吕忠梅:《用最严格制度最严密法治保护生态环境》,《光明日报》2018 年 9 月 18 日,第 2 版。

曹文泽:《完善地方生态法律制度》,《人民日报》2018 年 12 月 11 日,第 7 版。

陈章:《环境法益应界定为生态环境体系性法益》,《检察日报》2017 年 11 月 7 日,第 3 版。

李秉文:《推动形成人与自然和谐发展现代化建设新格局》,《光明日报》2018 年 2 月 26 日,第 6 版。

李干杰:《守护良好生态环境这个最普惠的民生福祉》,《人民日报》2019 年 6 月 3 日,第 9 版。

王玉庆:《把生态文明融入四个建设》,《人民日报》2013 年 7 月 19 日,第 7 版。

《推动生态文明建设迈上新台阶》,《光明日报》2018 年 5 月 20 日,第 1 版。

《中共中央关于制定国民经济和社会发展第十三个五年规划的建议》,《人民日报》2015 年 11 月 4 日,第 3 版。

《坚持人与自然和谐共生》,《光明日报》2017 年 11 月 5 日,第 4 版。

《习近平生态文明思想引领"美丽中国"建设》,新华网,见 www.xinhuanet.com//

politics/xxjxs/2018-05/22/c_1122866707.htm,最后访问时间:2018 年 10 月 1 日。

《中华人民共和国环境保护法》,中国人大网,见 http://www.npc.gov.cn/wxzl/gongbao/1989-12/26/content_1481137.htm,最后访问时间:2017 年 9 月 20 日。

《国务院关于做好建设节约型社会近期重点工作的通知》,中央人民政府网站,见 http://www.gov.cn/zwgk/2005-09/08/content_30265.htm,最后访问时间:2010 年 2 月 5 日。

World Charter for Nature,联合国网站,见 https://www.un.org/documents/ga/res/37/a37r007.htm,最后访问时间:2019 年 4 月 26 日。

《坚持节约优先、保护优先、自然恢复为主的方针》,人民网,见 http://theory.people.com.cn/n/2012/1217/c352852-19922290.html,最后访问时间:2015 年 4 月 2 日。

[澳]罗宾·艾克斯利:《绿色国家:重思民主与主权》,郇庆治译,山东大学出版社 2012 年版。

[奥]凯尔森:《法与国家的一般理论》,沈宗灵译,商务印书馆 2013 年版。

[奥]路德维希·冯·米塞斯:《社会主义:经济学与社会学的分析》,王建民等译,商务印书馆 2018 年版。

[波兰]莱泽克·科拉科夫斯基:《马克思主义的主要流派》第 2 卷,唐少杰等译,黑龙江大学出版社 2015 年版。

[德]阿·迈纳:《方法论导论》,王路译,生活·读书·新知三联书店 1991 年版。

[德]费希特:《伦理学体系》,梁志学等译,商务印书馆 2009 年版。

[德]古斯塔夫·拉德布鲁赫:《法律智慧警句集》,舒国滢译,中国法制出版社 2016 年版。

[德]考夫曼:《法律哲学》,刘幸义等译,法律出版社 2004 年版。

[德]考夫曼:《后现代法哲学:告别演讲》,米健译,法律出版社 2000 年版。

[德]考夫曼:《古斯塔夫·拉德布鲁赫传》,舒国滢译,法律出版社 2004 年版。

[德]李斯特:《德国刑法教科书》,徐久生译,法律出版社 2000 年版。

[德]鲁道夫·奥伊肯:《生活的意义与价值》,万以译,上海译文出版社 2005 年版。

[德]迈尔:《古今之争中的核心问题 施米特的学说与施特劳斯的论题》,林国基等译,华夏出版社 2004 年版。

[德]萨维尼、[德]格林:《萨维尼法学方法论讲义与格林笔记》,杨代雄译,法律出版社 2008 年版。

[德]施密特:《马克思的自然概念》,欧力同等译,商务印书馆 1988 年版。

[德]乌尔里希·贝克:《风险社会》,何博闻译,译林出版社 2004 年版。

[德]耶林:《法学的概念天国》,柯伟才等译,中国法制出版社 2009 年版。

[德]耶林:《法权感的产生》,王洪亮译,商务印书馆 2016 年版。

[法]布尔迪厄:《实践理性:关于行为理论》,谭立德译,生活·读书·新知三联书店 2007 年版。

[法]霍尔巴赫:《自然政治论》,陈太先等译,商务印书馆 2009 年版。

[法]摩莱里:《自然法典——或自然法律的一直被忽视或被否认的真实精神》,黄建华等译,商务印书馆 2009 年版。

[法]米歇尔·托贝:《法律哲学:一种现实主义的理论》,张平译,中国政法大学出版社 2011 年版。

[美]奥康纳:《自然的理由:生态学马克思主义研究》,唐正东等译,南京大学出版社 2003 年版。

[美]阿皮亚:《认同伦理学》,张容南译,译林出版社 2013 年版。

[美]彼得·弗朗奇:《分析哲学基础》,周继明译,上海译文出版社 1994 年版。

[美]博曼:《公共协商:多元主义、复杂性与民主》,黄相怀译,中央编译出版社 2006 年版。

[美]戴利等:《生态经济学:原理和应用》,金志农等译,中国人民大学出版社 2013 年版。

[美]达利等:《21 世纪生态经济学》,王俊等译,中央编译出版社 2015 年版。

[美]丹尼·瓦齐等主编:《自然资源与可持续发展》,殷杉等译,上海交通大学出版社 2017 年版。

[美]博登海默:《法理学:法律哲学与法律方法》,邓正来译,中国政法大学出版社 1998 年版。

[美]富勒:《法律的道德性》,郑戈译,商务印书馆 2005 年版。

[美]福斯特:《马克思的生态学:唯物主义与自然》,刘仁胜等译,高等教育出版社 2006 年版。

[美]戈德史密斯:《网络化治理:公共部门的新形态》,孙迎春译,北京大学出版社 2008 年版。

[美]汉纳·阿伦特:《人的条件》,竺干威等译,上海人民出版社 1999 年版。

[美]霍尔姆斯·罗尔斯顿:《哲学走向荒野》,刘耳等译,吉林人民出版社 2001 年版。

[美]霍尔姆斯·罗尔斯顿:《环境伦理学》,杨通进译,中国社会科学出版社 2000 年版。

[美]霍菲尔德:《基本法律概念》,张书友译,中国法制出版社 2009 年版。

[美]科威尔:《自然的敌人:资本主义的终结还是世界的毁灭?》,杨燕飞等译,中国人民大学出版社 2015 年版。

[美]乔治·桑塔亚纳:《社会中的理性》,张源译,北京大学出版社 2008 年版。

[美]萨拉特主编:《布莱克维尔法律与社会指南》,高鸿均等译,北京大学出版社 2011 年版。

[美]塔尔科特·帕森斯:《社会行动的结构》,张明德等译,译林出版社 2003 年版。

[美]太渥:《法律自然主义:一种马克思主义法律理论》,杨静哲译,法律出版社 2013 年版。

[美]约翰·罗尔斯:《正义论》,何包刚等译,中国社会出版社 1999 年版。

[美]余纪元:《德性之镜　孔子与亚里士多德的伦理学》,林航译,中国人民大学出版社 2009 年版。

[美]詹姆斯·博曼等主编:《协商民主:论理性与政治》,陈家刚译,中央编译出版社 2006 年版。

[英]彼得·斯坦等:《西方社会的法律价值》,王献平译,中国法制出版社 2004 年版。

[英]贝纳特等:《环境与历史:美国和南非驯化自然的比较》,包茂红等译,译林出版社 2008 年版。

[英]鲍曼:《共同体》,欧阳景根译,江苏人民出版社 2003 年版。

[英]鲍桑葵:《关于国家的哲学理论》,汪淑钧译,商务印书馆 2009 年版。

[英]布赖恩·巴克斯特:《生态主义导论》,曾建平译,重庆出版社 2007 年版。

[英]查理德·托尔:《气候经济学》,齐建国等译,东北财经大学出版社 2016 年版。

[英]丹尼斯·劳埃德:《法理学》,许章润译,法律出版社 2007 年版。

[英]克里斯托弗·卢茨主编:《西方环境运动:地方、国家和全球向度》,徐凯译,山东大学出版社 2012 年版。

[英]柯林斯:《马克思主义与法律》,邱昭继译,法律出版社 2011 年版。

[英]洛克:《政府论》下篇,叶启芳等译,商务印书馆 1964 年版。

[英]米尔恩:《人权哲学》,王先恒等译,东方出版社 1991 年版。

[英]麦考密克、[捷克]魏因贝格尔:《制度法论》,周叶谦译,中国政法大学出版社 1994 年版。

[英]梅因:《古代法》,沈景一译,商务印书馆 1959 年版。

[英]米香:《经济增长的代价》,任保平译,机械工业出版社 2011 年版。

[英]佩珀:《生态社会主义:从深生态学到社会正义》,刘颖译,山东大学出版社 2005 年版。

[英]唐尼:《笛卡尔:当理性遭遇信仰》,赵廷等译,大连理工大学出版社 2008 年版。

[英]韦恩·莫里森:《法理学:从古希腊到后现代》,李桂林等译,武汉大学出版社 2003 年版。

[英]约翰·密尔:《论自由》,程崇华译,商务印书馆 1959 年版。

[英]约瑟夫·拉兹:《法律的权威:法律与道德论文集》,朱峰译,法律出版社 2004 年版。

[英]珍妮·斯蒂尔:《风险与法律理论》,韩永强译,中国政法大学出版社 2012 年版。

[意]彭梵得:《罗马法教科书》,黄风译,中国政法大学出版社 1996 年版。

[印]萨拉·萨卡:《生态社会主义还是生态资本主义》,张淑兰译,山东大学出版社 2012 年版。

Richardson, "The Emerging Age of Ecological Restoration Law", Review of European, *Comparative & International Environmental Law*, 2016, Vol.3.

David Hunter, "An Ecological Perspective on Property: A Call for Judicial Protection of the

Public's Interest in Environmentally Critical Resources", *Harvard Environmental Law Review*, 1988, Vol.2.

Garver, "Confronting Remote Ownership Problems With Ecological law", *Vermont Law Review*, 2019, Vol.3.

Guth, "Law for the Ecological Age", *Vermont Journal of Environmental Law*, 2008, Vol.3.

Koivurova, "Ecological Governance: Reappraising Law's Role in Protecting Ecosystem Functionality", *Transnational Environmental Law*, 2015, Vol.2.

Krasnova, "Survey of the Modern Ecological Law", *Environmental Policy and Law*, 1999, Vol.5.

McLeod-Kilmurray, "Does the Rule of Ecological Law Demand Veganism: Ecological Law, Interspecies Justice and the Global Food System", *Vermont Law Review*, 2019, Vol.3.

Pozniak, "Formation of the Institute for Ecological Legal Culture in the System of Ecological Law of Ukraine: Problems and Perspectives", *Law Review of Kyiv University of Law*, 2018, Vol.4.

Ralf Buckley, "Current Issues in Canadian Environmental Law", *Environmental and Planning Law Journal*, 1992, Vol.9.

Rest, "Ecological Damage in Public International Law", *Environmental Policy and Law*, 1992, Vol.1.

Kolbasov, "The Concept of Ecological Law", *Connecticut Journal of International Law*, 1989, Vol.2.

Shemshuchenko, "Universal Treaty on Ecological Security of the Earth as System-forming Act of International Ecological Law", *Law of Ukraine: Legal Journal*, 2012, Vol.1.

"Special Note of Environmental Interest", *Connecticut Bar Journal*, 1971, Vol.2.

Tony Fitzpatrick, "The Implications of Ecological Thought for Social Welfare", *Critical Social Policy*, 1998, Vol.1.

De Lucia, "Towards an Ecological Philosophy of Law: Comparative Discussion", *Journal of Human Rights and the Environment*, 2013, Vol.2.

Wan E'Xiang, "Establishing Anenvironmental Public Interest Litigation System and Promoting the Building of an Ecological Civilization", *Chinese Law and Government*, 2010, Vol.6.

Zaharchenko, "The Environmental Movement and Ecological Law in the Soviet Union: The Process of Transformation", *Ecology Law Quarterly*, 1990, Vol.3.

后　记

本书是中国法学会 2019 年度部级法学研究课题"数字经济时代消费者隐私权保护的双向平衡理论及其实践证成研究"CLS（2019）Y01、广东省哲学社会科学"十三五"规划 2017 年度青年项目"粤港澳大湾区环境监察协同治理研究"（GD17YFX03）、广东省教育厅青年创新项目"治理视角下环境监察法律问题研究"（2017WQNCX036）的阶段性成果。

生态法益论在新兴法益保护体系当中具有基础性地位。新兴法益理论及实践体系十分复杂，而其中最为突出的新兴风险即为生态环境风险。书稿抓住这一突出矛盾，在对生态法益特殊性进行分析的基础上，试图探索以信息化、衍生性为特征的新兴风险应对与新兴法益保护路径。生态法益论在生态法律制度建设领域特殊的范式确立及其理论与实践证成层面具有基础性地位，是首先需要论证的基础性问题；生态法益的历史沿革、逻辑起点、逻辑结构及实现进路的论证，构成了生态立法及相应制度设计的基本前提。沿着这一思路，以探索法律对于生态文明建设的引导、促进和保障作用的发挥为出发点，形成书稿。

书稿运用马克思主义生态理论分析生态法益确立的基本逻辑，以生态法益与传统法益的区分、生态法益目的论与功能论为基础，通过对生态哲学、生态伦理学、生态经济学、生态法学维度的生态利益识别、确认与保护的梳理，深入分析价值法学、分析法学、利益法学视域生态利益的法律确认路径，阐述生态法益的逻辑起点与逻辑结构，并从新时代中国特色社会主义生态文明建设要求出发，以实现生态文明时代的法益保护路径创新为使命，在生态经济价值与供求关系、预防性环境责任、生态共同体规则的确立和发展层面推动生态法益的国家保障与社会实现，为推进环境法治创新提供智力支持，回应新兴法益保障的时代需求。

感谢广东外语外贸大学石佑启教授、袁泉教授、谈萧教授对书稿付梓的大力支持，感谢杨桦教授不厌其烦地答疑解惑。感谢出版社编校老师，你们的大力支持与尽心尽力的付出才有了书稿的最终付梓。恳请专家学者对生态法益的研究存在的疏漏进行批评指正。

任　颖

2019 年 11 月 1 日于云山公寓

责任编辑：张　燕
封面设计：胡欣欣
责任校对：吕　飞

图书在版编目（CIP）数据

新兴法益的基石:生态法益的理论证成与治理路径研究/任颖 著. —北京：
　人民出版社,2020.10
ISBN 978－7－01－022441－1

Ⅰ.①新… Ⅱ.①任… Ⅲ.①生态环境-环境保护法-研究-中国
Ⅳ.①D922.684

中国版本图书馆 CIP 数据核字（2020）第 161171 号

新兴法益的基石
XINXING FAYI DE JISHI
——生态法益的理论证成与治理路径研究

任　颖　著

人民出版社 出版发行
（100706　北京市东城区隆福寺街 99 号）

中煤（北京）印务有限公司印刷　新华书店经销

2020 年 10 月第 1 版　2020 年 10 月北京第 1 次印刷
开本:710 毫米×1000 毫米 1/16　印张:16
字数:260 千字

ISBN 978－7－01－022441－1　定价:59.00 元

邮购地址 100706　北京市东城区隆福寺街 99 号
人民东方图书销售中心　电话 （010）65250042　65289539